Cubano, demasiado cubano

Néstor Díaz de Villegas
Cubano, demasiado cubano

Escritos de transvaloración cultural

© Néstor Díaz de Villegas, 2015
© Bokeh, 2015

Fotografía de cubierta: © Delio Regueral, 2015

ISBN: 978-94-91515-28-6

Para Esther María

Miserere mei, Domine, Cubanus sum.

Carlos Eire

Más allá de lo cubano

En los artículos y ensayos de este libro, aparecidos en publicaciones electrónicas del Exilio (*Cubaencuentro, Penúltimos Días, Diario de Cuba*), mis lectores han visto una especie de ciencia del castrismo, un empiriocriticismo, los «Grundrisse» de una fenomenología contrarrevolucionaria. Debo al amigo Duanel Díaz Infante el consejo de reunirlos, revisarlos y darlos a la imprenta.

El tono seudocientífico es la consecuencia negativa de un empacho de literatura de vulgarización: Hofstadter, Penrose, Bokun, Fuller, Yourgrau, Zukav, Dawkins, Gould. Mi objeto de estudio ha sido la dictadura y, dentro de la dictadura, el gran dictador, el «Tiranosaurio cubensis» de la mitología popular –igualmente podría tratarse de un agujero negro donde colapsan las leyes fundamentales.

El castrismo se define, en este libro, como «lo demasiado cubano», en contraposición a «lo cubano» a secas de la etapa clásica que va de Félix Varela a Fulgencio Batista. Siguiendo al Nietzsche de *El nacimiento de la tragedia*, el primero representa la época helenística, el momento en que la cultura antigua es destruida para dar paso a una satrapía oriental: la Revolución como la Gran Madre que irrumpe en La Habana en el instante de mayor disolución, sincretismo y libertinaje.

En cuanto a mis escritos, si tuviera que definirlos, diría que son literatura cubano-americana, pues es un hecho que, para los intelectuales exiliados, «este país» no fue otra cosa que una dependencia de la entidad mayor que es Cuba. Con la caída del Imperio español lo cubano se deslindó en un nuevo sujeto, una nueva fuerza de voluntad. La caída de lo español libera y pone de manifiesto (por un proceso de ruptura espontánea de la simetría) una interacción inédita que había permanecido oculta.

Es por eso que «lo demasiado cubano» no puede ni debe reducirse a una situación ontológica subalterna –lo que tampoco quiere decir que usurpe el lugar que no le corresponde: La Habana es el centro, no la periferia, de dos, tal vez tres imperios en declive.

Lo cubano aparece también como potencialidad del pasado –aquel «venimos del futuro» de Reinaldo Arenas–, una perspectiva que otorga precedencia en el devenir, pues no es nuestra historia, únicamente, la que culmina en la Revolución castrista, sino la Historia imperial en sí, que acaba identificándose con la decadencia latina y precipitándose en ella a causa de las demandas y presiones internas del Sistema: se trata de una caída universal en «lo demasiado cubano».

Mi método no es órfico ni patafísico. Si algún mérito me corresponde es el de traer la noticia de que Castro ha muerto *empíricamente*. ¿Qué es Cuba hoy sino la fosa y el sepulcro de la Revolución? En las nuevas generaciones de artistas y filósofos no veo más que el fruto de mi obra; veo a seguidores e intérpretes. Mi noción del castrismo quedó plasmada en los dos cerdos que llevan los nombres de Fidel y Raúl escritos en los flancos con sangre de mártires.

Ahora que Elián González se apresta a revisitar la Pequeña Habana debo insistir en que ese joven Frankenstein, creado por Bill Clinton y Janet Reno, es la encarnación definitiva del triunfo del Exilio. ¡Ahí lo tenéis! ¡Os lo advertimos! No se trata de un triunfo con tanques y barbudos, sino de una victoria profunda, una conquista en el terreno que Lezama llamó «lo esencial político».

Las costureras de Hialeah refutaron a Gianni Vattimo; Mirta de Perales se adelantó a Deleuze; Armando Pérez Roura es un Slavoj Žižek *avant la lettre*. La duda, el simulacro, la fuga y el desencanto –es decir: el viejo diversionismo– son, hoy por hoy, parte del acervo espiritual revolucionario.

Conan O'Brien, en traje de dril, llega a La Habana saltando por encima de casi seis décadas de fidelismo. No hay un solo elemento actual que merezca recordarse o registrarse: la televisión, que en tiempos de McLuhan había sido instrumento de persuasión, ya no favorece a la dictadura. Vemos tabaquerías, Studebakers, guaracheros y la ruina del antiguo Capitolio, es decir: escapismo y restauración. ¡Es el triunfo del batistato! Acaso del machadato. Los periódicos anuncian la candidatura de dos disidentes a las elecciones provinciales: ¡estamos de vuelta en 1954!

Los opositores son repudiados, golpeados, arrestados, y liberados a las pocas horas. Es el fin del castrismo prehistórico, tal y como lo padecimos en los años duros. Aún más: se trata de la batistianización de su mecanismo represivo, la adopción de los métodos de control prerrevolucionarios, el *Catch and Release* de Ventura & Carratalá. También aquí hay una victoria, y otra confirmación de mis teorías: en el peor de los casos el pasado no es retroceso sino evolución.

NDDV

Los Ángeles, junio 2015

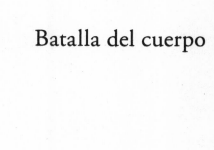

Batalla del cuerpo

CULO

El escueto comunicado describe la crisis interna como «intestinal con sangramiento sostenido» y se refiere a la diverticulitis con un extraño giro oficialoide y policlínico: «accidente de salud».

Inmediatamente hace constar la existencia de pruebas gráficas, de imágenes computarizadas que convalidan la veracidad del «accidente»: endoscopías, radiografías y materiales filmados. (¡Queremos ver esas pruebas! ¡Exigimos internarnos en las entrañas virtuales del monstruo!).

El profesor Gilles Lesur, del hospital Ambroise Paré, de París, ha especulado sobre una «hemorragia de origen diverticular», sobre un «cáncer del colon», e imagina la «sangre roja que sale por el ano».

Ives Benhamou, de La Pitié Salpetrière habló de «lesión vascularizada» y de «angioma».

El doctor Lino B. Fernández ve un «aneurisma», una «úlcera» y una «hemorragia».

El gastroenterólogo Omar Vento aventura la hipótesis de un «sangramiento gastrointestinal masivo».

De la noche a la mañana, el culo del dictador salta a las primeras planas de los diarios. El reguetón de *Pitbull* lo dice en las calles de Miami con todas sus letras: CULO. «¡Tiene tremendo CULO!».

En Padua se conservan en un relicario la garganta y la lengua de San Antonio. Nosotros deberíamos venerar ese culo que por fin falló. De entre todos los órganos y organismos, fue el primero en ceder. Dentro del infalible Sistema que «resistió todas las pruebas», el culo, nada menos, se ha puesto de nuestra parte. Ya es un disidente, ha traicionado la armonía perfecta del cuerpo místico. Como una reliquia, ha comenzado a sangrar.

De cualquier manera, el mensaje es claro: Castro se nos va, y se nos va en mierda. Como si su cuerpo, traicionándolo, quisiera contradecirle en estas horas finales: *¡Culo va!* Desde 1959, la República padeció también de «hemorragias de sangre que sale por el ano». Los que salimos fuimos nosotros, los cubanos de Miami, todo el Exilio: escorias, lacras, excrementos, cagarrutas del cuerpo de un sátrapa.

Fuimos su sobrante, su excedente, molidos por las ruedas intestinales de la Historia, por los anillos históricos de su esfínter. Cagados, fuimos menos que mierda. Así termina la Cuba que excretó el 1959, esa Cuba que tuvo que sufrir un «accidente de salud» para que el tirano disfrutara de larga vida.

Durante cuarenta y siete años –anos– nos hemos limpiado el culo con sus discursos: y el culo, al parecer, aprendió por fin las lecciones de la Historia. Marx dijo en alguna parte que el capitalismo nació bañado de «sangre y mierda». *¡La era está pariendo un cagajón!* Ahora sabemos que todo alumbramiento político viene chisporroteado de caca.

Castro se encuentra por fin con sus parodias: ya es idéntico a sí mismo. La muerte, o su cercanía, lo obliga a identificarse con su sombra. Ahora es el Coma Andante de los chistes contrarrevolucionarios. Ahora es el mojón sobre el diario *Granma* de aquella clásica performance. Ahora imita los cuadros de Tomás Esson. En su limbo etiológico, es pura escatología.

Fidel en coma, exilio catatónico

Juanita Castro ha salido de su farmacia. Las turbas, que suenan trompetas en las calles de la ciudad, la sacaron del ensueño. Nuestra Bella Durmiente sólo despierta al hedor de un cadáver: el cadáver más zarandeado del mundo. Olvida que, para los tiranos, la muerte no termina en el lecho, en la agonía, en el salón de emergencias o de pompas fúnebres. Que los sátrapas han de ser arrastrados por el fango, despeñados por los desfiladeros, cosidos al pellejo de un asno para público escarnio y escarmiento. Que, al fallecer, su misma humanidad cae presa de un aberrante materialismo histórico, y que las víctimas, como politizadas auras tiñosas, quieren limpiar esos huesos, ripiar esos mondongos.

Tocar al intocable: comérselo en un grotesco acto de teofagia. Canibalismo de los días últimos. Postrimerías del Reprimero, como diría Reinaldo Arenas, el de *El asalto*, si estuviera vivo.

Hemos olvidado en estos días el encargo que nos dejó Reinaldo: restregarle la muerte, todas las muertes, en la cara al tirano agonizante. «Sólo hay un responsable: Fidel Castro. Los sufrimientos del exilio, las penas del destierro, la soledad y las enfermedades que haya podido contraer en el destierro seguramente no las hubiera sufrido de haber vivido libre en mi país». Parece mentira que sea un cadáver el que venga a cantarnos esas verdades.

Mientras tanto, los tortugones del Exilio no saben qué hacer con tanta rumba, con tanto júbilo desorbitado. Pero, ¿quién se asombra ya de la catatonia y la ineptitud de esa gente, quién pone en duda su talento para desaprovechar cada oportunidad histórica, para dejar pasar cada momento culminante del drama cubano?

No saben qué hacer con las espontáneas brigadas de jóvenes, sangre fresca nacida en el destierro, que se lanza a las calles en busca de tareas, de consignas y que ya acapara las cámaras de los noticieros. Las manifestaciones callejeras han estado signadas por su energía, por su música, por la belleza pura de sus rostros: el rostro nuevo de Miami, la idea misma de una Cuba libre.

Mientras que en La Habana la juventud calla y hace cola para recibir su banderita y su porra; mientras que los ojos duros de los jóvenes asaltadores no baten ni una pestaña; mientras las turbas grises, arengadas por karatecas, se aprestan a golpear y patear patrióticamente, en las calles de Miami la juventud cubana goza, arrolla y descarga. Se ríe de la muerte, como debe ser.

Nunca sabremos a qué estarían dispuestos los jóvenes que enarbolan la bandera de Martí y de Maceo en la Pequeña Habana, porque, sencillamente, nos hemos dado el lujo de no preguntárselo, de no darles algo que hacer, de ignorarlos como número, como fuerza, como posibilidad.

Recuerdo que, a raíz de la debacle de Eliancito, hubo reuniones de emergencia en la casa de ciertos millonarios cubanos, coleccionistas de arte y aficionados a la política –diletantes en ambos terrenos–, y que se nos pidió, a un grupo de escritores y artistas que, a fin de evitar humillaciones futuras, creáramos una revista, un órgano o publicación local que diera batalla a la maquinaria propagandística del castrismo. Estaba allí la crema y nata de la cultura exiliada –escritores, pintores, arquitectos, periodistas y filósofos… y hasta un cura de visita, recién llegado de Oriente–, pero nada salió de aquel encuentro, ni siquiera un miserable periodiquito. Antes de dos semanas, el ardor patriótico-cultural de los mecenas se había enfriado.

Y otra vez: la debacle en ciernes, el funeral de las ilusiones; y otra vez, los artistas ignorados, los intelectuales postergados, los filósofos despedidos, los pensadores olvidados, los críticos acallados, los revoltosos controlados. Sólo la basura vociferante es atendida. Pareciera que estamos presenciando una riña de viudas pendencieras que se disputan la herencia de un anciano millonario.

De un lado, los curanderos políticos de Fidel Castro, los que lo cuidaron y bañaron en su larga y embarazosa agonía; del otro, los primos ricos que viven en Washington. Estos últimos no podrían negar el parentesco ni aunque quisieran —se parecen más al finado que la mismísima Juanita Castro. El órgano de vomitar demagogia y cáscara de piña exhibe el mismo rictus; el dedito parado y el brazo enhiesto, señalando un perpetuo surco o terraplén que parece extenderse delante de ellos hacia un futuro clausurado. ¿Por qué no nos reímos en la cara de esos hermanitos Pimpinela, como los llamó en *The Miami Herald* el escritor Max Castro?

Nada se presta a la performance y la deconstrucción como un funeral; nada más apropiado que la comedia escatológica en esta hora de desparramos y estampidas. Por poner un solo ejemplo, que llora ante los ojos del cielo: el Castroleum. Rafael Fornés, profesor de arquitectura en la Universidad de Miami, ha concebido, en colaboración con sus alumnos, una serie mausoleos y proyectos de tumbas para dar albergue eterno a los restos del tirano. Algunos de los diseños son verdaderas obras maestras, dignas de ser levantadas inmediatamente. Pero eso no es lo genial. Lo verdaderamente inspirado y revolucionario del proyecto de Fornés, es que se trata del primer paso de una convocatoria mundial, abierta a todos los arquitectos del planeta.

Sé que hace unos años Rafael logró interesar al gran Léon Krier en la idea del Castroleum, aunque ignoro cuál fue la decisión del arquitecto luxemburgués. También sé que Fornés era uno de los invitados por aquellos millonarios diletantes de Key Biscayne que mencioné antes.

Y me pregunto, ¿por qué nuestros millonarios no ponen su dinero donde han puesto con tanto alarde sus lenguas? ¿Por qué no crean una comisión artística que trabaje en las distintas maneras de aprovechar la rumba que provocará, inevitablemente, la próxima muerte del tirano?

Apoteosis del rey Rata

Con admirable previsión, nuestros gusanos fueron los primeros en entender el castrismo como enfermedad. Si bien es cierto que al principio lo trataron como un «catarrito pasajero», enseguida se rectificó el diagnóstico y comenzó a llamárselo un «cáncer» y una «epidemia». Los enemigos del Exilio olvidan que cuando en Miami se habla de «extirpar» el castrismo, de «erradicarlo», se trata de esa escuela de profilaxis.

El castrismo fue «la enfermedad que no pudimos parar a tiempo». A veces se lo tilda de «pernicioso» y otras se afirma que «hace metástasis». Combatirlo con sopitas de pollo, opinan los miamenses, es como tratar un tumor con *Vicks VapoRub*.

En algún momento de nuestra Caída –alrededor de 1952, antes o después del Madrugonazo; o quizás durante el asalto a Palacio– apareció un Rey Rata en los sótanos de la República. El fenómeno epidemiológico conocido como *Rattenkönig* es evocado en el filme *Epidemic* (1987), de Lars von Trier: un nudo típico, como el que se encontró en la estufa de cierto molinero de Buchheim, en 1828, puede llegar a contener de 40 a 75 roedores. Los estrechos espacios de chimeneas y entresuelos estimulan la formación de esos racimos de ratas con las colas enmarañadas, que anuncian, indefectiblemente, la proximidad de una plaga.

El hecho de que, desde sus tiempos de abogado, Fidel fuera conocido como el «Doctor Castro», confirma la creencia popular de que el yate en que vino de México traía en sus bodegas un *Roi de rats* (de por lo menos 82 ejemplares). Notemos que, en la película de Lars von Trier, es el mismo doctor quien propaga la epidemia.

Con la gravedad de Castro se emparejan por fin las hojas clínicas del doctor y el enfermo, pues ahora es el médico quien juega a ser paciente –él, que ha sido siempre «el impaciente»–, mientras que ese espejo de paciencia colectiva donde se admiró durante cincuenta años, se agita al fin y exige que lo desenchufen. Es más: el doctor refleja en su cuerpo la enfermedad de los pacientes. Si el castrismo era «el cáncer que le había caído a Cuba», ahora es el cáncer que le ha caído al cáncer.

Sor Juanita Castro vendría a jugar aquí el papel de Enfermera: imaginémosla con una cofia almidonada y el índice sobre los labios, exigiendo el silencio de la chusma, a las puertas plegables del cubículo donde agoniza El Rata.

Nuestro doctor aparece otra vez bajo el seudónimo de Ktazob, en las páginas inmortales de *Cobra*, la novela de Severo Sarduy. Su nombre es un anagrama, y su especialidad, la castración. No será Cobra, por cierto, quien sufra el dolor de la cirugía, sino su doble miniaturizado: la Enana Pup. En la vida real, Ktazob se hizo acompañar de un curandero argentino. Fue ese álter ego –su médico a palos– quien soportó la tortura boliviana de la extirpación.

Mientras tanto, Castro y Cobra, alegando un dolor de cojones, piden asilo en el quirófano del Ameijeiras. Años más tarde emergerán rozagantes, luego de una prolongada anabiosis.

Posada Carriles, o la batalla del cuerpo

El castrismo ha insistido en la naturaleza ideal de sus batallas. Cuando se habla de la Batalla de Ideas tendemos, automáticamente, a idealizar la contienda que Castro libra contra sus enemigos.

Ese concepto falso compromete ambos términos: por un lado, en su aspecto bélico, idealiza lo que, en propiedad, ha sido una guerra civil; por el otro, en tanto «idea», desmaterializa la lucha, empequeñece su aspecto militar. A este fenómeno propagandístico he llamado «idealismo castrista».

El apodo Batalla de Ideas escamotea, sobre todo, el aspecto corpóreo de las hostilidades; en cambio, las ofensivas castristas ocurren siempre en el plano físico. Evidentemente, en una Batalla de Ideas la dialéctica de la lucha armada queda invertida, puesta de cabeza. Es el ejemplo clásico de cómo los ideólogos, al escamotear el cuerpo, consiguen imponernos una falsa conciencia.

¡El cuerpo, idiotas, el cuerpo!

Nótese que la resolución del conflicto cubano depende del desenlace de un solo cuerpo. El cuerpo del Líder: su esfínter, su corazón, sus pulmones, su hígado son las claves del problema. Convenimos en que la muerte de Fidel Castro es la condición *sine qua non* de la libertad de Cuba.

Castro ha ganado, precisamente, la batalla corporal. Su cuerpo resistió los embates de la enfermedad y el envejecimiento. La permanencia e integridad física proclaman el triunfo de su ser sobre las calamidades de la vida. A esa exorbitante persistencia, que suplanta cualquier consideración cronológica, he llamado (siguiendo a Henri

Bergson) *la durée*. Puede decirse que el castrismo es idéntico a su duración natural.

El cuerpo del Líder sorteó la muerte de mil maneras: atentados, asaltos, caídas, cirugías, accidentes. Fidel Castro sobrevivió a sus enemigos, y tal vez el aspecto más significativo de la actual situación es que continúe vivo a pesar de todo, que pueda vérselo en su Palacio durante las horas de visita, que siga dirigiendo las operaciones desde un centro vital situado en su persona. El eslogan «Siempre es 26» indica que el año de su nacimiento recurrirá perpetuamente, de manera espontánea e ininterrumpida.

Sin embargo, cada vez que pudo, el Líder eliminó a sus enemigos corporalmente, no idealmente. Los opositores son desterrados junto con sus familias, colocados a una distancia material insalvable, fuera del campo de operaciones. Cuando un ciudadano expresa dudas respecto al Sistema, o cuando los secretos de Estado (usura, fraude, chantaje, tráfico de drogas) quedan comprometidos, la justicia castrista elimina al culpable mediante el fusilamiento o la cárcel, es decir, por eliminación física, no metafísica. Son harto conocidos los casos de Huber Matos, Manolo de Castro, Arnaldo Ochoa, Mario Chanes de Armas, William Morgan y los pilotos de Hermanos al Rescate.

Con el nombre Batalla de Ideas se nos quiere hacer creer que existe un terreno ideal de conflictos, y que los blogueros, pensadores, grafiteros y demás disidentes virtuales constituyen una amenaza real para el Estado totalitario. (La situación en Libia y Egipto, o incluso en Irán, es diferente: los nuevos medios, al estar en manos de todos, llegaron a desafiar la ubicuidad del Líder). Pero las ideas no constituyen un peligro para el castrismo (uno de cuyos atributos es *la durée*), pues su sistema está basado exclusivamente en el determinismo corpóreo.

«Hocus pocus»

El castrismo exhibe el cuerpo del Líder como prueba de su verdad, una especie de *hocus pocus* o «Aquí está el cuerpo», en el que Castro, o su presencia, fungen de garantía eucarística. El cuerpo, que es el centro litúrgico del castrismo, encierra los misterios de la Resurrección y la Parusía. Lo que los peregrinos visitan en La Habana no es una idealización política, sino un cuerpo glorificado.

Entonces, en oposición a las argucias del idealismo castrista, entra en escena el único cubano poseedor de «otro» cuerpo: Luis Posada Carriles, quien, con independencia de ser o no el autor de la voladura del avión de Barbados, aparece como desafío permanente a la jurisdicción corporal castrista.

Considerémoslo culpable o no: resulta imperdonable que un cubano crea a Fidel Castro capaz de conmoverse por la suerte de un turista italiano o de un puñado de pasajeros a bordo de un avión comercial. El morboso interés político en Posada Carriles converge en su cuerpo, en la persistencia de la corporalidad enemiga.

Posada Carriles representa al último hombre que enfrentó al castrismo «cuerpo a cuerpo», en sus campos de batalla reales, no ideales. Es una especie en extinción, el postrer espécimen de la Cuba perdida y de sus posibilidades. Se insiste en «idealizarlo» atribuyéndole los más horrendos crímenes, pero esto sólo consigue acercar su imago a la de Fidel Castro.

La fotografía de Delio Regueral que lo muestra con el balazo en la cara y el estigma en el costado es la antítesis de cualquier idealización: Posada Carriles es el Anti-Castro que exhibe las feas cicatrices de batallas corporales. De ahí que la izquierda, que idolatra a Fidel y lo absuelve, no soporte la vista de otro cuerpo santificado por la violencia.

Fidel, el desaparecido

«¡Mucho gusto, soy una desaparecida!»

Nos encontrábamos a la salida del teatro, y la mujer que me presentaban era una argentina de edad indeterminada, profesora universitaria; otra de las tantas —calculé— que abandonaron el sur para emigrar al norte, a orbitar el sistema docente, gravitar tristemente hacia la academia, y una vez instaladas allí, publicar tesis y fundar cátedras que iniciaran al lego en los misterios sacros de las «desapariciones».

Conversamos un minuto, sin entendernos, e intercambiamos las cortesías de rigor. Pero una idea insistente no dejaba de rondarme la cabeza; algo que nunca antes se me había ocurrido: ¡yo también era un desaparecido! Entonces, ¿por qué no me presentaba como tal? ¿Por qué no «me salía» con la naturalidad que les sale a los argentinos, o a los chilenos? Lo dije, a boca de jarro: También yo soy un desaparecido. La mujer me miró horrorizada: ¡pero si no existen cubanos desaparecidos!

El lunes 14 de octubre de 1974, a las ocho de la mañana, dos oficiales de la Seguridad del Estado cubana se personaron en el aula donde cursaba el segundo año de pre-universitario. Inmediatamente me sacaron de la escuela, me condujeron a un patrullero —que en aquella época dorada era un Alfa Romeo— y antes de las nueve estábamos a las puertas de mi casa, en Cumanayagua, provincia de Cienfuegos.

Mi pobre madre pasó desmayada las cuatro horas que duró el registro, mientras que mi padre —miembro del Partido Comunista y secretario municipal de Educación y Cultura— sacudía incontrolablemente la cabeza, entre atónito e incrédulo. De salida, los guardias les comunicaron el motivo de mi detención: me atribuían un poema «contrarrevolucionario» que había caído en las manos del G2. Se llevaron las pruebas: libros cuestionables y cuadernos garrapateados. Pronto les avisarían de mi paradero.

Durante cinco días mi familia permaneció en suspenso, sin saber de mí, y yo, preso en una celda del tamaño de un armario. Los interrogatorios eran continuos –pero nunca supe si era de día o de noche pues me encontraba aislado en un sótano. Tenía entonces 18 años. Por ser quien era, mi padre logró negociar una visita: aparecí en overol, pelado al rape. Entonces vi el famoso sistema de Educación y Cultura socialista hacerse añicos en los ojos del viejo ante la imagen de su poeta escogido escoltado por dos esbirros.

A los treinta días me sacaron del túnel, me llevaron ante un tribunal, y me echaron seis años, cinco de los cuales cumplí en la alambrada de Ariza. Salí de la cárcel en 1979, y enseguida emigré a los Estados Unidos: mi padre, el comunista, me aconsejó que me fuera. A mi madre no volví a verla. Durante el tiempo que duró mi cautiverio, el viejo, por órdenes del Partido –del que había sido «separado» por mi causa–, tuvo que mentirle a quienes preguntaran por mí: «Está estudiando en La Habana», «Se fue a vivir con su abuela». Para los que ya conocían el secreto, debió cambiar el porqué de mi encarcelación: «Se robó unos botes de pintura». Cuando salí del presidio, mi abuela, luego de escuchar el relato, me abrazó llorando: «¡Ya sabía yo que tú no eras un ladrón!».

Por una de esas bromas del destino, mi padre –el devoto funcionario de Educación y Cultura– fue el hombre responsable de encontrar un albergue de emergencia a Heberto Padilla, durante su «desaparición» temporal, en 1971. Los Padilla –Belkis y Heberto– estuvieron presos en Cumanayagua, en la finca de un colono que se había marchado al exilio, y por unos meses, mi padre y yo fuimos de los pocos que conocían el terrible secreto de su paradero.

Camilo Cienfuegos, Huber Matos, Carlos Franqui, Gastón Baquero, Lezama Lima, Virgilio Piñera, Celia Cruz, Reinaldo Arenas, el general Ochoa, Roberto Robaina y hasta el mismísimo Jesucristo, perdidos, tachados, dados de baja, escamoteados, borrados con aerógrafo. Ahora el rey Midas, cuyo toque divino tenía el don de transmutar al ser en Nada, el que con un *hocus pocus* desapareció toda una república, el que, durante los «días luminosos y tristes» de la Crisis de Octubre, jugueteó con el botón caliente del Armagedón, ha caído él mismo víctima de sus malas artes.

Hoy se desconoce el lugar exacto donde agoniza, y poco se sabe de la naturaleza de su enfermedad. Su hermano lo oculta, sus ministros lo disimulan, su sistema de desinformación lo relega al armario oscuro de las cosas prohibidas. Hoy vemos, en vivo, cómo funciona el aparato que muele imágenes y huesos, y comprobamos cómo se escamotean y se tergiversan la vida y la muerte. Uno se lo imagina exigiendo volver al aire, pero el control de la «máquina de desapariciones» ya no está en sus manos, y ahora él mismo es el reo de sus programas de rehabilitación, prisionero de un «plan pijama» patrocinado por Adidas.

Como el de un atleta famoso, su nombre ha sido bordado en la pechera de la mortaja junto al de la gran empresa capitalista: el rebelde reempaquetado como mercancía, o –lo que es peor– como fetiche de la mercancía.

Devolución creativa

MIAMI: DEVOLUCIÓN CREATIVA

EL ESTADO INTRATABLE

Encontré más presencia policial en Miami –alrededor del aeropuerto, en las carreteras, en los guetos y en los barrios residenciales– que en la misma Tijuana. En menos de cinco días me dieron tres multas por infracciones menores. El caricaturista José Varela creó el típico personaje miamense, «Pepe el Policía», y es curioso que, de las dos orillas, sea en la del exilio donde el fiana haya devenido un arquetipo.

En el trasvase, lo cubano pierde profundidad, pierde una dimensión, y el nuevo estado –o *eingestate*– nacional, hecho de sobras, escorias y desechos, se organiza como lo que solía llamarse «un rezago del pasado»: Pepe, el patrullero moderno, custodia un tiempo heroico habitado por los clásicos esbirros, donde también perduran, paralelamente, el socialismo y su violencia, a la sombra de mal disimulados espías. Agréguese la brutalidad de una educación dividida y bilingüe –el «yuca» (*young urban cuban american*), como «tronco de yuca»– y obtendremos el producto de una existencia tronchada, bajo el horizonte hostil de un lugar llamado Jayalía (Hialeah).

La ciudad demonizada, la cárcel-modelo, la factoría de Castro & Hnos., nuestra Isla del Diablo: ¿tiene algo de raro que en Miami la desazón se exprese en las monomanías de un discurso político intratable?

ADIÓS A PORTOCARRERO

En la colonia penitenciaria del galerista Gary Nader («¡La galería más grande del mundo!») el arte cubano fue condenado a una eternidad bajo techo. Desde que la migración artística tomó en Miami el rumbo de las bodegas de Wynwood, el arte, o lo que queda de él, ya no es mostrado a la manera tradicional, sino meramente «abarrotado», un apiñamiento de estilos y épocas.

Parecido a los ñáñigos del pintor José Bedia, que tienen un pie aquí y otro en el más allá, lo artístico pasa en un instante de la actualidad al almacenaje, y el tiempo que dura sobre la pared se acorta en proporción directa a la devaluación de su presencia real.

La presencia física del *objet d'art* no es requerida desde que su contemplación dejó de producirnos el *shock* de lo nuevo. Como cualquier otro original, Cuba terminó desencantándonos, y es un hecho notable que las mejores cubanerías de la colección Nader vengan ahora del taller del artista chileno Guillermo Muñoz Vera.

La Internet conquistó la libertad de nuestro imaginario, antes confinado a un medio ambiente y, en el futuro, la galería sólo podrá ser la cárcel de las imágenes liberadas. Como el periódico y el libro, los abarrotes de arte dejarán de existir en un día no muy lejano, y con ellos, el último sustrato de «objetividad» cubana.

El viejo Herald

Por lo pronto, es obvio que el primero en extinguirse será el periódico, toda vez que la noción de periodicidad ha sido superada. La mole oblonga y chata del *The Miami Herald*, que albergó en sus entrañas *El Nuevo Herald*, se parece cada vez más a una estatua caída[1]. La revolución virtual la echó por tierra y, si aún no ha desaparecido del mapa, se debe a consideraciones más emotivas que prácticas. Tal es el efecto de extrañamiento que produce la democratización digital: aumenta el número de los que consultan el *Granma*.

---

[1] Poco después de la aparición de este artículo, la antigua sede de *The Miami Herald* fue demolida para levantar en su lugar un complejo de condominios.

Objets trouvés

Pero volviendo a la galería Gary Nader: el problema del «original» cubano consiste, últimamente, en determinar dónde comienza y dónde termina su originalidad. Debido a unas circunstancias políticas sui géneris y a un mercado negro administrado por la dictadura y supervisado por un ejército de falsificadores a sueldo, resulta cada vez más arduo −e inútil− distinguir lo auténtico de las copias.

Esta crisis de legitimidad ha terminado por ensombrecer el puro placer estético, y en las obras de arte recientes se detecta la misma dosis de incertidumbre que en las piezas robadas durante el apogeo de la malversación revolucionaria. En cualquier caso, los lienzos de Amelia Peláez, René Portocarrero y Víctor Manuel nunca pretendieron ser más que los *objets trouvés* de una ciudad perdida, y sería injusto exigirles legitimidad.

Adaptación de los inadaptados

Miami es uno de los pocos lugares donde aún puede observarse un proceso de adaptación en vivo; y el sujeto adaptado −el organismo que nos permite esta observación− es el cubano.

Que el cubano llegue a amar a Miami (que no le quede más remedio que amar a Miami), y que deba adaptarse a unas condiciones ya de por sí (Miami *es* el destierro) desfavorables, prueba que toda adaptación, en una primera etapa, sólo es posible a nivel ideológico −es decir, al nivel de las ideas falsas (Miami *es* la gran idea falsa).

Que la adaptación se manifieste aquí como «idealismo» es, entonces, un axioma válido para otras especies y grupos en situaciones y procesos análogos. Debemos concluir que cada período evolutivo comienza por una resignación amorosa (la declaración «*I love you, Miami*», del pelotero Liván Hernández), y por una aceptación reafirmadora de las circunstancias adversas (*Was mich nicht umbringt, macht mich stärker*: Lo que no me mata, me hace más fuerte).

El anfibio racionaliza el pantano donde echó raíces (para el desarraigado las raíces son patas) y donde consiguió forzar el avance hacia una Tierra Nueva que, salida de las aguas (Miami: madre de las aguas, en lengua calusa), aparece primero como teatro de operaciones, y luego, como un terreno al que el amor vuelve transitable.

De la adaptación como ejercicio espiritual: antes de mutar, abrazamos nuestra desgracia. En el pantano («¡Los Everglades: la ciénaga más grande del mundo!») aprendimos a idealizar horrores.

La Vaca Pinta

La evolución miamense, inducida a distancia por las condiciones medioambientales de la Isla, tuvo que degenerar, por fuerza, en un proceso «devolutivo»: Miami «devuelve» a Cuba (y devolver debe tomarse aquí en el sentido de regurgitar o eructar un material histórico largamente rumiado). Miami es otra versión de aquella comarca de la Vaca Pinta –Die Bunte Kuh– que aparece en Así habló Zaratustra, y el castrismo, el pienso que nutre las conciencias de los desterrados luego de pasar por las cuatro cámaras del aparato digestivo más eficiente del mundo.

Miami es el estómago del castrismo: gracias a Miami es posible desglosar, digerir y defecar sus partes constitutivas, apurar sus microfacciones y absorber su nutritiva ponzoña por intermedio de un retículo de instituciones mayores y menores (desde los menudos Municipios Cubanos en el Exilio, hasta la aparatosa Fundación Nacional Cubano Americana).

El éxito de los perdedores

La propaganda castrista creó la idea falsa de la «comunidad cubana exitosa». La fama de los exiliados se propagó a los cuatro vientos, hasta el punto de instigar la envidia y, por supuesto, el rencor de los menos afortunados. Decir «El Paso» es convocar imágenes de desventaja y sufrimiento; decir «Miami» es evocar un balneario donde los gusanos toman el sol.

Tal vez sin proponérselo, los miamenses se hicieron eco del peor malentendido en la historia de las migraciones americanas. A pesar de que allí –según un reporte de la Universidad de Columbia, 2004– los cubanos ostentan niveles de ingresos y educación notablemente superiores a los del resto de los inmigrantes latinos, Miami es, en propiedad, la ciudad de los perdedores. Humillados mil veces desde la derrota de Bahía de Cochinos («¡El atolladero más grande del mundo!»), y vilipendiados precisamente a causa de su «éxito», los cubanos son una tribu perdida. Mientras tanto, los mexicanos o los salvadoreños, aunque mucho menos infelices, han conseguido granjearse el trofeo de víctimas.

El concepto de «triunfador», que ocupa el centro de la psiquis de los exiliados, es la idea fija de *Boarding Home*, la novela de Guillermo Rosales (William Figueras, el álter ego del novelista, descubrió que un revés capital jamás podrá ser convertido en victoria). Fidel aparece también en los sueños de nuestro gran manicomio literario: es el espectro del Triunfador de 1959, que debido a una transvaloración de todos los valores, se convierte en la víctima, en el chivo expiatorio de los cubanos de Miami. Los exiliados serán, a causa de ese hecho atroz, los Judas (*Juden*) de una América donde los Castros son Cristos.

El móvil de Chago

Paul Virilo dice que los trenes *à grand vitesse* producen un arte impresionista, hecho de trozos entrevistos, de trazos rápidos. Francisco de Quevedo, ante la aceleración que Diego Velázquez imprime al brochazo, queda ofuscado y ve en sus pinturas unas «manchas distantes». Los recién llegados se quejan de que en Miami «no se camina», que es «una ciudad para el auto». El cubano sufre de conmutación sensorial: desde la lentitud pedestre de la realidad habanera a la rapidez de un mundo que pasa por la ventanilla del auto.

La pobreza de datos se transforma, simultáneamente, en plétora informativa. Los medios lo bombardean con noticias –tragedias, intrigas, accidentes, fraudes, asesinatos: experimenta una súbita amplitud de onda, sus sentidos se abren a una gama inaudita de referentes. El artista cubano transportado a la Pequeña Habana debe crear para un espectador automovilístico; su mensaje debe captarse en el *expressway*. *Mírala antes de morir*, la segunda novela de Santiago Rodríguez (Chago), es un Porsche 911 yendo a toda marcha por una supercarretera interestatal.

Chago ha creído encontrar la cadencia miamense –lo que en otra parte ha llamado «la vida en pedazos»– en el universo cinematográfico, específicamente, en el sector poco iluminado del cine *noir*. Este discípulo de Sam Fuller mira el espectáculo de Miami desde una luneta, en las últimas filas de un cine de relajo. El auto es el *dolly* que lo transporta por las clínicas ilegales, las calles tomadas, los bares nocturnos y las casas de crack. La pantalla o el parabrisas son marcos de referencia, suerte de encuadres que le permiten aislar el drama, y el interior del carro es un pequeño anfiteatro para un *drive-in* tamaño municipal.

El carro es el móvil. Se muere por el carro, el carro se vuelve arma. Se lo lanza contra una víctima –un borracho pierde el control y le pasa por encima a una madre–, los muertos aparecen en maleteros. Mientras que en Cuba, los modelos anticuados de la máquina se convierten en atracciones de circo, en artistas del hambre.

Con cada novela, Chago se interna un poco más en la *Gestalt* automovilística, aprieta un poco más la marcha. Enormes falos, como émbolos engrasados, propelen la narración hacia el orgasmo inevitable.

Sister, el protagonista de *Mírala...*, es un policía que perdió su pistola:

Si te queda algo de hombre no me dejes un hueco sano. No quiero golpearte, Mildred. Hazlo, hasta que se te pare. Estás loca. Tú eres un bandolero, por el olor los conozco. Estás enloquecida. Cuando me encapricho con un macho soy una fiera. Mildred, te juro que nada de esto lo voy a recordar. Ni yo tampoco, dijo ella amenazándolo con un cuchillo, quiero ver sangre. Él se le abalanzó arrebatándoselo, le entró a golpes, la puso en cuatro patas y le comenzó a mamar el culo. Le metía una y otra vez los dedos. Ella pedía más. Fuera de sí le introdujo la punta de la pistola. Dispara, si no eres capaz de usar la pinga.

Las máquinas intercambian roles. Esta manera de narrar es tan aerodinámica y tan económicamente elegante como un modelo del año: sobre el guardafango niquelado resbalan la sangre y el semen.

El libro es un vehículo bien engrasado. Alonso, el policía corrupto que mata a Aliusha y que luego la entierra en los cimientos de un hotel en construcción, no hace más que disparar por la boca:

Ay, mi hombro, no seas bruto. La enorme rodilla como un yunque sobre el culo.
    –Imbécil, me haces daño.
    –¿A quién le diste la pistola?
    –No sé de qué pistola me hablas.
    –Mira, le dijo hundiéndole la cara en la arena, ¿quién te mandó a robarla? Habla, o mañana eres noticia.

Mírala... es una novela escrita a boca de jarro. Y si es correcta la acepción de argot que da la cábala –*ars goth*, arte gótico– entonces se trata de una novela gótica, escrita en un lenguaje cifrado: el miamense. Así, lo que podría señalársele como defecto parece después un logro: los personajes confunden sus voces en el *stream of conciousness* de una ciudad que no tiene conciencia.

El libro puede verse también como un dramón de hospital, al estilo de *General Hospital* o de *ER*, pero habría que conocer la zona en que se mueve Chago para entender la plática de los jubilados en torno a sus achaques crónicos. En este panorama aparece la figura ilegal de las «cliniquitas», pintorescos policlínicos que los cubanos establecieron en Miami con el fin de enriquecerse a costa del estado de Beneficencia. En el gueto se trata siempre de la bolsa o la vida.

Es curioso que otras dos novelas paradigmáticas –*Boarding Home* de Guillermo Rosales y *Accidente* de Juan Abreu– se sitúen, cada una a su manera, en el sector de la salud pública. La primera se ambienta en un sanatorio –pequeña Mazorra como metáfora del exilio– mientras que la segunda evoca el siniestro que sufre Luz Torres y su agonía en el hospital Monte Sinaí.

Los buscavidas de *Mírala…* encuentran refugio en la clínica; el «Medicare» los salva del infierno. Cada falsa consulta trae aparejado un estipendio por prestar sus cuerpos a la rutina de un examen médico. La visita al doctor –otro matasanos recién llegado de Cuba– se convirtió en industria, en bolsa negra. Lealtades mafiosas sustituyen el juramento hipocrático, y la morgue es el lugar de reunión donde se parten dividendos.

Los locos de Rosales son víctimas de un sistema de salud clandestino, instaurado por proveedores inescrupulosos: el excedente de la medicina socializada en la Isla va a parar a Miami, como cualquier otro detrito. La avaricia, reprimida durante décadas de dictadura, también hace metástasis, crea un estado ficticio (metafísico) de emergencia, de crueldad generalizada. Mahagonny provoca concupiscencia –voracidad por vivir la vida en pedazos, desasosiego por gozar la papeleta.

Del otro lado está la policía, sólo que el policía es quien va a la cárcel en esta comedia de errores. Al contrario de Mario Conde, el detective de Leonardo Padura, que opera dentro de un sistema y conoce su lugar (pertenece a un pueblo, a un barrio y a una lengua), Sister, el fiana de Chago, no pertenece a ninguno, no tiene origen; su nombre propio es ya un malentendido. Aunque esté bien dotado, tampoco es macho habanero: su sexualidad es función de imponderables: cambia, como un camaleón, como Cobra, o como Calibán.

Mildred lo lleva a ver a un negrito que le saca un daño succionándole el rabo: el negro escupe en la cabeza de una culebra, que luego corta de un tajo. Sister está a merced de dioses ajenos. Ningún método lo asiste en su locura. Ni siquiera es Red Scharlach, que basaba sus deducciones en la Gematría: los judíos están aquí tan perdidos como los gentiles:

> Recogió un pedazo de papel, garabateó en mayúsculas las primeras letras del alfabeto. A y B estaban destinadas para Mildred y Mita, la C y la D para la secretaria de Eugenia y el usurpador de su casa. ¿Qué relación tenían entre sí? ¿A+B+C+D? ¿(A+B)+(C+D)? ¿A+(B+C)+D? ¿(A+B+C)+D? Nunca fue bueno en álgebra.

El crimen se distribuye uniformemente por todo el espectro social, toma una gama infinita de valores y de estados.

Escatología miamense: la urbe ha sido descrita como «isla paradisíaca», rodeada por un mar poblado de monstruos que el navegante debe sortear. Durante la travesía el balsero se ve perdido, el Norte no resulta tan evidente; a lo lejos se divisa la sombra de un país fabuloso, la punta de un inmenso iceberg, la silueta de un continente, el país de Jauja que él llama «La Yuma». Debe ser un lugar frondoso, florido, un jardín. Pero al final del viaje el navegante sólo encuentra otro océano, un pantano poblado de leviatanes, un marasmo impenetrable e inhóspito −con una franja de roca y arena que se llama Miami. Otra desilusión: al fondo de la última calle comienza el país de los indios miccosukees, el trillo se interna en lo profundo de una ciénaga sin fin. Estamos en plena calle Ocho.

El artista va a vivir a repartos en ruinas, remanentes de otra civilización perdida −la civilización de los anglosajones que huyó a su vez abandonando la ciudad al paso de los invasores cubanos. En los territorios abandonados floreció una cultura parásita. El idioma en que se expresa esa cultura no se habla más allá de los límites de Flagler. Innumerables novelas y poemarios ven la luz allí cada año: ninguno sobrevive; nada llega a oídos del mundo exterior. A pesar de ser una ciudad menor, y acaso insignificante, a menudo Miami fue comparada a Sodoma y destruida con la imaginación. Berltold Brecht jugó con la idea de escribir una pieza radiofónica sobre la *Apoteosis y caída de la ciudad paradisíaca de Miami*. El boceto de su Mahagonny, la gran Babilonia, estaba basado en reportes verídicos sobre el paso del ciclón del 26 por el sur de la Florida.

El compromiso anti romántico —al que el género policíaco presta su seductora urgencia— es característico de la literatura miamense actual. Al contrario del tono nostálgico del exilio, y de la literatura académica que se cultivó en los primeros talleres literarios (Pura del Prado, Rita Geada, González Esteva, Ángel Casas: lo que podría llamarse el «laúd del destierro», anclado en el prerrafaelismo que antecede la aparición de Reinaldo Arenas y la generación del Mariel), los escritores actuales desdeñan la lírica y van directamente a la narración. Es la literatura de gente que sufrió severas mutilaciones: en eso no son muy diferentes de Sister, de Doris Weissman o de Aliusha. Desde una condición dañada reorganizan su obra asumiendo las limitaciones de la producción tardía, la malformación lingüística y las inevitables lagunas intelectuales. Casi todos han retomado la escritura luego de un desastre personal (la cárcel, el destierro, la purga, el ostracismo), y a los cincuenta, a los sesenta años de edad, comienzan de nuevo.

Chago recrea la suya desde un modesto estudio de la Sagüesera, rodeado de gatos domésticos y apartado de la farándula: su tarea parece haberse reducido a la observación resignada del espectáculo que lo rodea. Atrás quedaron los años sesenta y el grupo Los Diez, que lanzó su carrera literaria en Santiago de Cuba. Del *kitsch* de CDR —con que volvió a inventarse en los ochenta, al amparo de la pintora Antonia Eiriz— sólo queda un par de cotorras de papier maché colgado en las paredes. Le ha costado trabajo —me dice durante una visita a su apartamento– reproducir la atmósfera de este pueblo engañoso. «Mucha película vieja, muchacho. Hace falta ver mucho clásico».

Tal vez los clásicos del *noir* le hayan enseñado a reproducir, efectivamente, la bidimensionalidad de los bajos fondos y le aguzaran el espléndido oído que tiene para el *small talk*. Pero la obscena desolación de sus libertinos viene del cine porno. El único crimen auténtico que comete Sister es acuchillar una muñeca inflable, en una escena que podría tener de fondo la música de *In Every Dream Home a Heartache*, un clásico de los setenta –la década que nos trajo a Linda Lovelace en *Garganta profunda* y a John Holmes en *La autobiografía de una pulga*.

Esa canción (*I bought you mail order / Your skin is like vinyl / The perfect companion / You float my new pool / Deluxe and delightful / Inflatable doll / My role is to serve you...*) aparece en el álbum *For your pleasure*, de Roxy Music, y sirve de testamento a una época que dejó de creer en sucedáneos erógenos.

La muñeca de polietileno exhala sus últimas palabras entre los brazos del policía: «Se le prendió del cuello. La mordisqueó. Fuck me, son of a bitch, fuck me [...] En medio de juegos de agua, abrazos y zambullidas, Sister continuó apretando controles. La voz del maniquí se transformó en un ronquido masculino».

Igual que el lenguaje –el paisaje o la vida misma–, el coito se mecaniza. La máquina se ha convertido en la Amada. Como en el largo monólogo interior de esa otra Metrópolis –Miami– que es, en el fondo, *Mírala...*, la autómata eructa obscenidades mientras se descoyunta en el arrebato de un trance inducido por la aceleración de una ciudad que se debate entre la nostalgia de sus desarraigados y los últimos desmadres del capitalismo postindustrial.

Con la fe de las armas

A las puertas de Alpha 66 hay un soldado mediotiempo con rifle de palo, que entretiene al turista de paso. Hace unos años llevé allí a un fotógrafo de la revista National Geoghaphic, en versión francesa, de visita en Miami. Me había pedido que le enseñara mi ciudad y no quise dejar pasar la ocasión de que captara un trozo de nostalgia cubana, un pedazo del folclor miamense.

La oficinita de Alpha está situada en la Plaza de la Cubanidad, donde hay una fuente de azulejos mohosos con una balsa de metal, obra de algún escultor ingenuo, y un mapa de Cuba a relieve que describe «la gesta» liberadora. Cabecitas de Maceo y Martí asoman en el limo. Un chorro intermitente humedece las gafas de Máximo Gómez. Bajo el agua estancada, las batallas a machete han perdido filo. Depósitos calcáreos corroen las palmas de Tony López.

«Las palmas son novias que esperan», declara una tarja prendida del mosaico sucio. Quizás falte una letra: las citas se prestan a la cábala y el sarcasmo. Palmas reales sombrean las palmas evocadas, crecen en círculos arrebatados al cemento. Estas deben ser solteronas mañosas, empeñadas en hacernos creer que el amado regresará; que el machete que corta palmiche volverá a hender el aire: esa arma es un símbolo fálico y las novias tienen una eternidad por delante.

Banderotas cubanas ondean en la plaza: sus enormes franjas se destuercen y vuelan lánguidamente. Un triángulo de poliéster rojo filtra la luz del sol. La estrella, solitaria y descosida, estira una pata bajo el constante latigazo del temporal. «Si desecha en menudos pedazos...». El fotógrafo Eduardo Aparicio ha retratado banderitas en miniatura, descoloridas y deshilachadas, hermanas de las gigantas rotas. «Con la fe de las almas austeras / hoy sostengo con honda energía / que no deben flotar dos banderas / donde basta con una, la mía».

Imposible evitar la invasión de banderas nicaragüenses en este parque cubano: estamos, después de todo, en la Pequeña Managua; un par de cuadras al este y entramos de lleno en la Pequeña Tegucigalpa, donde La Mía Supermarket ofrece un especial de tortillas, a dos paquetes por un dólar. El anuncio «Se buscan tortilleras» no parece ofender a nadie.

Milagrosamente, Alpha 66 logró sobrevivir en este barrio descubanizado. La invasión centroamericana trajo su propia tragedia y su propia gesta; sus partidos políticos y sus fritangas. El bar Camagüey es hoy el Telamar Nica, y el antiguo Burger King, un restaurante hondureño. El cambio se siente también en la oficinita de Alpha: mucho «contra» extraviado, veterano de otras guerras, ha encontrado refugio en este templo del sincretismo bélico, iglesia sin misterio donde todos los guerreros son bienvenidos.

En las paredes cuelgan retratos coloreados a mano de los mártires del Escambray. Instantáneas antiguas captan las etapas de la lucha, el récord de las escaramuzas, la imaginería del clandestinaje. También hay un mapa de Cuba en bagazo barnizado, y una virgen con gorro frigio agarrada de un asta, en un gesto copiado de las bailarinas de gogó. La estética de la tienda del dólar ha abaratado lo entrañable de nuestros símbolos. Pero los ancianos detrás del buró, los que se reparten una colada y visten el camuflaje sin convicción, son los últimos cubanos que tomaron las armas en contra de Fidel Castro. Piezas de museo en carne y hueso, reliquias vivas de una época que creyó en la lucha armada.

No fue únicamente a fuerza de carisma que el tirano desarmó a las masas. El mismo día que entraba a La Habana pronunció en las barracas de Columbia el engañoso discurso «¿Armas para qué?» (por cierto, fue durante ese discurso que la oportuna paloma se le posó en el hombro). La pregunta –superflua– no estaba dirigida a los miembros de Alpha 66 ni de ningún otro grupo anticastrista: había sido lanzada, como una bomba retórica, a los combatientes del Directorio Revolucionario atrincherados en Palacio. Los acusó entonces de lo mismo que acusa hoy a los disidentes: de simples «lidercillos», y los conminó a que soltaran los rifles.

A Nazario Sargén, el jefe de Alpha 66, no debe descartársele a la ligera. Cuando Fidel Castro quiere estigmatizar a un opositor manda a sus esbirros a colgar banderas de Alpha en la puerta de la casa. Es una manera simbólica de relacionarlo con lo impuro y lo pecaminoso, el equivalente criollo de una letra escarlata. De lo que se trata realmente es de vincular las armas con la mácula, la seña, la coroza, la cruz de fuego, la esvástica y la estrella invertida. Es al espectro de la violencia y de la lucha armada que se pretende despistar pintando el signo de Alpha 66 en las puertas de los pacíficos. Porque es al monopolio exclusivo de la violencia a lo que aspira toda revolución desde el principio.

Miami: factoría de Castro

Los puristas me acusarán de exagerado cuando afirme que Miami no es más que una factoría.

Pero esa es precisamente la impresión que tengo, y por tal razón protesto cada vez que veo aparejados, en la misma cláusula o en el mismo ejemplo, a los cimarrones del sur de la Florida con los mayorales que los explotan desde La Habana. Me parece demasiado obvio: no hace falta ser un filósofo para darse cuenta. Sin embargo, son los filósofos quienes más disfrutan –y los que más se favorecen– con la comparación. Quedan bien con dios y con el diablo, y de paso adquieren ante los ojos de sus colegas el galardón político de «imparcialidad», que tampoco luce mal a la hora de pedir trabajos o préstamos en las academias tomadas por los fidelistas.

No debería extrañarnos que el término que designara un «establecimiento comercial situado en una colonia» vuelva a servirnos de referencia. La factoría es una invención española: la trajeron los ibéricos a nuestras costas a fin de garantizar el rendimiento y la productividad de las provincias ultramarinas. Factoría fue San Agustín, como factorías son Union City y Hialeah. A veces creo que no han cambiado de dueño.

Factoría es también como se le llama ahora a un «sweatshop», el taller donde el proletariado suda delante de las máquinas por unos míseros dólares, que el más miserable holgazán rechazaría en Connecticut o en Los Ángeles. La famosa presentadora Kathy Lee Gifford tenía una de estas fábricas sudorosas en Honduras, y tuvo que cerrarla porque los socialistas no soportaban la idea que sus tías llevaran blúmers confeccionados por indios mal pagados y sin seguro médico.

Claro que esos mismos socialistas no sienten ningún remordimiento por fumarse un Cohiba o en adquirir el CD de *Buena Vista*

Social Club, a pesar de que tampoco los tabaqueros ni los músicos cubanos disfrutan de derechos laborales y sirven en el «sweatshop» glorificado en que se ha convertido Cuba. Pero esa es harina de otro costal: Ray Cooder implementó exitosamente la antigua fórmula «Esclavismo más Electricidad», que parece estarle dando fabulosos resultados, pues todos lo siguen. Un bolero no es un blúmer, me dirán. ¿Y a quién se le ocurre comparar a Cooder con Kathy Lee?

Pero de lo que se trata aquí es de demostrar que Miami, adonde nos dijeron que se venía a comer jamón, en realidad, no lo es. No es jamón, quiero decir. A los primeros emigrados se les informó que allí encontrarían esa sustancia deleitosa, ese maná cubano. No dudo que hayan sido los compañeros del Departamento de Desorientación Ideológica quienes echaron a rodar la especie: con la idealización gastronómica de Miami no ganaba nadie más que los castristas.

En aquel El Dorado –y no hablo de la mueblería–, aquella utopía a la que se marchaban –y «marcharse» es aquí otro eufemismo– corrían ríos de Coca-Cola que provocaban la más absoluta amnesia en los expatriados. El mito de Miami como Citera, sustentado y renovado por La Habana, sigue dando vueltas por el mundo. Pero nada hay más contrario a la verdad.

Miami es un campo de trabajo al que, desde 1959, han ido a parar los desafectos del régimen –la Sagüesera, esa loma de huesos, podría considerarse el más longevo campo de exterminio–. Miami es una cárcel inmensa y los cubanos de Miami, como los de la causa de los 75, cumplen cadena perpetua.

No sólo los exiliados pagan una condena impuesta en La Habana: sus hijos y nietos cumplen también la pena de destierro dictada contra sus padres. Y todas esas generaciones de cubanos, sumadas, producen en las fábricas de Hialeah los dólares que sostienen a la dictadura. A las puertas de Miami tendría que colocarse un cartel que advirtiera: «La libertad os hará esclavos».

No debería ocultársele a nuestros hermanos que se debaten entre la aceptación y el rechazo del «capitalismo feroz» como alternativas para la Cuba del futuro: los jabones con que se bañan están hechos con sebo humano, con sudores de «sweatshop». Las maletas cargadas de chucherías que les llevan sus parientes de Miami están hechas con el pellejo del lomo de sus abuelas. Miami es un Dachau rentable y duradero.

A nadie se le ocurriría acusar de extremistas a los internos en un campo de exterminio. Cuanta acción emprendan estaría dictada, única y exclusivamente, por la desesperación; en cualquier otra parte serían considerados miembros de alguna «resistencia». Si un recon-centrado resulta particularmente vociferante, ¿quién en su sano juicio le mandaría a moderar el tono?

La imagen de un Miami paradisíaco, despojado de su horror carce-lario y desinfectado —como se limpian las celdas para la inspección— no conviene más que a La Habana, que se ha cansado de decir que allí se vive la «dulce vida». Pero la realidad es otra: en Miami hasta los cínicos y los famosos de antaño perdieron sus derechos. Reputaciones trabajosamente forjadas a la sombra de la cultura socialista se deshacen como un hongo bajo la luz desintegradora del mediodía miamense. Cualquier poeta, cualquier pintor, cualquier sabio, por grande que haya sido, ¡que vaya a Miami a ver si no se encoge en cuestión de minutos! El clima es minimizador y lo más sublime será desestimado solamente por provenir de Miami.

Es saludable mantenerse a una distancia prudente de Miami. Por-que Miami no es jamón. Es sólo otra factoría española en la Florida.

Cubano, demasiado cubano

En defensa de la aplanadora

El concierto de Juanes entró en el libro de récords *Guinness* por ser la primera instancia en la historia del mundo en que un millón de personas reunidas al resistero del sol se pasara cinco horas en una plaza cerrada sin que se produjeran altercados. El público cubano merece también una mención en el cielo como el perfecto rebaño: un pueblo de borregos, que según ha dicho Javier Ceriani, «lo mismo aplaude a Raúl Castro que a Miguel Bosé».

Además, ¡mucho cuidado!, no vayan a ofenderlos. Exigen comprensión y demandan ser tratados con respeto. Nuestro rebaño está por encima de las críticas. La prensa calla y corre un manto piadoso sobre la escandalosa obediencia. Silvito «El Libre» tiene la osadía de encarársele a los veteranos del Exilio, a esos «aldeanos» que arriesgaron el pellejo en el Escambray, a los hombres ranas y a los operativos de la CIA, a los ancianos saboteadores y asaltantes de los años duros, a los que halaron treinta años en Isla de Pinos, porque a Silvito nadie va a venir a decirle lo que tiene que hacer. Residir en Guanabacoa ya es una hazaña: «¡No hablen mierda desde Miami, vengan a jugársela aquí!». ¡Como si él se jugara algo!

Esa idea de rapero resume la opinión pública con respecto a Cuba. Quien queda mal es Miguel Saavedra, no el lloriqueante Miguel Bosé. Los que hicieron el ridículo son los vejestorios de la Pequeña Habana y no los bocazas del conjunto *Orishas*, que hablaron de los «amos del Norte» en las entrevistas, y después, donde nadie los oyera, le rogaron a Juanes que no cancelara el concierto, «para que no ganen ellos». Quiénes son «ellos» es algo que estos blanqueados hipócritas deberían aclarar.

Pues resulta que «ellos» son los espías que sirven el desayuno en el Hotel Nacional. Juanes los vio con sus propios ojos y puso el grito en el cielo. El pueblo cubano lleva cincuenta años conviviendo con «ellos». Son los mismos que vienen a Miami infiltrados; los que ya están en FIU y el Versailles; los mismos que, por órdenes de La Habana, amenazan de muerte; los que están aquí para formar el caos. Esos que el Exilio histórico lleva años diciendo que *sí* existen. ¡Después de todo, Saavedra no estaba loco!

¡Ay, pero de nada valieron las insinuaciones, los dobles sentidos y las puyitas desde la tribuna! De nada valió que los distinguidos invitados europeos colaran la palabrita «libertad» y hablaran de «miedo». Ocho cantautores empeñados en sacar al rebaño de su cincuentenaria modorra, y ¡ni comedia! Ni Silvio «El Malo» cantando la insinuante «Ojalá por lo menos que te lleve la muerte» levantó ronchas. Para el asombro del mundo, el pueblo cubano meneaba las caderitas al ritmo de la canción protesta, agitaba el culo a la mención del miedo.

Si yo tuviera un martillo

Mientras tanto, en la Pequeña Habana, un puñado de vejetes armados de martillos encarnaba toda la libertad de que no fue capaz el millón de zombis en la Plaza. El único acto libre, el único evento pacífico y significativo de estas jornadas estuvo simbolizado por esa aplanadora que hizo añicos los discos de Juanes y compañía. Vigilia Mambisa ejerció su sagrado derecho a la protesta, precisamente el derecho fundamental que el régimen de La Habana ha incautado al pueblo. Los vejetes del restaurante Versailles eran los únicos cubanos libres el 20 de septiembre.

En vez de vilipendiarlo, deberíamos coronar a Miguel Saavedra y erigirle una estatua ecuestre sobre aplanadora, el Rocinante de su quijotada. ¡Este gran hombre se atrevió a ir en contra de la opinión pública, de las celebridades, de los trovadores y las superestrellas! Su razón debe parecernos necesariamente una sinrazón, pero Saavedra está en todo su derecho, y lo ejerce por todos nosotros, los que vivimos agazapados en la vergonzante neutralidad.

Saavedra no sólo se enfrentó a la furia de Olga Tañón, la bachatera más despistada que ha salido de Puerto Rico, sino (lo que es peor) a la incomprensión del Exilio. Si no los abrazamos, si no reconocemos a nuestros Saavedras, estaríamos adoptando la tesis castrista de que la oposición, violenta o pacífica, es un crimen; que tanto el bombazo de ayer como el mandarriazo de hoy son el patrimonio exclusivo de los castristas. Pero la oposición al castrismo, en ninguna de sus formas y en ninguna de sus variantes, es inmoral. Lo único inmoral de estas jornadas fue el espectáculo de un millón de almas muertas.

La vida estaba en otra parte el 20 de septiembre. Estaba en la confrontación del Versailles. El estacionamiento del emblemático restaurante vale más que mil Plazas de la Revolución, sólo porque allí somos libres de entrarnos a porrazos. Y, ¿quiénes son esos recalcitrantes, esas reliquias del Exilio histórico que tanto asco provocan a los extranjeros? ¿Alguien puede explicárselo a Miguel Bosé, o a Olga Tañón, o a la vociferante Ana Belén? Esos ancianos que recuerdan con cariño sus años mozos en la Universidad de La Habana, cuando tuvieron a Fidel de compañero, ¡son los que inventaron la Revolución! Nada menos. A ellos debemos el más grande fiasco de nuestra historia moderna.

Da risa verlos abrazados a Gorki Águila, que lleva en la camisa la consigna «59: el Año del Error», porque esos viejos ¡son quienes cometieron el error! (Así de complicada es la cosa, Olguita). Todos y cada uno de ellos, revolucionarios arrepentidos; pero unos arrepentidos que han sabido perdonar y olvidar. Entre ellos viven sus torturadores, sus antiguos verdugos y carceleros, y hasta algún escritorzuelo que se vanagloria de haber fusilado en el Escambray. ¡Convivencia pacífica, tu nombre es Pequeña Habana!

Ellos, y nadie más que ellos, cometieron el error del 59, y todavía lo están pagando. ¿Qué peor castigo que escuchar al insignificante Andy Montañez, a la tonta útil de Ana Belén, acusarlos de reaccionarios a ellos, a los progenitores de la gran Revolución? La Revolución Cubana es suya, completita, y tienen derecho de autores, por eso la tratan sin ceremonias. Romper discos, o cualquier otra cosa, con martillos y aplanadoras, está en su naturaleza de revolucionarios, y es algo que no entendemos los que nacimos después, en la paz de los rebaños, en la tranquilidad que viene de tranca.

Fue una gran aplanadora lo que estos viejos revoltosos pasaron por encima de las instituciones democráticas de la República de Cuba. Cuando Huber Matos llevó un avión cargado de armas desde Costa Rica, en 1958, no hacía más que pasarle otra aplanadora por encima a Cuba. Cuando Carlos Franqui le entró a mandarriazos al monumento al Maine, hacía exactamente lo mismo que los viejos del Versailles. Los castristas no dejan de serlo porque se trasladen de ciudad: se trata más bien de una tara generacional.

¡El Año del Error! Esos ancianos rebeldes arremetieron a tiros y bombazos contra la era de Batista, que fue nuestro Juanes, el creador de la Plaza Cívica, concebida como lugar de reunión de ciudadanos y donde hoy se congregan los borregos. Demasiado complicada para una bachatera: la dialéctica de la Revolución Cubana no cabría jamás en la cabecita de la Tañón.

¿Y qué dejamos para Cucú Diamantes, ese cruce de Celina la de Reutilio con Molly Shannon en el papel de Mary Catherine Gallagher? ¿Será esto lo que nos depara el futuro? ¿La truculencia de Hialeah que regresa a Párraga por la Terminal 2? Efectivamente, saldremos de la edad de piedra para aterrizar en la edad de la zirconia. Con espejuelos polarizados de la Óptica López admiraremos la sicodelia que suplantará la grisura socialista. Es sólo un avance del post-exilio lo que el concierto nos puso delante: Gorki en el Versailles y Cucú en la Plaza.

LA SEGUNDA VENIDA

El general Raúl Castro habla desde el altar, y recuerda emocionado que Juan Pablo II «visitó nuestra patria hace catorce años». El criminal bloqueo, explicó el general, continúa en pie catorce años más tarde.

No se le ocurre a Raúl Castro que también su hermano, pese a todas las profecías, continúa en pie catorce años después de la visita de Juan Pablo, y que él mismo sigue mandando catorce más catorce más catorce más catorce años más tarde. El pueblo escucha al general sin detenerse a sacar cuentas: fue adoctrinado y minuciosamente alfabetizado, y entiende que la Virgen cumple 400 años y que el señor del gorrito rojo debe andar por los noventa, pero su aritmética no alcanza a calcular los años de dictadura. El cubano de hoy suma en números orwellianos.

Escuchando los cálculos de Raúl, el Papa Benedicto XVI debe haber sentido orgullo de lo bien que los jesuitas del Colegio Dolores prepararon a los hermanitos Castro. ¿No vino Benedicto XVI a festejar un milagro que ocurrió hace cuatro siglos, mientras los cubanos esperaban uno para esa misma tarde? ¿No representa Benedicto XVI otro reino castrista destinado a durar por los siglos de los siglos, y amén? ¿No es Benedicto el homólogo del general, un mensajero infalible de la Verdad revelada? ¿Y acaso no gobiernan los Papas desde un Palacio de la Revolución levantado sobre las ruinas de ese batistato conocido como el Imperio romano?

El general y el Papa comparten el altar con una Virgen que miró impertérrita cómo un millón de Juanes de todos los colores perecían en las aguas infectadas de tiburones del Estrecho de la Florida. Si alguna vez tuvo divinos poderes, debió ser en la maravillosa época colonial, cuando comandaba las aguas y aplacaba tormentas. A partir de 1959, sin embargo, o perdió la gracia o se nos ha virado. El destino de tres infelices pescadores, se convirtió en la desdicha de todo un pueblo. Cuba zozobra, un ciclón bate sus costas desde hace medio siglo. El bote de los Tres Juanes es un yate de lujo comparado con los medios de flotación con que sus fieles se han presentado ante la Virgen. La maldita circunstancia del agua por todas partes —como dijo un hereje llamado Virgilio— ha llegado a ser la constante escatológica de la vida nacional.

Nuestras plegarias cayeron en el mar, nuestras lágrimas en la arena, o tal vez todo sea culpa de la superstición, la brujería y los trabajos sucios realizados en el nombre de Cachita. Quizás hemos provocado con nuestra impiedad la ira de la diosa. ¿Tendremos que castigarla y retirarle las ofrendas para que nos sea propicia? ¿Haremos penitencia? El cubano que celebra hoy sus bodas de zafiro con la dictadura, podría exclamar con el Cristo de Caná: «Mujer, ¿que tengo yo que ver contigo?».

Ahora sabemos que los hermanos Castros son los representantes de la Compañía de Jesús. Como jesuitas han gobernado y como *Jesus Freaks* han conquistado Latinoamérica para la fe. El castrismo degeneró en doctrina universal, en fanatismo. Sus fieles acuden en peregrinación para besar la mano del Líder espiritual del sincretismo político caribeño.

Desde el principio de su carrera, Fidel Castro se presentó como Mesías, como redentor y como una especie de santón. Periódicos y revistas recogieron su imagen carismática y la difundieron, y el pueblo ignorante llegó a confundirlo con el Salvador. Ahora es evidente que absolvimos a Barrabás y crucificamos al Cristo (que no era un hombre de carne y hueso, sino una gracia, un momento singular); que se trata menos de portentos políticos que de milagros socioeconómicos; que nos dejamos obnubilar por las barbas y los sermones; que desconfiamos de los terratenientes y los usureros y que expulsamos a los mercaderes del templo sólo para venir a pedir limosnas al Partido.

La misma caridad cristiana que nos embarcó en 1953, cuando el obispo Pérez Serrantes intercedió por Fidel, pretende convertirse ahora, a los sesenta años de aquellos errores, en la alcahueta de nuestra redención. La misma Iglesia que hace cinco décadas afrontó todos los riesgos, la que dio el pecho a las balas, es hoy cómplice de la represión y represora de herejes dentro de sus propias filas. La Iglesia que recibe a Benedicto ha traicionado a los jóvenes que fueron al paredón con un «¡Viva Cristo Rey!» en los labios. La Iglesia Católica le ha dado la espalda a los creyentes que la rescataron del escarnio y a todos aquellos que, a costa de enormes sacrificios, le devolvieron su lugar en la sociedad.

La tribuna en Oriente parecía más bien una escena de Monty Python en la *Vida de Brian*: un malentendido cósmico, un conciliábulo. En Santiago de Cuba un cimarrón salió de entre las filas de los palestinos y, atravesando cordones policiales, llegó hasta el micrófono: «¡Abajo el comunismo!», gritó el inocente. Ese grito debió sonar a los oídos del mundo como «¡Abajo los albigenses!». El pobre ermitaño no se daba cuenta de que el comunismo había muerto durante la última visita papal.

Enseguida los esbirros se le abalanzaron y lo neutralizaron. Un miembro de la Cruz Roja (la capacidad de ironizar de Jesucristo es infinita) se acercó al detenido y le propinó una salvaje trompada. El bofetón, retransmitido por una estación colombiana, ardió instantáneamente en la mejilla de cada cubano. El hombre con la Cruz Roja en el pecho procedió entonces a esgrimir la camilla como un mazo. Estaba dispuesto, por la tranquilidad del general y de Benedicto XVI, a caerle a camillazos al mismísimo Mesías si se le ponía delante. ¿Habrá que preguntarse de qué parte estaba Cristo en ese momento? ¿Habrá otra escena que simbolice mejor la segunda venida del Papa?

Contra Mandela

Los obituarios de Nelson Mandela por Carlos Alberto Montaner y Bertrand de la Grange, aparecidos en *Diario de Cuba*, son justos en la valoración del estadista sudafricano. El mundo está de luto por la muerte de un gran hombre. Raúl Castro y Obama asistieron a los funerales. Los cubanos deberíamos aprovechar el velorio para reflexionar sobre nuestra situación.

Que un ejemplo de dignidad humana, el luchador intachable que padeció la cárcel y fue exaltado a héroe universal, con todos los honores y reconocimientos que supone el cargo, un personaje venerado por las multitudes, el campeón de la causas justas, mitificado por la cultura de masas, el *action figure* de los oprimidos y los humillados, fuera también el amigo fiel de Fidel Castro, de nuestro verdugo, el negador de los altos principios que el difunto personificaba, habla volúmenes acerca del malentendido cubano, de nuestra incómoda situación en el mundo, pero sobre todo, de las categorías morales que el izquierdismo impone a la opinión pública, y de las ideas corrientes sobre lo «bueno» y lo «malo», lo «ruin» y lo «admirable».

La situación del cubano es así de extraña: la dictadura castrista es celebrada; la más larga tiranía hemisférica es racionalizada y tolerada. En vez de dejar a Mandela en paz y despedirlo sin más explicaciones, la ocasión fúnebre obliga a meditar sobre el fenómeno más desconcertante de la Historia posmoderna: el ascenso del castrismo, la fascinación de nuestro fascismo.

Quizás no deberíamos cuestionar a Mandela personalmente, pues, como ha dicho Montaner, en lo tocante a la amistad con Castro, fue «otro de tantos» (en nada distinto del ex presidente venezolano Carlos Andrés Pérez, por ejemplo), sino enjuiciar más bien su política: interrogar las extrañas creencias de los líderes mundiales que, rodeados de un cortejo de Premios Nobel, filósofos y sicofantes, profesan admiración incondicional a Castro.

¿Por qué?, nos preguntamos los exiliados. ¿Estarán ciegos? ¿Puede más la *Realpolitik* que cualquier consideración humana? ¿Acaso no fue el Comandante en Jefe de una junta militar quien concibió las campañas mussolinescas de las que Mandela habla tan arrobadamente? ¿Están orgullosos los cubanos de las campañas africanas?

La guerra de África estuvo afincada en la represión y apuntalada por el terror. Cada cubano en edad de tomar las armas fue obligado a ser un mercenario. Por otra parte, hay quienes vieron en la guerra de Angola nuestra entrada triunfal en la Historia: esa Cuba rampante y guerrerista podía considerarse por fin una nación moderna. Si antes producía azúcar, ahora exportaba dulces guerreros, guerras edulcoradas.

Las guerras castristas, las guerrillas e intervenciones cubanas, no fueron sancionadas como actos criminales ni reprobables, a la manera en que se reprueban las guerras imperialistas. La injerencia en los asuntos internos de un país situado a miles de kilómetros de nuestras costas se consideró una demostración de altruismo, un gesto solidario. Mientras tanto, los cubanos eran reclutados en masa, secuestrados en la noche, sacados de la cama y acorralados en camiones militares. Desde sus lechos calientes fueron a dar a un barco negrero: la Historia cubana se repetía, al revés. Regresábamos a África, maniatados de pies y manos, como esclavos de un poder colonial que no tenía que rendir cuentas a nadie.

Nuestros soldados no conocían el destino del barco que los transportaba al otro lado del Atlántico, iban camuflados como mercancía. La marina mercante, incapaz de proveernos de alimento, servía los objetivos de una guerra fantasma. Así vinimos a ser la carne de cañón de los delirios geopolíticos castristas.

La guerra de África es nuestra Guerra Sucia y debería provocar la vergüenza, no la admiración de los africanos. El castrismo traicionó allí a sus viejos aliados, a Holden Roberto y a Jonas Savimbi, e instauró a un régimen títere en Angola, con Agostinho Neto a la cabeza.

La terrible batalla de Cuito Cuanavale le costó cara a Cuba. Además de las incalculables bajas, los mutilados y el trauma que provocó la contienda africana, habría que contar los juicios sumarios, la cárcel y los actos de repudio a quienes se negaban a participar por objeción de conciencia o por miedo.

Todos los años que duró la guerra, se pudría en una cárcel cubana el preso político más antiguo del mundo, Mario Chanes de Armas. Todos el tiempo que duró la guerra existió en Cuba un sistema de *apartheid*, que el régimen castrista no desmontará jamás por tratarse de la permanente segregación de los desafectos y los opositores. Existe también el *apartheid* de un millón de exiliados, sin voz ni voto, que vive en el Soweto (South West Township) que es Miami.

¿Nos hizo superiores a nuestros adversarios sudafricanos la Guerra Sucia? Lamento disentir de Mandela, un velorio no es la ocasión de sacar los trapos sucios, pero hay que recordar que los negros de Johannesburgo tenían una noción clara de las hostilidades y acceso a las noticias de la guerra. La prensa y el derecho de asociación estaban menos restringidos en el régimen de P. W. Botha que en el de Castro. En cambio, para los cubanos, la Guerra Sucia fue también una guerra secreta, tergiversada y censurada por la propaganda.

Por eso, cuando en 1990 Mandela apareció en Miami, me uní al puñado de compatriotas que fue a protestar frente al Centro de Convenciones. Una brigada de partidarios del líder sudafricano vino a agredirnos y, por unos instantes, ocurrió una trifulca entre cubanos y afroamericanos, una especie de Cuanavale en South Beach, con la diferencia de que en nuestro bando había también negros ex presos políticos.

Otra vez nos hacíamos odiosos al mundo; otra vez el mundo miraba, incrédulo, cómo los exiliados atacaban la imagen de un santón, protestaban contra un anciano venerado por las multitudes. Y nosotros, por supuesto, éramos incapaces de explicarle al mundo nuestro dilema.

Y es que habría que abstraerse de la Historia cubana reciente e ignorar el momento en que ocurrió la Guerra Sucia para poder tratarla como una épica; habría que ser un cínico para ver en la intervención castrista algo noble o desinteresado; habría que ignorar las condiciones objetivas de la sociedad cubana de los setenta y los ochenta, la situación precaria de esa edad oscura, y olvidar el Mariel, la embajada abarrotada de desesperados, desestimar la corrupción del ejército mercenario y los negocios sucios del Estado Mayor cubano, el fusilamiento de Ochoa, o la misma existencia de Sebastián Arcos Bergnes y el movimiento cívico que fundó, para considerar a Mandela un gran hombre.

Con un abrazo Mandela selló su suerte. Hay una mancha cubana en el expediente del Premio Nobel. Porque, al abrazar el castrismo, en realidad Mandela estaba abrazando al Contra Mandela, al que no hubiera entregado el poder, al que hubiera fusilado y desterrado a sus adversarios en lugar de perdonarlos e incluirlos.

Que olvidemos todo eso sería mucho pedir: la posteridad de Nelson Mandela está inextricablemente ligada a su relación con Fidel Castro, porque esa relación es tal que redefine universalmente los conceptos de «bueno» y «malo», de «ruin» y «admirable», para la eternidad.

¡TODOS AL ACTO DE REPUDIO!

Las jetas de la canalla, esos puños en alto, la violencia descarada, el atropello a pleno día, el golpe bajo, el atentado y el chantaje, son excelentes recursos pedagógicos que nos enseñan cómo se derrocó el régimen de Fulgencio Batista.

¡Una lección de Historia, gratis y al alcance de todos! Una visita al museo de la patria pútrida. Esto que veis, queridos hermanitos, es la Revolución en estado puro, a nivel microscópico, a nivel de base: microeventos como éste, engarzados por un discursito socialista, lograron el milagro de desmontar una sociedad libre, brillante, tremendamente compleja, altamente desarrollada y productiva.

¡APRENDED DE LOS GOLPES!

Es bueno ver la violencia de cerca, saborearla, gozarla, revivirla y conectar los puntos, a fin de obtener el muñeco completo de la Revolución castrista, porque de lo que se trata en 23 y G es de un maravilloso viaje a la semilla.

¡A la Avenida de los Presidentes! ¡Monten, monten en el trencito didáctico!

La violencia que vemos descargarse contra los disidentes, se volcó ayer contra todo un sistema, contra una forma de vida, contra una manera de ser, contra un delicado cuerpo de instituciones democráticas. Como Yoani Sánchez, la República de Cuba, con su gorro y su escudo, quedó amoratada. A base de patadas por el culo, empellones, secuestros y escupitajos, se doblegó el espíritu de nuestra civilidad.

Así se consigue el Triunfo, queridos amiguitos. El triunfo de una revolución ocurre por avasallamiento.

Nos han querido contar (y tuvieron éxito en embutirnos) una historia de altos quilates, de buenas conciencias, una historia de amas de casa sufridas respondiendo al llamado de la campana, un cuento de colectas patrióticas y de razones escolásticas. Pero nuestros padres fueron unos soberbios embaucadores, los vendedores de fantasía más grandes del mundo. Aprendieron de Avon, del agua mineral La Cotorra, de la pasta Gravi. Nuestros padres son, fueron, ¡queridos niños!, unos viajantes de mentiras.

Es duro hablar así de los padres, quisiéramos perdonarlos y –¿por qué no?– quisiéramos creer que el totalitarismo llegó en el pico de una paloma y no de un aura. Pero noten que esta salvajada que ven en la esquina de 23 y G no pudo haber nacido de algo bonito y espiritual, digamos, como las bellezas naturales de nuestra gran nación. Esta bestialidad tiene su origen en un aborto, en un sangramiento, en el asalto a un cuartel, en el atraco a la residencia presidencial donde un jefe de Estado almorzaba con su familia, en un canallesco tiroteo a una emisora de radio.

Entiendan: el asalto de aquella emisora de radio trajo como consecuencia que en Cuba no haya Internet hoy. Así comenzó la ruptura de comunicaciones. No se puede atacar el presente y esperar que el futuro nos sea favorable. No se puede matar y mentir, y esperar que el porvenir sea un lecho de rosas. Los medios no justifican el fin, sino que lo vuelven más sanguinolento y amoratado.

Monten en este carrito que nos transportará por los momentos estelares de la Revolución «traicionada». Así llevaron ante el pelotón de fusilamiento a miles de inocentes, así se implementaron los juicios sumarios, ¡y miren aquí cómo se confiscaron las hermosas propiedades! Así enviaron a decenas de miles al destierro. Miren este retablo, no se pierdan cómo se sacó de las calles (las calles de Fidel) a los gusanos, los dudosos y los homosexuales. Vean, miren aquí cómo se vaciaron las cárceles y cómo una flotilla de camaroneros arrojó a los prisioneros en las costas de la Florida.

Así, señoras y señores, se forjó el castrismo.

Es bueno ver a los karatecas en acción, ¡porque no hay nada más edificante que un acto de repudio! No existe una manera mejor de estudiar nuestros orígenes. Las madres tendrían que llevar a sus hijos a verlo: cuando golpearan a un opositor, debería ser obligatorio que las escuelas cerraran por un día.

23 y G es una ventana abierta que nos deja admirar la fuerza bruta, ciega, con que nuestros padres repudiaron la libertad.

¡Que no quede un solo joven en casa!

LAS UÑAS DE RODNEY

El viernes Raúl sacó los tanques a la calle: los tanques de la chusma.

Y, dadas ciertas circunstancias extremas, me gustaría imaginar cómo respondería a la violencia raulista un opositor que se encuentre metido en medio de esta guerra, un hombre o una mujer de principios, uno que no profese más el evangelio de la paz y la conciliación, uno que se haya cansado, uno que no crea ya en nada.

Supongamos que se organiza, que se une a otros en un movimiento clandestino, llamémoslo 20 de noviembre, en honor a los eventos de este fin de semana. Supongamos que los blogueros rebeldes tienen la suerte de encontrarse con el agente Rodney en un callejón oscuro. La brigada de blogueros lo conduce a un lugar apartado. Es un almacén indiferente en los remates de Pogolotti. Hay instrumentos encima de una mesa...

¿LE SACARÍAN LAS UÑAS?

¡Claro que no! Esto es sólo una manera de imaginar las cosas, una manera de argüir. Pero es innegable que el rechazo a los esbirros del castrismo ha provocado, en los que seguimos las noticias de cerca o de lejos, una especie de «deseo» inconfesable. Digamos que la frustración política, al reprimirse y oxidarse, se convierte en deseo de castigar. El deseo de castigar puede tomar infinitas formas, todas afines a la estructura deseante que operó en la conciencia de un Ventura o un Carratalá, pero durante los últimos 50 años sólo los castristas estuvieron en libertad de desahogar sus impulsos agresivos.

No habrá liberación de Cuba mientras los diez millones que viven en oposición pacífica ante el millón escaso de castristas beligerantes, se queden con sus deseos insatisfechos, encerrados en eso que un joven seguroso, parado sobre una caja, llamó por los micrófonos «sus guaridas».

«¡QUE REGRESEN A SUS GUARIDAS!»

Cuba entera es una guarida de seres deseantes, acechantes, de alimañas inactivas, castradas e incapaces de llevar al plano de la acción sus venganzas secretas. Hay todo un bagaje de uñas sacadas, de testículos cortados, de ojos y lenguas atravesados con clavos calientes que arden, sangran y supuran en el inconsciente colectivo cubano. Un enorme almacén de atrocidades, que la masa aterrorizada, incapaz de solidaridad o compasión, ha ido acumulando a través de los años y de los sueños.

¿Y dónde están esos intelectuales, los poetas, los soñadores, la vanguardia de la sociedad? No se atreven siquiera a horrorizarse, a tender una mano a sus vecinos. Los intelectuales cubanos viven en una clandestinidad mucho más vergonzosa y estricta que la que padecieron sus homólogos durante el batistato. Este dato nos ayudará a entender aquellos años, a entender que Batista hubiese sido incapaz de organizar turbas cumbancheras que, a golpe de rumba, arribaran en guaguas para atacar a un periodista, haciendo de la cultura popular un alicate de la tortura.

Es bueno reflexionar sobre estas cosas y hacer comparaciones, a fin de tener una idea clara de los tiempos en que vivimos. Porque una patraña histórica está en la base de la violencia de hoy. El castrismo se sostiene sobre un malentendido, y ese error repercute en las voces de los atacantes, ya sea en la calle, a cara descubierta, o detrás de las pantallas de Enrique Ubieta Gómez, Iroel Sánchez y M. H. Lagarde.

Los usos del castrismo

Recientemente, tuve ocasión de asistir a la conferencia de un filósofo argentino radicado en cierta universidad de Nueva Inglaterra. En el transcurso de la charla, el sabio sudamericano delineó un programa para el aprovechamiento y reactualización de la cibernética quechua. Sólo entonces se me reveló el verdadero alcance del «origenismo», así como las profundas ramificaciones de ese concepto. En última instancia, ¿no era José Cemí, el arahuaco, quien ganaba un escaño en el parlamento bolivariano? Con el chavismo, ¿no asistíamos al retorno del ángel de las maracas? Primero la música, la magia y la fantasía; después la ecología, la cibernética y la política: América redescubría al «indio con levita».

La propuesta del sabio era tan descabellada, que un joven estudiante de computación (de origen «latino», por demás) pidió la palabra para preguntar si las nociones de una técnica superada hacía 500 años tendrían cabida alguna vez en los programas de Microsoft. El conferencista se limitó a sonreír, como si su gran esquema sobrepasara, efectivamente, el ámbito del sentido común. En un día no muy lejano, replicó, la tecnocracia occidental encararía un ineluctable retroceso, un *ricorsi* y una imparable vuelta a los «orígenes»; entonces la marcha atrás sería considerada un avance.

Escuchábamos maravillados a aquel hombre rubio, de ascendencia italiana, paladín de la *tekné* indígena, que, sin siquiera pestañear, nos proponía la restauración precolombina. Un intelectual argentino firmemente afincado en el moderno circuito de cátedras vitalicias que, desde la paideia del capitalismo, propugnaba una cultura del subdesarrollo. La noción de la debacle cubana como modelo ecológico tenía allí su origen, en un populismo que pasa por medicina social —el guevarismo científico. No sé cuántos asistentes a la charla se darían cuenta de que nos encontrábamos delante de un hombre nuevo, de un espécimen de investigador desconocido en los laboratorios de Norteamérica. De un nuevo tipo de inmigrante, incluso.

Para él, lo defectuoso y obsoleto se presentaban como paradigma; y lo que es aún más fascinante, como un paradigma reciclable, pues desde el fin de la Historia cualquier falsa conciencia puede ser reformulada ecológicamente. Los desechos de la Revolución Cubana se prestan al proceso reciclador sólo por estar ahí, por haberse quedado atrás como detrito. Nuestra narrativa empieza a ser reimaginada desde el aparataje teórico de una nueva promoción de investigadores colonizados.

El castrismo en el «cuerpo» social

Los periódicos traen la noticia de que México es ahora el segundo país (después de los Estados Unidos) con mayor número de personas obesas: lo que significa que los Estados Unidos son ya un segundo México. Hay que aclarar enseguida que se trata de una obesidad producida por la malnutrición, de una gordura que es el resultado de una dieta pobre. O lo que es lo mismo: la confirmación de la presencia del Tercer Mundo en la barriga del primero.

Una cocina «povera» y unas artes culinarias precolombinas, amancebadas con la industria del *fast food* americano, producen un exceso de grasa, de colesterol malo. Nos convertiremos en eso que los anglosajones nos llaman despectivamente: *greaseballs*, bolas de sebo. Alternativamente, al ingerir el burrito ritual, el hombre blanco queda iniciado por una suerte de teofagia en los misterios tercermundistas. Fritangas, tortillas, parrilladas, chicharrones, tamales y pulque encuentran un nicho en la pirámide alimentaria. El claxon de un carro de *lunch* toca *La cucaracha*. El castrismo aparece aquí también como solución: es decir, como higiene, dieta forzada y racionamiento científico. Como anorexia cívica y adelgazamiento policíaco.

Las migraciones latinas son españolas en segundo grado. Las guerras castristas forzaron grandes desplazamientos de pueblos, desataron la evacuación masiva de los pueblos indígenas hacia el norte: un *Völkerwanderung.* El latino es un soldado camuflado de bracero y un elemento foráneo inoculado en el Sistema. En tanto retaguardia de nuestra política expansionista, trae consigo lo Eterno español –en el idioma, en la política y en el hecho de ser el último remanente y la última escaramuza de la Conquista.

Todos somos «agentes» de Castro, en mayor o menor medida, pues las grandes migraciones funcionan, a la larga, como dispositivos de disgregación. La intromisión en los asuntos «internos» del Imperio es el principal objetivo de la política exterior cubana, y es la contrapartida de la intrusión imperial en los asuntos domésticos de «Nuestra América». ¿Qué hubiese sido de nosotros sin la presencia permanente de ese elemento foráneo? Por ejemplo: ¿qué historia nos esperaba con Machado y Batista de no haber sido desbancados por los interventores yanquis? ¿Qué rumbo tomaría nuestro progreso si no estuviese condicionado desde arriba, desde el norte? Y si se invirtieran los términos, ¿qué pasaría?

Para completar la transvaloración de valores que persigue la política exterior castrista, se requiere, paradójicamente, de la colaboración del Imperio. Las guerras civiles permanentes plantan focos de conflicto que tarde o temprano el imperialismo hará suyos. Entretanto, los latinoamericanos somos admitidos al crisol como ciudadanos *per accidens,* refugiados de una gran guerra castro-comunista que los norteamericanos consideran «su» guerra sucia. El golpe de estado en Chile o el conflicto armado centroamericano, por poner sólo dos ejemplos, aparecen en las versiones de Wikipedia como trabajos de la CIA, sin referencia alguna a la injerencia cubana ni a la influencia castrista en los eventos del 11 de septiembre de 1973. El imperialismo asume la culpa, y la *forma* de la maldad ajena.

«La Historia me absolverá» significa, entonces, que la Historia nos absorberá: los norteamericanos reabsorben nuestras culpas —y el elemento «culpa» es definido casuísticamente como injerencia en los «asuntos internos» del sujeto histórico. La absorción requiere que las narrativas nacionales queden dispuestas en pares de significados: Playa Girón y *Bay of Pigs*; Guantánamo y *Gitmo*. Un toma y daca, una emisión y absorción de contenidos, y unas fronteras porosas donde se confundan los límites territoriales y conceptuales.

EL ETERNO RETORNO DEL CASTRISMO

Sólo muy recientemente entendí que la lucha contra el castrismo y sus huestes es otro episodio en el enfrentamiento del Bien y el Mal. Considero esta revelación de la mayor importancia: primero, porque supone la «espiritualización» del problema (si bien una espiritualización que llega contaminada de las categorías de la «popularización»: no olvidemos que es el populacho quien identifica la Revolución con el Mal, y a su creador, con el Maligno, etc.); y segundo, porque, al contemplar la Batalla de Ideas desde un imaginario carro de Arjuna, el conflicto se nos presentará, necesariamente, como inacabable.

Es decir: la ilusión del castrismo estriba en su localización, en su supuesta finitud; nos engaña con estratagemas teleológicas y con su propia variante de la superstición hespéride: el mito de que, al final de la travesía, volveremos a encontrar la isla bienaventurada. Creemos, en nuestro fuero interno, que el castrismo ha de concluir, que podremos cerrarlo «con broche de oro», pero sin percatarnos de que en esa falacia radica el principio de otro mesianismo, y que, mientras esperemos una segunda venida, la esperanza servirá de resorte al aparato ideológico del enemigo.

Imposible no ver aquí las trazas de una escuela de filósofos cuyo legado es un modelo historicista que contenía una promesa de eternidad. He especulado en otra parte que —por la vía del jesuitismo— el origenismo y el castrismo llegan a tocarse en el infinito: los que parecían fenómenos distintos y contrapuestos se sitúan hoy en la *coinciden-tia oppositorum*. La ilusión del origen (que alcanzó la apoteosis en la entrada triunfal de 1959) es, al mismo tiempo, la génesis de la parusía y el fundamento de la noción de «solución final». Pero, al concebir el escenario de la Batalla de Ideas como conflagración permanente, aceptaremos por fin —extasiados y, de cierta manera, consolados— el eterno retorno del castrismo.

Por un puñado de castros

Pregunta: ¿qué mega-evento comercial marcará el fin del embargo? Respuesta: Fidel Castro autoriza poner su nombre a una línea de monos deportivos: *Castr-O-didas*, *Castrididas*, *Castdidas*, *Caídas* (menos recomendable), *Adicastro*... La compañía alemana de productos deportivos ya debe tener alguna república bananera en estado de alerta, lista para comenzar la producción a gran escala. En el instante en que el primer chándal llegue a los escaparates de *El Corte Inglés*, habrá terminado oficialmente el bloqueo.

Me refiero, por supuesto, al bloqueo mental que impide a la agencia Castro & Sobrinos sacarle lascas a una de las marcas registradas de productos psico-socio-políticos más populares del mundo. («Para el jubilado de buen gusto, para el izquierdista de la tercera edad, un elegante fetiche de lycra y crepé de china».) Y, ¿por qué no? Si Silvio Rodríguez lanzó el sello disquero *Ojalá*; si Pichy y Robertico Robaina entraron al mercado de bienes culturales con una fuerte apuesta transvanguardista; si ya Zaida del Río inauguró el cursillo «Güijes y morrocoyos en seis lecciones fáciles» para turistas canadienses. Es obvio que el capitalismo regresa a Cuba por cansancio, de la mano de un abolengo que confiere a los nombres más comunes estatus de valor-signo.

Tampoco es que el nombre de Castro estuviera totalmente exento de valor: una tienda de sofá-camas en Nueva York y un distrito gay en San Francisco han recaudado millones a cuenta del sonoro apelativo. Podría argüirse –con los derechistas del exilio– que otra colección, tal vez de vestidos de novia, o de ropa de cama, debería llevar el nombre de «Manto Negro», o «Confecciones Berta Soler» –por pura equitatividad, precisamente porque la disidencia ha fracasado en «hacerse de un nombre», en insertarse en las estructuras de significado mercantil.

Mientras los opositores, por falta de *spin doctors*, sufren de aguda atrofia apelativa, nuestros politólogos todavía manejan las inocentes nociones de la crítica premercantilista (dicho en la jerga de la industria: la disidencia ha fracasado en producir consumidores).

Pero volviendo a los convertibles: el arbitrario gravamen a la moneda extranjera no sólo hace del CUC (Cuban Convertible Currency) la divisa más fuerte del mercado global, sino que lo erige, indirectamente, en una especie de diezmo (doblado). Podríamos considerar los chavitos como doblones castristas o peluconas de una puertorriqueñización fiduciaria (visualicemos a Rico McCastro zambulléndose en una piscina llena de CUCs, mientras sus sobrinos, Hugo, Paco y Luis, flotan en salvavidas estampados con las caras de los Cinco Héroes).

He aquí otra manera de determinar el fin del bloqueo: que los herederos decidan llamar «castros convertibles» a los CUC: «¡Cincuenta castros por un *Cadidas*!»; «¡A ochenta castros el dólar!». El valor de la nueva moneda castrista (que ostentaría el noble perfil del Tío: «La imagen del rey, por ley, lleva el papel del estado…»), y el tenor de las relaciones de consanguinidad que las pone en circulación, se corresponderían, por fin, en el mundo real.

Rosemary J. Coombe cuenta, en *The Cultural Life of Intellectual Properties*, esta deliciosa anécdota, probablemente apócrifa, que iluminará el meollo del asunto: un directivo de la Coca-Cola recorre el mundo visitando plantas embotelladoras, sólo para asegurarse de que «el tamaño y las proporciones» del famoso logo permanecen inalterados a nivel de base. «En un mitin con los empleados de varias unidades embotelladoras», refiere Coombe, «el directivo afirmó que la compañía podía darse el lujo de perder todas sus plantas y todos sus empleados, incluso perder el acceso a las fuentes de materia prima, o quedarse sin capital y sin clientela, pero que, mientras le quedara esto (y una luz cenital cayó sobre la famosa palabra roja y blanca, escrita en cursivas) aún sería posible entrar en cualquier banco y solicitar los créditos necesarios para reemplazar la infraestructura global de la compañía».

Moraleja: los sobrinos de Castro están hechos. Son y serán siempre fabulosamente ricos, aún cuando pierdan todas las plantas y los empleados, incluso si llegaran a perder la megafortuna que la revista *Forbes* adjudica periódicamente a Onkel Castro.

Batista se largó con las maletas cargadas de dólares, pero Mariela, Alejandro y Fidelín no necesitan más que la tarjeta de crédito de su apelativo comercial. En virtud de la fuerza mercantil de un apellido, la prole de Castro —como la prole de Hilton o de Honda— ha asumido un poder real y cada vez más visible en el espacio espectacular. «A través de los medios masivos, el signo reemplaza a la mercancía en su capacidad de asiento del fetichismo», concluye Rosemary Coombe. «El foco del fetichismo se traslada, entonces, desde la mercancía a los signos-valor que las estructuras mercantiles de significado han invertido en ella».

La convalecencia del Líder podría no ser más que un hábil estudio de mercadeo. Si así fuese, los jóvenes directivos —«después de recorrer el globo para asegurarse de que el tamaño y las medidas del famoso nombre permanecen inalterados»— estarían listos para comenzar la producción en grande.

Herejes del absoluto

BATISTA EXPLICADO A LOS NIÑOS

Confesémoslo: la época de esplendor que va de Gerardo Machado a Fulgencio Batista es la culpable de nuestra nostalgia crónica, de nuestro síndrome de mala conciencia.

Asombra la persistencia de ese momento histórico en la memoria de la diáspora: los valores profundos y los recuerdos triviales han sido inculcados indiscriminadamente a los hijos del exilio. Caso paradójico: los cubanitos de Hialeah añoran una Cuba ideal, mientras que sus parientes de la isla desertan de la Cuba real. *Dos patrias tengo yo...* La otra pertenecerá siempre a la noche y al sueño.

La música de ese período, por poner un ejemplo, la edad de oro del arte que nos define y que no deja de fascinar al mundo, es una de nuestras reliquias más veneradas. Los avances de la sociedad cubana prerrevolucionaria en materia de educación, salud pública y legislación social son ya parte del canon, y figuran entre las apropiaciones estructurales del castrismo. Desde la Plaza Cívica hasta el Habana Hilton, desde el teatro Blanquita hasta el clásico bungaló de Santa Fe, batistato y castrismo comparten lugares sagrados, *genii loci*, centros vitales.

Un libro reciente de Eduardo Luis Rodríguez documenta el *boom* de la construcción en la joven república. El arquitecto Rafael Fornés ha adelantado la siguiente tesis: sin las «piedras y leyes» de una Habana bien cimentada, el castrismo se hubiera venido abajo hace tiempo; una ciudad menos perfecta no hubiera resistido el embate de la dictadura.

¿Es posible, entonces, pensar el castrismo como una extensión del batistato? ¿Como la supervivencia lógica, aunque anómala, de esa era imaginaria? Cuando los americanos comparan el tiempo transcurrido desde el ascenso de Castro al poder, utilizan como punto de referencia «la época de Eisenhower». Para nosotros el punto de referencia obligado tiene que ser «la época de Batista».

Coincidencias de valores, de ideologías, han ido aflorando, y las diferencias entre el nuevo y el antiguo régimen ya no son tan abismales: se revela su identidad esencial. Una especie de atavismo los emparenta. La ascendencia del locutor de radio y del gacetillero en la opinión pública de Miami, por ejemplo, es un fenómeno que sólo puede achacarse a esa radiación fosilizada que llega del pasado. Algunos creen que todavía se trata de una lucha «entre ellos», entre las clases emblemáticas «de la época de Eisenhower».

El suicidio de la clase media en ascenso, el harakiri de la burguesía criolla, nuestra necesidad de terror, reafirmada tras la caída de Gerardo Machado, ¿quién sabe? Se imputan causas diversas a la revolución del 59, pero sus mismos protagonistas no han producido más que memorias incompletas. No alcanzan a explicar la vigencia de la época que negaron. Cuando miramos al futuro, carentes de un programa y de un líder, es atrás adonde miramos, y ese gesto automático es la vindicación del pasado. Desde aquella deplorable biografía, *A Sergeant Named Batista*, de Edmund Chester, la figura central de nuestro más importante período histórico ha sido distorsionada por los malos escritores. Luego vinieron los escritores malos, los malvados escribas, tergiversadores de la historia.

¿Quién fue realmente Batista? ¿Y qué le deben aquella Cuba ideal, a la que escapamos, y esta Cuba real, de la que preferimos huir?

Los que hasta el día de hoy confiesan sin remordimientos, y hasta con cierto orgullo, haber abrazado el castrismo en algún momento, se avergonzarían de admitir que simpatizan, retrospectivamente, con la obra de Fulgencio Batista. Hasta el más recalcitrante estaría dispuesto a reconocer ciertas bondades de la educación y la salud socialistas, pero nadie se detiene a analizar las reformas batistianas que la hicieron posible, ni a calcular la proyección de sus logros sociales hacia el presente. La revolución, usurpadora de la memoria, ha confiscado hasta el sentido de los sueños, pero a lo que aspiramos es a una «vuelta» de las garantías, a un regreso al punto de partida, a una restauración.

Parafraseando a Borges podría afirmarse que todo revolucionario inventa a sus dictadores. Es imperativo, entonces, revisar a Fulgencio a la luz de Fidel. Un revisionismo del batistato es una de la tareas urgentes de la reconciliación con nuestra historia. Quienes desmantelaron el «antes» le deben una explicación a sus hijos.

Nuevas aportaciones
al estudio del batistato

¡Pobre Batista! Su nombre ha quedado enlazado para siempre al de Fidel Castro. Y, sin embargo, antes de la aparición de Fidel, Batista gozaba de una individualidad, de un «ser». Calcúlese su existencia por el rastro que dejó en alguna página de Emil Ludwig, o en la portada de la revista *Time*. Cuando supimos que Pablo Neruda le había dedicado un elogio en la Universidad de Chile, no podíamos dar crédito a nuestros oídos. ¿Era posible que Batista existiera, es decir, que existiera independientemente de la razón castrista? Batista en la Universidad de Chile, ¿no era el paraguas sobre la mesa de disecciones? ¿Una paradoja surrealista? Y Neruda, ¿no se transformaba, de pronto, en una máquina de coser?

Por una cuestión de principios, los académicos procastristas negaron la existencia del periódico de ese día: el diario *El Siglo* de Santiago de Chile se saltó la jornada en que había aparecido la noticia y, durante un período de 24 horas, se convirtió en un no-periódico. Los profesores procastristas habían logrado detener el tiempo, negar la rotación de la Tierra, con tal de evitar la reaparición de Batista.

El lente castrista deformó irremediablemente la realidad de lo batistiano. Tratemos de imaginar el aplauso en el recinto universitario, y a Batista recibiéndolo: no lograremos ver más que a un gorila y a un indio con levita. De igual manera Carlos Alberto Montaner renormaliza la relación de los comunistas criollos con el abominable dictador: se trata, según él, de otra astucia de los rojos. «Para los comunistas, con quienes se llevaba muy bien, Batista era la mejor opción del panorama político nacional, y el único dirigente que, dados sus míseros orígenes, no era un "enemigo de clase", como postulaba el manual marxista».

Montaner nombra a dos de esos comunistas: Juan Marinello y Carlos Rafael Rodríguez, pero sin aclarar que integraban el gabinete batistiano en tanto representantes de la burguesía ilustrada, de la clase dominante que había encontrado en el comunismo el instrumento idóneo de dominación. De ahí que los comunistas exigieran el alma de los de «míseros orígenes» y obtuvieran a cambio «una parcela de poder importantísima: la Confederación de Trabajadores Cubanos».

Los lectores contemporáneos entenderán, incluso, que Neruda apañara a Salvador Allende, el precursor de los dictadores electos, el presidente constitucional que gobernó a la sombra de Tony y Patricio de la Guardia (y ¿fueron Tony y Patricio más o menos esbirros que Ventura Novo y Pilar García?), pero no que comparara a Batista con Lázaro Cárdenas. ¡Eso, jamás!

BATISTA, EL GRIEGO

El malentendido batistiano no es nuevo: comenzó justo en septiembre de 1933, cuando Fulgencio Batista aparece en los titulares de los periódicos encabezando la llamada «Revolución de los sargentos». En su biografía, *A Sargent Named Batista*, Edmund Chester recuerda que «una de las tareas más difíciles que enfrentaron los corresponsales norteamericanos de la época, fue cómo explicar al mundo quién era Batista». Hugh Thomas, en su monumental *Cuba, The Pursuit of Freedom*, reporta que «los padres de Batista parecen haber sido mulatos», y que «uno de los dos pudo haber tenido sangre india». Thomas añade que «debido a su sangre india, Batista era de complexión rojiza».

El *racial profiling* de Fulgencio Batista suscitó las más descabelladas especulaciones sobre su nacionalidad: «Un reportero insistía», según cuenta Chester, «en que Batista era uruguayo; otro se apareció con la fascinante –aunque incorrecta– teoría de que Batista era griego, el hijo largamente perdido de un gallardo caballero de Atenas. Otro rumor decía que Batista era colombiano».

Más tarde, en *El Padrino II*, Batista será el estereotípico dictador bronceado por el sol de las repúblicas bananeras, según la olvidable y efímera interpretación del actor panameño Tito Alba. En la insufrible *The Lost City*, de Andy García, Batista es un lacayo amanerado, imbécil y demasiado alto, encarnado por el actor y modelo dominicano Juan Fernández de Alarcón. En cualquier caso, sólo es posible conocer al Fulgencio Batista glosado por Hollywood, otro animatrón del espectáculo político norteamericano.

EL FALLO DE BATISTA

La gente suele repetir que el pecado de Batista fue no haber matado a Fidel Castro cuando lo tuvo en sus manos. Pero la eliminación del prisionero hubiese significado una transgresión de la misma legalidad batistiana según la concebimos hoy.

La gente le adjudica a Batista poderes extraordinarios y extrajudiciales, y sueña con que hubiese actuado criminalmente con tal de asegurar la felicidad de los cubanos del porvenir. La gente deplora las ilegalidades de su régimen, pero no vacila en adjudicar a Batista el papel de ejecutor (fallido) de una justicia cuasi divina. La probable eliminación (retroactiva) de Fidel cae dentro de los límites de la legalidad metafísica[1].

En ese caso, Fidel Castro no sería más que otro desaparecido. Pero, entonces, estaríamos admitiendo que la desaparición de ciertos individuos no es una mala idea. ¡Estaríamos admitiendo que hay desaparecidos bien desaparecidos, y que ciertos dictadores hubiesen obrado bien desapareciendo a ciertos individuos! Admitiríamos además que, en ciertos casos especiales (como el de Fidel Castro y sus secuaces, por ejemplo), la suspensión de las garantías y el estado de excepción hubiesen tenido efectos positivos (salvadores, humanos, caritativos, etc.).

---

[1] Véase, en este mismo libro, «*Terminator 4:* Apocalipsis *forever*» (p. 267 y ss.).

Estaríamos admitiendo que, en aquellos casos en que la justicia falla a favor del revolucionario y en contra del dictador, es decir, cuando actúa democráticamente, imponiendo los derechos del criminal sobre los intereses de la dictadura, la justicia podría estar fallando en contra del futuro de la nación. Entonces, la «justicia» y la «democracia» no serían valores absolutos, y tampoco universalmente deseables. En este caso —el caso de Batista vs. Castro— tendríamos que admitir que un dictador actuó en interés de la nación, y que un magistrado liberal (el juez Manuel Urrutia), actuó en contra de la supervivencia de la república.

Evolución batistiana

El batistato ya no es el mismo de hace 60 años: por el contrario, ha ido evolucionando. Ahora es una época de inocencia, cuando un asaltador podía ser juzgado y declarado absuelto; cuando un maestro de escuela podía traer un avión cargado de armas para introducirlo en Cuba clandestinamente, y ser celebrado como un héroe. ¡Qué maravilloso parece el batistato desde esas abarcadoras perspectivas!

Una época dorada en que un presidente no tuvo la fuerza ni la autoridad moral para convocar a las turbas, y mucho menos para provocar la admiración de la izquierda, a pesar de haberse considerado a sí mismo (según Montaner) «un hombre de izquierda». El batistato es el gobierno de un negro (¿de un rojo, de un griego?) mucho antes de Obama y de Mandela, y el retorno de un golpista simpático mucho antes de Hugo Chávez. La izquierda debería echarle una segunda ojeada al Batista de izquierdas. Cuando Salvador Allende recibe a la guerrilla guevarista en la frontera de Chile, no está muy lejos del Batista que abre sus puertas a los exiliados republicanos españoles que huyen.

El batistato es la época en que la Iglesia Católica era el santuario de los perseguidos, y en que un arzobispo (el gallego Pérez Serrantes) daba asilo y amparo a los disidentes. Todo ese mundo de logros y libertades fundamentales yace en el pasado, que es nuestro futuro. El trecho que nos separa de la democracia y el liberalismo había sido salvado, y superado, por la dictadura.

ESTÉTICA BATISTIANA

Desde el Palacio Nacional de Bellas Artes hasta Tropicana; desde el amarillo caqui hasta la fuente de soda; desde la cafetería Miami hasta la embajada americana de Harrison & Abramovitz; desde Rita Longa hasta Mateo Torriente; desde el *self service* Wakamba hasta el Havana Hilton, la estética batistiana es la estética de lo cubano moderno.

La música que todavía explotamos, es música batistiana. La Habana histérica y libertina de *Tres tristes tigres*, es La Habana batistiana. Todo Kcho, y el Tomás Sánchez de los manglares, son batistianos. El mobiliario del Comité Central es batistiano. El yute, la artesanía de semillas, las cabañitas, el mimbre, los bohíos y el club Kawama pertenecen al Modern Karabalí (batistiano). El Plan Maestro de la ciudad de La Habana y el Martí de la Raspadura son batistianos. De la estética batistiana hemos vivido vicariamente: la Revolución le sacó el quilo. La estética batistiana continúa siendo fuente inagotable de admiración general y de cohesión nacional.

Como resumen y exaltación de las tendencias del batistato y de sus potencialidades, y desde la perspectiva de una sociedad avanzada, incapaz de crear otros valores que no fuesen espectaculares, Fidel Castro es el *Homo Batistianus*. Es decir: el hombre nacido de las condiciones objetivas del espectáculo batistiano, y la más alta creación artística de su época. Fidel Castro encarna la libertad batistiana *in extremis*, y su poder de seducción emana de la intensa fruición estética que trajo al mundo la Cuba batistiana.

Veinticinco y una tesis sobre el Moncada

1. En el Moncada comienza el movimiento retrógrado que hoy se considera una clave de lo moderno. El futuro castrista se vislumbra como imperativo ecológico de subdesarrollo dentro de la praxis de la economía política sostenible.

2. Es preciso ver a Fidel Castro en el Moncada avanzando hacia ese objetivo retrógrado que llegará a convertirse en nuevo modelo de progreso. La fe en lo que hasta entonces se había tenido por negativo y contranatural, constituye allí una génesis, un origen.

3. En el Moncada, el castrismo es un origenismo.

4. Lo que Castro persigue en el Moncada no es la destrucción de la República, sino el establecimiento de una nueva normalidad, de una modernidad, de un paradigma de progreso reconocido por la UNESCO y la FAO y ratificado por las cátedras de estudios ecológicos.

5. El hombre moncadista –sometido a racionamiento, adaptado a la reducción de su espacio vital, resignado a un survivalismo propio de un mundo que agoniza y que agotó sus recursos– es el hombre nuevo.

6. El castrismo es un modelo para el porvenir. Los ecologistas miran con envidia al castrismo en tanto sistema de panadaptación. El mandato de reducirnos, de ser menos, de aspirar a menos y conformarnos con poco, aunque contrario al espíritu humano, resulta afín a lo ideológico y puede ser implementado desde lo metafísico.

7. El fidelismo involuciona, retrocede siempre, es un deseo de muerte. El fidelismo no imita a China, como hace el raulismo.

8. Semejante a las catedrales góticas que Hitler pintó a la acuarela, el cuartel Moncada es la pequeña gran obra de arte castrista. El Moncada es el Castillo (*Das Schloss*) en el centro del Estado, inalcanzable e

impracticable debido a que nada puede emular su radical «estadidad», su primacía ontológica, su impacto sicológico, su trauma.

9. El cuartel Moncada es un molino de viento, la fortaleza hermética y el castillo interior teresiano. El *putsch* castrista a la realidad supera en voltaje, en intensidad kármica, el mero golpe político nacionalsocialista: en el Moncada, Castro redefine, relativizándolas, las categorías del ser.

10. El Moncada, con Castro en el centro (su eje magnético), es una anomalía del ser.

11. El Moncada es un portal de reversión temporal.

12. El castrismo es inversión, y el Buick del 52 atascado a las puertas de la Posta Número 3 es el *DeLorean* del filme *Regreso al futuro*: por ese atajo, el castrismo regresa a una etapa española de la evolución nacional. Bajo la fortaleza, a través de sus mazmorras y calabozos, el castrismo se interna en el inframundo.

13. En el Moncada el castrismo reingresa al universo hispánico, un universo cerrado que clausura la modernidad cubana, nuestro «futurismo».

14. El automóvil, que es el vehículo de una gran marcha en retroceso, penetra en la fortaleza y queda atascado allí como un cucarachón prehistórico. Su brillantez metálica se ensombrece, y su celeridad mecánica, su agudeza americana, se transforma en la maquinaria de un molinismo.

15. La carreta viene a sustituir al Buick. Como en un chiste de gallegos, la carreta termina yendo por delante de los caballos (de fuerza, automotrices, americanos).

16. A la manera en que *Contra Galileos*, el tratado político del emperador Juliano el Apóstata, sobrevivió fragmentariamente en la refutación del patriarca Cirilo de Alejandría, la República de Cuba y su significado sobreviven en un fragmento del discurso moncadista: «Os voy a referir una historia. Había una vez una república. Tenía su Constitución, sus leyes, sus libertades, Presidente, Congreso, tribunales; todo el mundo podía reunirse, asociarse, hablar y escribir con entera libertad. El gobierno no satisfacía al pueblo, pero el pueblo

podía cambiarlo y ya sólo faltaban unos días para hacerlo. Existía una opinión pública respetada y acatada y todos los problemas de interés colectivo eran discutidos libremente. Había partidos políticos, horas doctrinales de radio, programas polémicos de televisión, actos públicos, y el pueblo palpitaba de entusiasmo».

17. Ese entusiasmo público es hoy apostasía, disidencia. Por sus resquicios literarios podemos vislumbrar la ontología del Antiguo Régimen: en la prosa púrpura de un pequeño abogado; en los reportes forenses de Batista en exilio.

18. El Moncada no ocurre el 26 de Julio, como se cree, sino en la madrugada del 25: Santiago Apóstol, fiesta gallega. Se requiere una rectificación horaria universal, un retraso en el calendario histórico a fin de hacer coincidir las efemérides gallegas y castristas.

19. El 26 de Julio se celebra una gran victoria militar española: lo de «más-se-perdió-en-Cuba» cambia de signo en el Moncada; lo español suma, no resta, con el castrismo. En Santiago, lo jacobeo retorna como atavismo.

20. El mecanismo de imitación castrista duplica el golpe de Estado batistiano, se viste de sargento, ataca desde adentro, camuflado en el uniforme amarillo. El castrismo, en tanto simulacro, toma la forma de lo cubano, pero continúa siendo un cuerpo foráneo, un *body snatcher*, «el Castro que llevamos dentro» de René Ariza[1].

21. El Moncada es el sol tapado con un dedo: el sol es El Indio.

22. En el Moncada aparece el mártir de la escatología castrista: los ojos en el plato, los testículos en bandeja, la inmolación del tenedor de libros. Un núcleo de beatas y santones reunido alrededor del Líder, una conspiración de jóvenes carniceros: carne de cañón. El Moncada es el cumplimiento cabal de la profecía virgiliana asentada en *La carne de René* (1952).

23. Fidel asalta el Moncada, no para dar por terminado lo cuartelario sino para transformar a Cuba en cuartel. A partir del Moncada

---

[1] Néstor Almendros y Orlando Jiménez Leal, *Conducta impropia*, Les films du Losange, 1984.

se opera en Latinoamérica un acuartelamiento generalizado, del que las «dictaduras militares» son sólo el efecto colateral.

24. En una sociedad avanzada, cuyo primer renglón era el espectáculo, el Moncada emerge como el primer producto de la economía política castrista. Lo que Castro toma por asalto son los medios de producción de realidad.

25. «La mercancía es, en primer lugar, un objeto que existe fuera de nosotros, una cosa que, por sus mismas propiedades, satisface algún deseo humano. La naturaleza de ese deseo, o si, por ejemplo, se origina en el estómago o en la imaginación, no cambia nada». Karl Marx, *Das Kapital* (1867).

26. También el castrismo se origina en la imaginación.

BORRADORES

I.

Desde la ventanilla del funicular que me lleva al Centro de Investigaciones del Instituto Getty, en Los Ángeles, contemplo el panorama de la ciudad, el hormigueo del San Diego Freeway, los tejados de las mansiones de Bel Air. Al llegar a la cima, las puertas del trencito automático se abren, y veo un jardín mediterráneo y una plaza de piedra travertina. Frondosos sicomoros sombrean el sendero que conduce al Centro.

La recepcionista busca mi nombre en la pantalla y me entrega el salvoconducto que llevaré al cuello durante la visita. Atravieso corredores vacíos hasta el recinto donde los visitantes examinan documentos. Llega un paje empujando un carrito y lo estaciona junto a mi pupitre. Se trata de una de las 700 cajas que los hermanos Robert y Michel Carlhian, de la casa de decoración de interiores R&M Carlhian, de París, donaron al mueso Getty luego del cierre de la prestigiosa firma. Me interesa la orden número 9781, fechada el 16 de diciembre de 1955, que documenta la remodelación de Kuquine, la finca de Fulgencio Batista en Arroyo Arenas.

Recorro el plano general; penetro en el *petit salon*, en el *grand salon*, en la *salle à manger*. Acaricio las muestras de género; paso los ojos por el capitoné de las poltronas, las cómodas de caoba, las losas de mármol. No me anima la descripción ni el inventario, sino el modesto placer de ver, de revivir, de reconocer. Lloro frente al croquis de un fresco que representa un *Affaire à La Havane*. «Es la inocencia lo que conmueve…» Desde las mesas vecinas los investigadores me observan. «La inocencia, la inocencia…», sollozo, «¡la inocencia del batistato!».

2.

El famoso borrón –contemporáneo de los *Before and After* de Andy Warhol– es la obra de un artista desconocido, y el único «Franqui» del que tenemos noticia. Su libro *Retrato de familia con Fidel* gira en torno a esa ausencia: el autor es el hombre-retícula que da el perfil en el friso. Después queda el muro, como el frontón de un templo saqueado. Carlos Franqui carga con ese paredón y lo hace suyo: *Franqui was here!*

Más acá Fidel habla, pero igualmente podría cantar. La nota baja, gorjeada ante el micrófono que le sostiene un tipo de aspecto ladino (¿Mendoza, Mefistófeles?), acapara la portada de *Retrato*. Ese sonsonete nos vendió la triste «historia» de Carlos Franqui, pero en mí provoca serias preguntas. ¿Cómo pudo un guajiro de Clavellinas desfalcar en pocos meses el tesoro inmenso de nuestra edad de oro? ¿Cómo pudo un pedante despachar nada menos que al artífice de la Constitución del 40, el creador de La Habana posmoderna, el demiurgo del Focsa y el Capri?

La época de libertad y libertinaje; nuestra era del disco; la edad del *boom* que parió una urbe de rascacielos, ¡tachada! La ciudad áurea, la del carro del año que como divinos aurigas conducen Malecón abajo, Rine, Cué y Silvestre, en *Tres tristes tigres*, ¡hallada culpable en los tribunales de un advenedizo!

Si el batistato nos parece hoy un eterno *weekend*, entonces el castrismo fue un *Lunes* («Con el sudor de tu frente comerás el pan, etc...»), en el que Carlos Franqui –sombra en *offset* del que no llegó a ser artista, sino meramente *l'ami des artistes*– suplanta al coreógrafo Rodney Neyra como productor y escenógrafo general de la Cuba posmoderna. Beauvoir y Sartre son su Chiquita & Johnson; Jesse Fernández y Cabrera Infante, los arreglistas de la nueva opereta «franquista».

3.

Cuando Franqui lamenta la persistencia del monocultivo, parece no entender que, en 1959, el espectáculo era ya el primer renglón de la economía nacional, o que en una sociedad que no produce más que espectáculo los artistas frustrados llegarán al Poder tarde o temprano. Esto es lo que significa, en Sarduy, «la entrada de Cristo en La Habana»: la ovación de un público como no la había conocido otro. El aplauso católico, universal.

Fidel canta; Mefisto le sostiene el micrófono: vendimos el alma al diablo, compramos el ejército constitucional con el salario de la burguesía. Y si el ejército constitucional fue un Judas –si su compraventa fue el factor determinante que garantizó el triunfo– entonces el castrismo es el último capítulo de la «Revolución de los sargentos» que trajo a ese ejército al poder, y un episodio más del batistato.

En este punto nos toca decidir si creerle a Franqui o refutar la historieta del *Retrato*. En *The Teaching of Contempt*, Jules Isaac acusa a Calvino de cargar la mano en su descripción del judaísmo en tiempos de Cristo, de modo que el gran período de renacimiento rabínico es retratado como un momento de extrema degeneración: «Tan grandes y generalizados llegaron a ser los abusos; tan completamente se había extinguido, por negligencia o malicia, la llama pura de la doctrina, que apenas quedaba respeto por la Ley». Si creemos a Franqui, entonces la Revolución fue la respuesta automática de nuestras defensas: el viejo orden estaba contagiado a nivel celular, defensivo e inmunológico, no sólo ideológico. La liberalidad burguesa había enfermado a Cuba y, mucho antes de que los *frikis* se inyectaran sida, ya la patria se había inoculado con la peor variante de *Kulturpessimismus*. Esa imagen de la República concuerda con la de sus detractores: una puta drogada, de bruces sobre la ruleta –26 rojo, 7 negro.

4.

¿Por qué *Tres tristes tigres* cierra con la palabra *tradittori*? ¿Acaso no fue traidor todo el que contribuyó a la destrucción del orden establecido, aún cuando ese orden fuese batistiano? ¿No fue la misma revolución, en su aspecto conspirativo, la gran traicionera? Supongamos que se trataba de divinas traiciones, de traiciones habaneras, cargadas de erotismo y suspenso, o pensemos, quizás, que sólo mediante la alta traición podía accederse, en 1952-58, a los lezamianos «cotos de mayor realeza»: de todas formas, la sedición, el atentado y el asalto, representaban algo más que simples felonías. *Tradittori*, ¿cuál es el misterio de esa palabra última? La traición a la patria es el colmo del *kitsch*, pero, ¿no fue ése, por ridículo que nos suene hoy, el pecado de nuestros tarambanas y lumpenproletarios? El mito de la «traición de Fidel», caro a los desengañados, no es más que otra variación sobre el tema de los *Tres tristes traidores*.

5.

Un buen día, al principio de la era revolucionaria, Franqui pasa frente al monumento al acorazado *U.S. Maine* y decide derrocar el águila imperial, el pilar que conmemora el siniestro que sirvió de pretexto a la intervención norteamericana en nuestra guerra de independencia. Carlos Franqui quiere poner allí una paloma picassiana, y obtiene aprobación oficial para el proyecto. La columna queda trunca, pues Picasso incumple. David Cavarrocas cuenta que el derrocamiento coincidió con el paso del funeral de su tío, Félix Cavarrocas, el arquitecto y escultor del monumento: David manda detener el cortejo fúnebre para que el muerto alcance a presenciar «el nacimiento de la barbarie».

Franqui también borra, y garabatea sobre lo borrado. Le encarga a Le Corbusier un edificio que reemplace la nueva redacción del diario *Revolución*: ¡estaba harto de La Habana norteamericana! Después comete el error de creer que el Hotel Nacional es autóctono, cuando en realidad se trata del más norteamericano de nuestros gigantes, la obra de la compañía McKim, Mead & White. El error persiste en *Guerrillas en el Poder*, el libro de K. S. Karol: «the most Cuban of the big hotels in Havana». Y este otro «most», en la solapa: «the government of Cuba [anterior a Castro] was among the *most* corrupt in the world».

Para entonces, Franqui es el comisario y coreógrafo de la Revolución Cubana. Sospecho que algunas de sus producciones estarían imbuidas de ese elemento heroico que Karlheinz Stockhausen llamó «luciferino», al describir el atentado del 9/11 como obra de arte. ¿De qué otra manera puede explicarse un acróstico en el que dos existencialistas y un buque francés coincidan en el puerto de La Habana? *La Coubre* suena a «el Cobre», un eco de nuestra Virgen de la Caridad. ¿Fueron consultados los registros portuarios, y al notar el símbolo, se habrá decidido que sería éste, y no otro, el barco a sabotear? ¿No existe acaso un elemento endemoniadamente cabrerainfantil en semejante trabalenguas? ¿Sería Bustrófedon el autor intelectual del atentado? La batalla de ideas pudo haber comenzado, como sublimación política, en la carga simbólica del Maine: el siniestro como mensaje en clave. Un jeroglífico.

No es la paloma de vuelo popular, sino Jean-Paul Sartre y Simone de Beauvoir, esos pájaros fúnebres, quienes arriban justo en el momento de la voladura. ¡Tenerlos de público de la explosión y revelar ante tales testigos la «cara oculta» de la revolución! Allí terminó todo. ¡*Adieu* William Campbell; Arabella Longoria Suárez de Dámera; senador Virato Solaún; bella, elegante y culta poetisa Minerva Eros; debutante Vivian Smith Corona Álvarez del Real, *adieu*! ¿Se le hubiera ocurrido al leproso Rodney, para el Apocalipsis de Tropicana, pirotecnia más sensacional?

6.

En el prólogo a la edición norteamericana del *Retrato*, Guillermo Cabrera Infante anticipaba las críticas: «Este libro necesario será atacado», dice, «...assaulted in concentric Cuban circles and in that central circle that is the Miami of all exiles». Miami es el círculo de los perdedores, de los expulsados, de los borrados. Como Dante y Virgilio —acobardados, superfluos, acubanados— el dúo de tristes tránsfugas da un gran rodeo para evitar el gueto.

En Miami, la razón revolucionaria es sofisma, pues la *gnosis* republicana —que la antecede— es el axioma primitivo. Nuestros peripatéticos erigieron un templo a la diosa Razón en el que los pasos de un argumento falso retornan eternamente sobre sí mismos. He aquí el palíndromo: la revolución negó la dictadura; la revolución negada *es* dictadura. Negación de la negación de la negación: círculos concéntricos.

¡Qué pavoroso retrato de Cuba «en tiempos de Cristo» nos presentan estos falsos memorialistas! Que el de Batista fue el menos cruel de los dos regímenes es ya un hecho universalmente aceptado. El cliché del «niño de teta» con que el populacho lo bautizó, pone a Fulgencio en el regazo que ocupaba el Castro Redentor. No sólo la Historia profana, sino la «sagrada», demuestra la inocencia del batistato.

Herejes del absoluto

En *La Historia me absolverá*, Fidel Castro hace la crítica del concepto batistiano de «revolución». Pero aquel tipo de revolución había provocado un mínimo de entropía, de derramamiento de sangre, un índice moderado de desintegración. La revoluciones batistianas, la de septiembre de 1933 y la de marzo de 1952, recrearon la nación, o la redescubrieron.

Batista no contó, personalmente, con la adhesión del pueblo, ni buscó el culto a su persona. Ni siquiera hubo, en propiedad, «batistianos»: los batistianos son una creación de los castristas. La polis batistiana lo fue, únicamente, por efecto de sus aciertos, de sus legislaciones, de sus obras.

Hubo, sin embargo, fanáticos de Eddy Chibás. El fanatismo personalista puso un vaso de agua encima del aparato de radio, pero Batista nunca contó con el tipo de adhesión ortodoxa. A pesar de los golpes, su gobierno fue «impersonal».

No hubo batistato: los que se fueron en 1959 conformaban un grupo heterogéneo, sin ninguna lealtad personal al gobernante, en contraste con los castristas, que demandaron fidelidad absoluta desde el principio.

Lo absoluto y homogeneizado del castrismo buscaba un efecto: el efecto de lo universal. (Herbert Matthews fue el primero en caer bajo su embrujo, al pasarle por delante las escasas tropas rebeldes, una y otra vez, en un carrusel). Pero la ausencia de apoyo y de adhesión totalitaria a «lo batistiano» se evidencia, precisamente, en la ausencia de batistianos. Ese defecto es otro «efecto» castrista, que consiguió descalificar al batistato como algo inferior, incompleto y espurio.

Se trata de una estratagema de mercado: es la misma aceptación y aprobación universal (que Francis Fukuyama rastrea en el concepto platónico de *thymos*) a la que aspiran, y por la que compiten, las mercancías. Es la cualidad humanoide que Marx ha llamado «fetichismo»: el automatismo universal del objeto provisto de alma. Y «alma» no sería aquí más que *thymos*, el puro «deseo» de re-conocimiento que el mercado insufla en la materia.

Del capitalismo como aprendiz de brujo: sólo que, cuando la mercancía es un Fidel Castro (Matthews, Sartre, C. Wright Mills) o un Che Guevara (Korda, Feltrinelli, Soderberg), mercado e historia se combinan en la creación del gólem. A fin de «descontinuar» el batistato y sus productos, se hizo coincidir el día del Triunfo (por órdenes expresas del departamento de efectos especiales) con el Día de los Reyes. Entonces los *ratings* y demás marcadores de reconocimiento arrojaron cifras absolutas: todos fuimos fidelistas.

En lo adelante, sólo podremos ser «arrepentidos» o «renegados», es decir: herejes del absoluto. Consúltense las biografías de varios autores modernos según la versión oficialista: Reinaldo Arenas, Heberto Padilla, Guillermo Cabrera Infante, Severo Sarduy, Lezama Lima, Virgilio Piñera, etc., donde se rastrea y exhuma el momento de adhesión en que los artistas fueron también consumidores (de ilusión). Sigue siendo un dato capital en sus biografías: son autores que «dejaron de creer en los Reyes» (o en el Rey), una modalidad de desengaño que sincroniza los calendarios político y comercial.

El niño tiene la impresión de que tres minimizados barbudos entraron al hogar portando regalos: Melchor, Gaspar y Baltasar. (Uno de ellos es negro, en representación de nuestros antepasados africanos). Pero los tres son, en realidad, el mismo: Papá Noel, Santa Claus; la tríada simboliza las tres sustancias (oro, incienso y mirra; materia, alma y espíritu) previas al proceso de individuación.

Un día, durante la ceremonia de transferencia, el niño descubre a sus padres en cuatro patas, abandonando el cuarto a hurtadillas, luego de colocar los juguetes debajo de la cama. Es el momento de «desengaño», de desmitificación y descubrimiento. Se rompe el hechizo, se revela el misterio, termina oficialmente la infancia.

El niño penetra abruptamente en el reino de la materia, de las mercancías, del *thymos* capitalista. Es también la entrada a la adultez, el primer desencanto, la primera iniciación, el preludio de un *post coitum triste*. Los padres, caminando a gatas por el cuarto oscuro, son vistos como farsantes y degenerados.

Todavía hoy será absolutista aquel que se adhiera a la versión infantil de «la decadencia de la República» y al dogma de la inevitabilidad de la revolución castrista.

Apariciones

CIUDADANO CAÍN

Quien pretenda asomarse al espíritu de nuestro tiempo como el que mira las vísceras de una vaca y observar la podredumbre de una ciudad que parió una revolución, deberá leer las entrañas de *Tres tristes tigres*.

Ahí están, retratadas por un fotógrafo del Prado, las semblanzas de aquellos *philosophes* y cómicos de la legua que desacreditaron, a fuerza de risa, todo un sistema; los sofistas rocambolescos y peripatéticos que cataron las heces de la República y las encontraron cómicamente amargas.

Se ha dicho que TTT es una celebración de La Habana: yo sólo veo el anatema. «Contra la gran ramera», podría ser el título alterno de esa obra. La meretriz que sale a escena en sus páginas –seducida y abandonada por los mismos intelectuales que la hicieron estrella por una noche– es objeto de burlas, no de apologías. Un trío de condescendientes canallas decide lanzarla a la fama, pero sólo como fenómeno de circo: el circo de tres pistas que se llamó *Tres tristes tigres*. Quizás la ilusión literaria más lograda de Cabrera Infante sea el «tiempo real», de manera que veamos siempre una Habana en presente, con su Rine, su Chori y su Caín.

La novela es una Comedia: el maestro de ceremonias, desde la página de entrada, nos advierte en *spanglish*: «¡Abandonad aquí toda esperanza!» Pasamos del *freak show* a un bazar de Casablanca; los nativos bailan la rumba, entretienen a los turistas. Las últimas mesas están ocupadas por la sociedad criolla, que ha producido una razonable logia de diletantes y desengañados. Aplaudiendo con sorna, y conscientes de que todo aquello está a punto de venirse abajo, saben que llorarán pero, ¿qué se le va a hacer?

No, estos cachorros son meros cronistas de espectáculos contagiados de la enfermedad que afecta a la burguesía pachanguera de

Tropicana. Están allí para hacer el cuento —del oropel, de las fiestas galantes, de la música que se tocaba en el burdel político— y no para meterse en líos. No hay conciencia social en TTT, sólo un monstruoso inconsciente colectivo. Sus tristes tigres son los decadentes de siempre, los árbitros de la moda, los cínicos de cualquier metrópoli a punto del colapso, ya sea la Roma del *Satiricón*, el Berlín de Franz Biberkopf o, incluso, la Viena de Hitler, en ese extraño capítulo expresionista «Sobre la suerte de la clase obrera», de *Mein Kampf.*

A Cabrera Infante debemos sobre todo el redescubrimiento del *spanglish*, un español oxidado por el inglés, que había inventado Martí (otro editor de revistas, oculto bajo el seudónimo Adelaida Ral) como dialecto posmodernista. El Martí de los neologismos (*depletar, electrotipar, modernómano*) y Bustrófedon son la misma persona.

La vena decadentista le viene a TTT también de Martí. El mismo Caín la expone en su ensayo sobre la melancolía, *Entre la historia y la nada*, aparecido hace dos décadas en la revista *Escandalar*. No hay que dejarse llevar por la corriente de los que aún sostienen la falsa doctrina del Martí convencionalista en contraposición a un Julián del Casal decadente: Martí es nuestro gran decadente, nuestro Des Esseintes; el padre de todos los decadentes de Cuba y de América, desde Darío y Vargas Vila hasta Lezama y Severo Sarduy. Sería el Cabrera Infante de *Los hachacitos de rosa* quien completara la crítica radical del mito apostólico en su clásico ensayo, reproducido en *Mea Cuba.*

A esa tradición revolucionaria, la del nihilismo militante, pertenece Caín. Así fundó un semanario jacobino cuyo machón parece un breviario de incertidumbre: Virgilio, Calvert Casey, Franqui, Arrufat, Padilla... La mesa de redacción de *Lunes* acogió eso que Rafael Rojas, usando un delicioso pleonasmo, ha llamado «banquete canónico»: gobierno paralelo, misa del burro, caja de resonancia del banquete político que se mantenía en sesión permanente alrededor de otra eucaristía. De allí partió el ataque a los origenistas, primera ofensiva literaria. Si en el Palacio comenzaban las purgas, en la redacción amagaban las limpiezas estéticas.

Carlos M. Luis ha dicho que Lezama es un poeta de vis cómica. Otro tanto podría decirse de Piñera. Una augusta ironía se transparenta lo mismo en el historicismo frío de *Narciso* que en el de *Electra Garrigó*. El *spoof*, el remedo, la parodia, el sainete: sólo una sociedad brillante, condenada y enferma hasta la médula, como el París de Luis XV o La Habana del batistato, puede dar un Voltaire, un Sade o un Lezama; las revoluciones, en cambio, producen escritores terriblemente serios.

Pero el choteo, y nuestra debacle, debieron esperar por *Tres tristes tigres* para encarnar espectacularmente. Nietzsche opinaba que los españoles deberían considerar El Quijote una calamidad nacional, por haberlos puesto a reírse de sí mismos. También *Tres tristes tigres*, la novela que puso a los cubanos a reírse de ellos mismos, oculta a duras penas la trágica convicción de que sus ilustres tarambanas –con su culpable alacridad y errática inconsecuencia– han provocado acaso, para la nación de la que descreen, una calamidad inconmensurable.

Cobra, o la gaya ciencia

Hace ya muchos años, recién llegado de Cuba, descubrí por azar en uno de los polvorientos estantes de la Librería Universal la edición argentina de *Cobra,* la tercera novela de Severo Sarduy.

Como cualquier poeta emigrado, conocía de oídas el nombre del autor y su leyenda, aunque permanecía inocente de una de las obras más originales e inclasificables de la literatura de mi país natal. El deslumbramiento de esa primera lectura me hizo devorar en unos meses todos los títulos que dormitaban en el anaquel marcado con una S de calcomanía: *De donde son los cantantes, Big Bang, Maitreya, Barroco, Gestos...* A pesar del tiempo transcurrido, las impresiones de tan desaforada lectura permanecen intactas.

Me asombró entonces, y todavía me asombra, encontrar en *Cobra* la huella fosilizada de la estratagema retórica revolucionaria («Cayó en el determinismo ortopédico»; «¡Pronto caeremos en el estajanovismo!») bajo un estrato de folclor homosexual («Hay que corregir los errores del binarismo natural»). Esa temprana crítica del lenguaje partidista, concebida desde el exilio parisino, no pudo ir a encontrarse con sus lectores naturales. A partir de *Gestos,* sin embargo, la lengua en que habló Sarduy resultaba políticamente sospechosa: su expresión decadente, su diletantismo militante y el costado *kitsch* de sus imágenes («acuñadas, según Bambi, con cerquillo castaño»; «distribuyendo aretes y adjetivos») esbozaron, desde el lenguaje, la crítica a la dictadura del *newspeak* imperante en la Isla.

Por otra parte, hay un Severo aficionado a la Física, descubridor de las partículas elementales de la cubanidad: Auxilio y Socorro. Sus investigaciones lo llevaron enseguida a la clasificación de otras subpartículas de significado, girando en el interior de ese «teatro generalizado de sucesivos aposentos» que es nuestra Historia. Fueron precisamente sus inclinaciones científicas las que le ganaron el apodo binario de Chelo y Anti-Chelo.

A Sarduy debemos también la intuición de que lo cubano se manifiesta en paquetes discretos: desde lo barroco estatal, Sarduy bajó a niveles de energía literaria en que la nación es sólo «grito pelao». Es esa la fase terminal de nuestro nacionalismo: lo cubano como universo con leyes propias —las tablas del lenguaje— donde la expresión mínima y la más mínima expresión adquieren una masa que tiende a cero. Masa nula, porque —como ha dicho Roland Barthes en su célebre ensayo sobre el camagüeyano— no significa nada.

Más allá, en el centro de todo, a muchos niveles por debajo del espectáculo del carnaval, Severo encuentra a la Pelona: la Nada como partícula fundamental de la cubanidad. Ya no se trata de Chelo y Anti-Chelo, o de Auxilio y Socorro, o de Cobra y Pup, sino de algo más grave: a la Cuba conocida corresponde una Anti-Cuba. Esta teoría solamente hubiera podido ser enunciada en un momento de desintegración creadora, de *Big Bang*; y Sarduy parece apuntar a Lezama como el referente crítico de desorganización: la muerte de la imagen, o la Segunda Ley de la Termodinámica encarnada.

Definir la relación entre la superficie pintada —la máscara, el carnaval de Ensor, el teatro Shanghai— y la profundidad, requiere el conocimiento de la unidad básica del evento, del límite de la acción: la constante de Planck en el *curriculum cubense*. Sarduy nos dota de realidad a nivel de partícula y de quark —funciones de una fenomenología literaria, a fin de cuentas (*Three quarks for Muster Mark!*).

Vista desde el barroco, la escritura en Sarduy es una fachada cubierta por la hiedra trepadora de los signos más insignificantes y los más urgentes. Contra el telón de fondo de nuestro jingoísmo, es el gesto sin consigna, que por su forma, por su contoneo sicalíptico, ofende la sensibilidad del Gran Inquisidor, llegue éste bajo la máscara de Lezama o Fidel, tanto si su discurso dura 8 horas como si transcurre en 800 páginas.

Tras la opresora lectura de *Paradiso*, *Cobra* es Nirvana; después de salir del panteón de las supersticiones lezamianas, es como encontrarnos una Cuba de plástico prendida al *dashboard* de un auto en marcha, cimbreando en cada bache del espaciotiempo. Por fin uno entiende que aquella «novela» era también un «poema» –la resurrección de Narciso, el renacimiento de lo poético–, y la música de un órgano que abarca todos los registros de nuestra lírica, desde los pistones graves del Bardo hasta los chillidos histéricos de La Lupe. El falo, la Cobra ritual, objeto del secreto (y no-tan-secreto) culto ofidita cubano, ocupa el centro de este poema extraordinario. Sarduy es la serpiente de Paradiso. En el jardín oscuro del Maestro, por entre las ramas de su docta ignorancia, Severo aparece como la gaya Ciencia o la sabiduría alegre.

Pablito, el samaritano

La Nueva Trova ha cambiado y vuelto a cambiar con el paso de los años, y estoy seguro que algún día se escribirá la historia de esas mutaciones, de esas traiciones. Por lo pronto, quisiera aportar una anécdota a propósito de la salida del disco *Regalo*, y una reflexión sobre este nuevo álbum de Pablo Milanés.

La primera vez que vi a Pablito, yo era un muchacho de quince años. Fue en la época de las fiestas con los Almas Vertiginosas y Los Kent, bandas cubanas de rock de los setenta, pero yo me encontraba frente al Teatro Martí, esperando a que comenzara un concierto de la Nueva Trova. Calculo que sería el año 71, y que Pablito y los demás trovadores reunidos allí estarían de vuelta de «recogidas» y de granjas de castigo, mientras que nosotros, los jóvenes que nos apiñábamos a las puertas del teatro, apenas sospechábamos lo que se nos venía encima.

Recuerdo las butacas cubiertas con forros de tela blanca, y la graciosa advertencia de un negro acomodador: «¡Con cariño, que el Martí es de palo!», y recuerdo la entrada discretamente triunfal de Pablito Milanés, y hasta la tela raída de los bolsillos de sus *blue jeans*, y aún lo veo metiéndose, guitarra al hombro, por entre nosotros: un mulato gordito, de afro batido y gafas redondas.

Creo que fue el poeta Pedro Campos, que moriría en el exilio, quien me llevó al concierto y quien me hizo prestar atención a las letras de aquel cantante chambón de voz afinada y dulce, y que con Pedro fui también al cine *Payret*, unos meses más tarde, a ver la película donde el trovador entonaba una oda a los Comités de Defensa de la Revolución. ¡Qué decepción! Sin embargo, desde entonces, como tantos otros cubanos dispersos por el mundo, no he dejado de escucharlo.

¿Por qué insistimos en los pasajes que conmueven, en las rimas que nos pegan, en las medias verdades que nos confunden o en los trabalenguas que siguen diciéndolo todo y nada? La trova es *la trova*, y la experiencia de esa música sacra será siempre, para nosotros, altamente problemática: descreemos de ella porque se vendió al mejor postor, pero no podemos dejar de tocarla y de admirarla, como si de una reliquia se tratase. En efecto, la Nueva Trova es uno de los momentos más sublimes, y también de los más abyectos, que alcanzó el espíritu de nuestra música.

Abyecta y sublime, la trova es otra meretriz de traganíquel que llora la traición de su hombre; y los trovadores tienen en común con las boleristas de cabaret ese abandono a la mala vida que parece ser su tacha y su sino. Una especie de fatalidad los empuja al abismo: a ella, por no conseguir resistirse a la voluntad del chulo («no me importa entregarme a ti sin condición», canta La Lupe en «Qué te pedí»), y a él, porque no puede sustraerse a la tentación del héroe («y por eso para mí / la vida no vale nada»).

Pablito Milanés encarnó como nadie esa doble moral, y desde su primer éxito —la más extraña e inconcebible de las canciones de amor— nos regaló el primer malentendido («muchas veces te dije / que antes de hacerlo había que pensarlo muy bien») de un género hecho casi exclusivamente de equívocos. Ahora el famoso verso de *Para vivir* podría servirle de epitafio al castrismo y a su revolución.

Regalo, vendría a ser, entonces, lo que se conoce en el medio como un «álbum de contrición», análogo a *La samaritana*, el disco con que La Lupe se despidió del mundo para ir a arrojarse a los brazos del Cristo redentor: tras largos años de fidelidad a una causa perdida, el trovador y la bolerista se arrepienten, rasgan sus vestiduras y claman al cielo: «Mi hermano Jacinto / que vive en La Habana / no sabe si su hija / que tuvo una nieta / que aún no ha conocido / sabrá que su madre / murió de repente. / Las autoridades no lo dejan salir…».

Pablito Milanés, el mismo que alzó una Casa de la Trova sobre las ruinas del club La Red, donde cantó La Lupe, se digna ahora, al pasar de los años, a echar una mirada compasiva sobre aquellos que nos apiñábamos a las puertas del Martí. La crítica lo ha dejado claro: «Demasiado poco y demasiado tarde». Y el público —el gran público, que tan bien lo conoce— sospecha que la bolerista fue más sincera en su arrepentimiento.

Reinaldo, el apóstol

Mucho se ha hablado del lado oscuro de Martí. Parece que tampoco en él todo fue luz. La muerte en Dos Ríos se ha tildado de suicidio. El pueblo sabio hizo desde siempre una lectura homoerótica de sus versos: «Ebrio él de gozo, de gozo yo ebrio». De manera cíclica, alguien en Cuba se alza con toda la patria, y al parecer le ha llegado el turno a la loca de barrio, venenosa y bretera, que tan bien nos representa. Después de todo, ¿dónde estaban los machos a la hora de formar un escándalo de proporciones cósmicas? Escribiendo novelitas que Martí hubiera calificado de indecorosas. Fue Reinaldo Arenas quien hizo la literatura y vivió la vida de lo que, entre nosotros, como por tradición, viene llamándose «un Apóstol».

Como el Señor Martí de *La rosa blanca* –the Movie–, ahora Reinaldo Arenas, instalado en las colinas de Hollywood, concede entrevistas. La ingeniería cinematográfica produjo un clon mucho más simpático que el original, más musculoso, mejor parecido, expurgado de su odiosa manía de vilipendiar y armar chanchullos. Que Vicente Echerri vaya acostumbrándose a este homúnculo –o a este «homagno», que diría Martí: es el único Reinaldo que existió de verdad. Con sus guapitas planchadas, ensortijado el pelo y la mirada de chivo expiatorio. ¡Ya tenemos Apóstol! Y hasta mejor escritor de lo que fue. Milagrosamente, ¡Reinaldo suena bien en inglés!

A estas alturas, el mito martiano apenas resistía los embates de una conciencia crítica naciente. Poetas, artistas y filólogos la han cogido con él últimamente. El profesor Rafael Rojas, de la escuela de México, lo reduce a una simple máquina deseante, siguiendo las doctrinas del anti-Edipo. Cuarenta años en la compañía de Fidel han dañado la imagen de Martí de forma irreparable. Con el paso del tiempo, la que parecía una de sus más logradas profecías (todo Apóstol es agorero, y las generaciones futuras le adjudicarán la paternidad de sus hijos) resultó ser una pesadilla hecha realidad; y su colaboración intelectual en la gesta revolucionaria lo comprometió, en fin de cuentas, con una causa perdida. Necesitábamos un nuevo Apóstol. Un Apóstol para la época del travestismo.

Realizamos audiciones con el fin de contratarlo, (Martí, con la cabeza de yeso bajo el brazo, se retira a un rincón, descascarado y roto: Pepe Ginebrita, Pepe Cabecita). Ni Pedro Luis Boitel, ni Armando Valladares, ni otros muchos héroes auténticos alcanzaron a llenar los zapatos del mito, que habían quedado vacíos, como cascarones abandonados. Para un cubano, el Apóstol no puede ser un hombre común, por muy honesto, valiente y sincero que haya sido. Tiene que ser, además, el poeta más bárbaro del mundo, prosista barroco, un Don Juan —o por lo menos un aventurero, en estos tiempos del cólera— y morir una muerte espectacular, en *Technicolor*. La muerte del original había sido infinitamente representable; su vida, absolutamente teatral. Cárceles, canteras, barcos, viajes, destierros y Ofelias ahogadas en arroyos prerrafaelistas, muertas por amor. Su fantasma puntual se había levantado por encima del castillo del Morro, a la hora del cañonazo, con la autoridad de un Padre asesinado, proveyéndonos una coartada histórica casi ineluctable. Entonces, ¿quién iba a calzar los zapatos de ese payaso trágico, de ese Augusto de circo que hizo reír y llorar a grandes y chicos durante todo el período modernista?

La Providencia nos envió la respuesta en un sobre cerrado, con un judío mensajero de Checoslovaquia: Julian Schnabel. No importa que Javier Bardem gane o pierda el premio al mejor actor en el Pabellón Dorothy Chandler: el ascenso apoteósico de Reinaldo Arenas desde las entrañas del *Hell's Kitchen* a los salones de fiestas del Beverly Hilton nos ha devuelto la confianza en nuestra inagotable capacidad para producir apóstoles de acuerdo a las necesidades de cada época. Cuando ya vamos descreyendo de uno, se levanta el otro en el horizonte.

REGRESO A ÍTACA: INVENTANDO HISTORIA

Leonardo Padura, el empresario cultural, tiene puestos los ojos en la industria del cine. En colaboración con una brigada de realizadores extranjeros, se ha empeñado en narrar –hasta la náusea– las contradicciones del largo período que media entre los años sesenta y los dos mil, de los Beatles al rap, de los Rolling a Raúl. Ya empezó con *Siete días en La Habana* (2012) y continúa con *Regreso a Ítaca*, del director francés Laurent Cantet.

Digamos de entrada que Padura es un rezago del pasado, un zombi de la época de los Fórmula V cuyos guiones requieren locaciones remotas cubiertas de telarañas (reales e ideológicas). Cuando sus personajes hablan –en lo que, para Padura, pasa por libre expresión– es como si hubieran viajado sin escala, durante cinco décadas, en un buque fantasma. La situación es macabra (*Regreso a Ítaca* viene a ser secuela de *Los otros*), sobre todo si se considera la insistencia del novelista en llevar la nave del olvido a puerto seguro.

Como un Chandler habanero, Padura recreó en Mario Conde la entelequia del policía sucio con el corazón de oro. Cuando el mono engordó y se explayó en otras muchas novelas, se hizo necesaria la construcción de un parque temático. En *Regreso a Ítaca*, Padura crea por fin una Habana poblada de tontos sentimentales, un reino mágico donde la furia de los tracatanes no los afectará mientras se mantengan hablando de melenas, de libros prohibidos, e incluso, de las nostálgicas Unidades Militares de Ayuda a la Producción. Será cuando dejen de hablar, cuando por fin se callen, que las cercas eléctricas soltarán chisporrotazos y que se dispararán todas las alarmas. Habrá llegado la contrarrevolución. O la democracia, da lo mismo.

Las UMAP y las escuelas al campo («¡No eran tan malas ná!», exclama el personaje de Aldo, el negro bueno), las recogidas y el destierro, son, hoy por hoy, parte integral del canon: Tàpies, Serrat, Eva María y Stalin dan un salto dialéctico, se integran al proceso y se acogen al método de conversión y reciclado que ofrece la narrativa histórica de Leonardo Padura.

Curiosamente, el método Padura tiene mucho en común con un extraño fenómeno de la radiodifusión cubana en la década de los cincuenta. Cuando Laureano Suárez, director de la antigua Radio Cadena Suaritos, cuqueba a sus oyentes con el famoso: «Señora, póngase en cuatro…», estaba hablando en puro Padura; pero el novelista sabe que «…en cuatro horas de La Habana a Nueva York» lo salva de la suerte que corren los disidentes. Los censores, ya sean batistianos o castristas, adoran los juegos de palabras, y los personajes de *Regreso a Ítaca* son maestros del retruécano, parlanchines extraordinarios, viejos camajanes cujeados por medio siglo de teque.

El que regresa es Amadeo (Néstor Jiménez), un escritor frustrado que no ha escrito una línea desde que emigró a España. Tuvo que luchar a brazo partido por la sobrevivencia y sus reservas morales se agotaron. Una obra de teatro y tres novelas inconclusas aguardan en una gaveta por el retorno de aquella savia que, a pesar de todo (éxodo, cárcel, ostracismo), la dictadura ofrecía exuberantemente.

No es difícil adivinar aquí la coña del novelista exitoso (nada menos que el autor de *El hombre que amaba a los perros*) regodeándose en la mala estrella de los artistas del destierro. Pero, ¿no es cierto que la gran literatura cubana, desde Villaverde y Martí hasta Virgilio, Cabrera Infante, Arenas y Severo, se creó en el exilio, y en las circunstancias más adversas? Amadeo es, sencillamente, un escritor mediocre; y hay más de un escritor malo que se quedó en La Habana a sabiendas de que su obra descansaba en una confusión sociopolítica. También el ascenso meteórico de Leonardo Padura se debe a un malentendido.

Amadeo regresó para quedarse; la aguafiestas de Tania (Isabel Santos), le echa en cara el cáncer de una esposa abandonada; Rafa (Fernando Hechevarría), el típico pepillín avejentado, sigue dándole vueltas a *The Mamas and the Papas*; Eddy es solamente Jorge Perugorría en el papel de Pichy, citándose a sí mismo; tanto, que en algún momento vuelve a entonar el «Tomen una foto de esta mierda antes que se la trague el blah, blah», de *Fresa y Chocolate* (1993). Todos tienen algo que avisarle, aconsejarle o rebatirle al pobre escritorzuelo que espera recuperar la musa... ¡en La Habana! Alguien mata un lechón en una casa vecina; otros se lanzan insultos en un solar lejano; amenazantes tumbadoras permean el aire de la urbe y hacen que el escritor se queje: «¡Ay, qué bulla!» Sus compatriotas le avisan: *Welcome to the jungle!*

Pero los personajes de *Regreso a Ítaca* se van de lengua y rozan, sin querer, los problemas de la candente actualidad. Cuando Amadeo confiesa que no había venido antes porque «tenía miedo de entrar y que no me dejaran salir», Rafa le suelta una carcajada en la cara: «¡Pero, qué mierda estás hablando! ¿Tú conoces a alguien que entró y que no lo dejaron salir?» («¡Tania Brugueraaaa!», pudo haber gritado alguien desde la última luneta del Yara).

El guión del binomio Cantet-Padura nos presenta la perfecta Mesa Redonda: se habla de pelota; del equipo de los Industriales; se come arroz y frijoles; se fuman Populares; se recuerda el Período Especial, Angola y el caso Ochoa. Hay un adentro y un afuera militarmente delimitados. Fidel tomó las azoteas y ya no se discute nada que Fidel no haya tratado en sus *Reflexiones*: la azotea misma deviene un zócalo reaccionario, asiento del brete y plazoleta ubicua para una variedad de jingoísmo mucho más perniciosa, por interiorizada: «Tenía miedo de parecerme a otros. Gente que no era nadie aquí, que de pronto se fueron [sic] y cuando llegaron al extranjero se empezaron a inventar historias que ni siquiera les tocaban de cerca. Que este era el país de la humillación, de la miseria, que aquí eran perseguidos...».

Este discurso, y el cobarde que lo escribe, no se habían dado nunca, ni en el Chile de Pinochet, ni en la Argentina de Videla, ni en la Bolivia de Banzer. La transición política, en esos países, no estuvo comprometida por la melancolía de sus intelectuales. Allí las cosas estaban claras: la dictadura debía conducir inexorablemente a la democracia. Si la humillación, la miseria y la persecución hubieran sido puestas en duda por un momento, cincuenta años después los chilenos, los argentinos y los bolivianos todavía estuvieran hablando mierda, mirándose el ombligo y añorando a los Beatles.

Tania Bruguera: ¿arte o basura?

Hay una escena en *En busca de vida inteligente en el universo*, el espectáculo unipersonal de la comediante Lily Tomlin, donde el personaje de Trudy la Mendiga, en medio de un «lapso de sinapsis», tropieza con los extraterrestres que habitan en su cerebro. Los marcianos están sorprendidos de lo extraña que es la mente humana; Trudy les dice que mucho más extraños son los genitales.

Así va la cosa cuando los marcianos salen de su cabeza y se dedican a revolver las bolsas que Trudy carga en un carrito de supermercado. Encuentran una lata de sopa de tomate Campbell, y Trudy les explica el concepto de sopa. Luego les enseña una foto de Andy Warhol pintando la misma lata de sopa de tomate Campbell, y les dice: «¡Esto es arte!» Después, tras su espalda, cambia de manos la sopa y la foto: «Y esto, ¿qué es?», pregunta. «¡Sopa!», responden los marcianos. «¡Noooo! ¡Arte!», les chilla Trudy, «¡Arteee!»

En las calles de La Habana, la artista Tania Bruguera fue Trudy por un día. Trajo al movimiento de resistencia civil cubano una muy necesaria dosis de arte. El arte es el único lenguaje que entienden los extraterrestres, esas entidades que operan más allá de la órbita cubana. El arte ocurre en el lapso de sinapsis de la conciencia global, ya se ha adueñado de los medios de comunicación, y ahora es una especie de locura.

Chávez y su bolivarismo fueron vendidos al mundo como arte pop, el Papa Francisco es el Fra Angélico de los socialistas, y es un hecho incontrovertible que el principal ingrediente del castrismo es lo artístico: Camilo, el Che, Girón, Eliancito, el Moncada, Ochoa, el ballet de Alicia, las palomas, Tomás Sánchez, la santería, Lezama, los pioneros y los gays. Todo es cuestión de imágenes, bellas, absurdas o terribles, poco importa.

Cuando los terroristas derribaron las Torres Gemelas en Nueva York, el mundo entendió que se trataba de arte. Un «arte luciferino», es cierto, según lo definió Karlheinz Stockhausen, pero arte al fin. Los árbitros de la moda declararon perdida la guerra mediática: los musulmanes habían logrado una performance imposible de igualar. Privados de pirotecnia, los cubanos tuvieron que conformarse con salidas a la calle enarbolando gladiolos, misas católicas, proclamas al exterior, declaraciones de principios, etc., aunque, lamentablemente, siguen desaprovechado la capacidad política de lo artístico. Y esto, a causa de que los disidentes no son artistas, y de que los artistas están ocupados en recibir premios, medallas y trofeos en su capacidad de miembros favorecidos de un programa oficial de neutralización.

Para estos últimos todavía está vigente la antigua distinción entre «arte» y «basura», y toda disidencia cae, de suyo, en la categoría de basura. La performance de Tania Bruguera ocupa esa zona borrosa entre las dos categorías. Es arte porque ella tiene un currículo que así lo avala. Su acción plástica es también política: deconstruye al Fidel de las palomas en los hombros (fue ese el día en que Castro susurró: «Armas, ¿para qué?») y permite a la basura escupir en el micrófono (se trata de *spit*, en el sentido rapero del término, no de un susurro soviético), típico gesto fidelista sacado de contexto, que ni es original ni demasiado innovador (sólo en Cuba una propuesta tan rudimenta-ria representa un logro estético o cívico), aunque no pueda restársele importancia a que haya sido la disidencia –en ambas ocasiones– quien diera un significado civil a la acción, que fuera precisamente la basura la destinataria de lo artístico.

El arte, que desde los tiempos de Ángel Delgado y su cagada en el *Granma* se identificó con la resistencia cívica, ahora monta su pro-pia «resistencia» a la idea misma de «disidencia». La obra de Tania Bruguera emplaza a la claque cultural acomodada, a los reaccionarios dentro del círculo de los carreristas. Esa claque ha llegado a consti-tuirse en partido, en una especie de quinta columna, y representa un verdadero lastre al advenimiento de la sociedad civil cubana. Sus miembros se cuentan por docenas, tal vez por cientos de miles, y en sus desprestigiadas filas militan actores, poetisas, pintores, salseros, académicos y diversos arribistas. La influencia de ese partido es hoy mucho mayor, en términos mediáticos, que la del Comité Central. La performance de Tania estaba dirigida a ellos.

En la escena final de *En busca de vida inteligente en el universo*, los marcianos le dicen a Trudy que su obra les ha puesto la carne de gallina. «¿De gallina?», pregunta Trudy, adulada, «¿De veras les gustó tanto?». Sólo que la pobre había olvidado decirles que la performance era lo que pasaba en el escenario, mientras que los marcianos habían estado mirando al público, «un montón de extraños sentados en la oscuridad, llorando y riéndose de las mismas cosas». Los extraterrestres estaban estupefactos. «Trudy, tu obra es sopa, ¡el público es arte!»

La artista que ayer mendigó en las calles de La Habana la atención de los intelectuales cubanos y, a través de ellos, la de los niños, los obreros y las amas de casa, ahora podrá explicarles a los que viven más allá de la órbita castrista, que, al contrario de Trudy, su público fue una reverenda sopa de gallinas, pero que el arte estuvo por fin del lado de la resistencia.

El extraño caso del poeta
Pedro Jesús Campos

¡Qué estudiados los poetas cubanos! Todos caen en la ranura, en su compartimento, en su grupúsculo. Así desfilan por antologías, así van asentándose y acomodándose en el banco de imágenes como si fueran finalistas de algún concurso —pero sin emitir juicios, sin hablarse, rozarse, ni leerse.

Se miran de soslayo; se empujan y hacen sitio para el último que llegue. En la puerta de entrada hay un productor —el Donald Trump de las Bellas Letras, algún académico yanqui— repartiendo bandas de muselina con la palabra «poesía» bordada en hilo negro sobre fondo verde. Por allí no osaría asomarse alguien que tenga un tacón jorobado, o quien pudiese ser tildado de difícil, o quien no sepa cubanear correctamente, y aun menos quien no haya publicado nada. Nunca.

Lo raro ha sido desterrado de nuestra lírica. No hay excepciones, ni sorpresas, ni fenómenos, ni monstruos. En medio del desmadre, el despelote y el delirio, hemos creado el perfecto desfile de belleza.

Por eso vuelvo siempre sobre los pasos de mi amigo Pedro Campos, a las escasas páginas que dejó detrás a toda prisa, en una carrera que duró poco y no significó mucho. Nació en Contramaestre, Oriente, el 11 de febrero de 1954; su madre soltera lo trajo a La Habana cuando tenía tres o cuatro años. Fue a la escuela primaria castrista, e imagino que también a la secundaria. Lo conocí en la Academia San Alejandro a principios del curso de 1971 (teníamos quince y diecisiete años, respectivamente).

Nos entendimos enseguida. Yo escribía prosas pequeñas y él poesía. Intercambiamos libros: le entregué el *Teseo* de André Gide y él me prestó *Canto ceremonial contra un oso hormiguero*, que ya entonces podía recitar de memoria.

Vivimos en literas colindantes durante la escuela al campo. Me convenció de que dejara la prosa y me dedicara a lo que él consideraba el bien supremo, el estado de gracia. Se orientó infaliblemente en la jungla del prosaísmo en boga, cuqueando los lugares comunes. Antes que finalizara la década había escrito la poesía más extraña, decadente y moderna de nuestro tiempo.

Cada madrugada Pedro, luego de una toilette ritual que podía durar horas, salía a recorrer las calles de la urbe en busca de experiencia. La delicada fauna de proxenetas y muchachos de la noche era su elemento. Plantado en la esquina del *Payret*, mulato claro, pequeño de estatura, perfumado y maquillado con polvos de *Coty*, retocado con crema fría y brillo de labios, con pantalones corte campana de talle justo, merodeaba los muelles esquivando la policía, persiguiendo a un evasivo ángel rubio, buscando una fiesta clandestina, demorándose en las paradas de la confronta, entrando a las grutas de la ciudadela con su sempiterno cigarro Dorado en los labios, su infinita paciencia y su dominio de escena.

Pedro Campos, o simplemente, Pedrito: La Habana —esa ramera fatigosa— fue su musa, y se le entregó como a pocos. Pedro la cantó en unos versos amarillentos y padillanos, de estrofas tópicas, artificiales o derivativas, primero; luego, en secretos epigramas, en neuróticos grafitis, en koanes sintéticos, los requiebros de un ser pesimista y patético (casi todos se han perdido). Reinaldo Arenas lo trató, y reconoció su valor como poeta y artista de la ciudad. Pedro recitaba con entusiasmo los versos de *Goyesca, enjoyada* y el *Arte de birlibirloque*, que desde los tempranos setenta circulaban entre escritores del *underground*.

Su coto fue el Parque Cristo, los solares y las azoteas de quienes, en aquel momento, integraban la farándula habanera. ¿Quién se acuerda de Pedro el Fabuloso, de Tony el Alemán, de Manolito el Salsa, de Darling y de Yoko? ¿De las fiestas con los Almas Vertiginosas en el apartamento de Chaveco? ¿De las espectaculares salidas de Hiram Prats a La Rampa? Convoco esos fantasmas porque dan la medida del trecho que separa la sensibilidad de Pedro Campos, su mundo, sus gustos y sus influencias, de las corrientes estéticas ulteriores, la poesía de la otra Habana, canónica, aceptada y redescubierta.

El problema principal para un joven poeta cubano de los setenta, aparte de la censura, era la cuestión de cómo evadir una retórica que había acaparado todos los registros y las formas. El tono cauteloso y amargado de Heberto Padilla hizo escuela. Lo leímos en la clandestinidad y lo imitamos. Padilla era el bardo de la burguesía siquitrillada, el rapsoda de la *intelligentsia*, de los expatriados de Nueva York que regresaron en busca del paraíso socialista y lo perdieron. Nosotros caíamos por debajo de él, éramos más insignificantes que los condenados al ostracismo. Ni Raúl Rivero, ni Fayad Jamís, ni Luis Rogelio Nogueras nos decían nada. Nosotros *éramos* nada.

Naturalmente, sentíamos afinidad (descubiertos en ínfimas bibliotecas de barrio, donde habían escapado de la hoguera) con los poetas simbolistas, que pasaban bajo el radar sin hacer ruido. Pedro me leyó, en las noches de ceniceros repletos y jarras de cerveza tibia, a Rimbaud: *Una temporada en el infierno*; las *Iluminaciones*. Supimos que nuestro mundo estaba más cerca de *La Virgen loca y el Esposo infernal* que de *La fijeza*. Encontramos a Nietzsche en un librero confiscado a alguna familia de gusanos, había ido a parar a la sede del CDR de la calle Bernaza. Después nos cayó del cielo una antigua edición cubana de *Retrato del artista adolescente*.

Escribíamos juntos, en la misma mesa, uno frente al otro, de madrugada, en el apartamento del último piso del Edificio Centro, mientras en la radio extranjera sonaban los sacrosantos acordes de *In-A-Gadda-Da-Vida*, de Iron Butterfly, o de *In Every Dream Home a Heartache*, de Roxy Music. Esa fue nuestra Estética. Cuando creímos que estábamos a punto de comunicar algo trascendente, de expresar a brochazos nuestro disgusto, nos expulsaron de la Academia, a ambos, el mismo día.

Pedro, avergonzado, intentó suicidarse esa noche, sin éxito. Tomó una carga letal de meprobamato, le lavaron el estómago y le quedó una úlcera de por vida. Yo fui a dar a la secundaria básica de la Manzana de Gómez, y más tarde, a Cienfuegos, donde caí preso. Por entonces, el director de San Alejandro era un tal Ahmed Safille, de quien no he vuelto a tener noticias.

Música del árbol caído

Pedro entró en la Embajada del Perú, permaneció allí muchos días, viajó en barco camaronero y llegó decepcionado a los Estados Unidos en la primavera del ochenta. No escribió nada más. La poesía que recordamos quienes lo leímos terminó a los veinticuatro años. Sus libros se perdieron, quedan unos cuadernos de adolescencia, una sucinta selección de piezas desiguales que publicó la Universidad de Redlands, en California, y póstumamente, el folleto *Peces de plata* (1998), de la Colección *Strumento*, de Miami, dirigida por Germán Guerra. Casi todos sus amigos han muerto, víctimas, como él, de la Plaga. Su influencia es remota, subterránea, y cada vez más débil. Le hubiese gustado saber que terminó encarnando la sentencia de su amado obispo de Berkeley: Si un árbol cae en el bosque y no hay nadie para oírlo, ¿hará ruido?

Tal vez pueda apreciarse aún la música de este árbol caído, que, entre 1972 y 1979, los años oscuros del coloquialismo y el verso elegíaco, cambió la manera en que poetizábamos. Pedro Campos ni siquiera figura en el simposio de su amigo Reinaldo Arenas, no aparece allí con nombre ficticio o identidad cómica, pero algo queda de él y de su mundo en los epigramas y las cuartetas de *El color del verano*.

Pedro Jesús Campos falleció en octubre de 1992, en el Jackson Memorial Hospital. Está enterrado en una tumba sin nombre en el cementerio municipal del Condado de Dade.

Amanecer

¿Estás mirando el viento, niño?
Estoy mirando el sol.
Que su luz te sea leve

y su fulgor
no hiera tu osadía.
La bola cretina del amanecer
avanzó sobre las calles
y las plazas
como una euforia nacional.

CIUDAD

Llega, ciudad soberbia
y conviértete en Reina
escoge tu diadema
de inmóviles portales
enumera los rostros
raudos que te transitan
y acoge el ámbar tierno
de auroras que te invaden.
Ciudad hermosa que
atormentada por ruidos
constelada de angustias
y atiborrada de escorpiones
estás.

LA IGLESIA DE LA CALLE REINA

Inquietamente gris
su desencanto impone,
despintado
y en pose artificial.
Es la última casa,
la morada de Dios.
El señorito ha muerto,

las paredes reflejan
su misa y su velorio,
su almanaque borracho
desprendiéndose el aberrante día.
Sólo queda la casona turbia
con sus rezos ocultos
y, hoy por hoy,
con aires de inmoral.
En sus columnas
mean los perros.

La dama de las camelias

El flagelo y su ira
atacaron tu cuerpo
y escondido en tu pecho
bullía el manantial,
y los esputos sonoros
dormidos en la espuma,
poco a poco,
delataron su estancia
en el maniobrar grave
de tu pañuelo azulburguesa.

Situaciones

Desde el fondo de los lagos
peces de plata pululan melodías
de recónditos mares en miniatura.
Desde el fondo de las cloacas
cucarachas broncíneas husmean
herméticos atardeceres inaccesibles.

Santí, con acento

Enrico Mario Santí me recibió en bermudas y sandalias en su casa de Claremont, un caluroso mediodía de sábado, en la habitualmente fría primavera californiana. Nos refugiamos a la sombra de la mata de aguacate, que figura en varios pasajes memorables de sus libros, y Nivia Montenegro saludó desde la puerta del patio, camino a la ceremonia de graduación de Pomona College, donde es profesora del Departamento de Lenguas y Literaturas Romances. Capuchino, el pastor australiano de la familia, jadeaba debajo de la mesa del jardín. Claremont es un pueblito universitario al pie de las montañas de San Bernardino, a unos sesenta kilómetros de Los Ángeles. Se trataba de otra de nuestras largas conversaciones, en el mismo patio y bajo el mismo árbol, con la única diferencia de que una grabadora recordaba ahora cada palabra.

1. Algunos llegan a creerse que son estatuas

Jorge Luis Borges me dijo una vez que si no fuera por Alfonso Reyes, él todavía hubiese sido un gran desconocido. Fue en 1984, cuando lo conocí, y ya tenía 85 años y era mundialmente famoso, así que es importante mantener distancia respecto a uno mismo, sobre todo en un mundo tan terrible como el académico, donde algunos llegan a creerse que son estatuas.

Yo vengo de una familia de clase media. Mi padre era escultor, y mi madre era ama de casa. Vivíamos entre La Habana y Santiago de Cuba, porque toda mi familia es oriental, y digo esto porque una de las cosas que más recuerdo son esos viajes, tanto en ómnibus «Santiago-Habana», como en tren, como en avión. Nací en Santiago de Cuba, en el año 1950, y fue allí donde tuve algunas de mis vivencias más importantes. Por eso, aunque viví toda la vida y me eduqué en La Habana, digo que soy de Santiago de Cuba. Me considero no solamente oriental, sino también santiaguero, pues existe una gran diferencia entre la gente del norte de Oriente y la de Santiago.

Esa doble perspectiva siempre la he llevado dentro. Y tal vez sea triple, porque a los doce años vine al exilio con mis padres. Subrayo la palabra «exilio» porque siempre me consideraré un exilado. Me eduqué en Miami, entre los doce y los dieciocho años, y fui al Miami High School. Me crié en una comunidad con una conciencia «exílica», y no solamente diaspórica, como se dice ahora: habíamos sido expulsados.

Mi padre sufrió persecución bajo el régimen de Fidel Castro, por sus opiniones políticas y por su posición profesional en la Academia de San Alejandro, donde era catedrático. Su futuro personal y profesional estaba tronchado. Vinimos al exilio los cuatro —mis padres, mi hermano y yo; por suerte salimos juntos— en el año 1962, justo el 16 de octubre, durante la Crisis de Octubre. Nuestro vuelo fue el último —o el penúltimo— de la PanAmerican en salir de La Habana.

Me gradué de High School en el año 1968. Muchos de mis compañeros de escuela se quedaron en el área de Miami. A mí siempre me sorprende encontrar en el periódico, o en cualquier restaurante, a una persona con la que fui a la escuela. Por ejemplo, hace poco me encontré con el doctor Fernando Villasián, otro muchacho que había ido conmigo a Miami High.

En cuanto a mi vocación, escogí un aspecto de la carrera de mi padre, porque él no sólo era escultor y artista, sino profesor. La conexión con mi padre había sido verbal, no práctica: él me involucraba en sus debates y me hablaba de José Martí y de la historia cubana. Mi padre diseñó y construyó la tumba de Martí [en el cementerio de Santa Ifigenia], así que había tenido que bregar con una serie de monstruos políticos. Nuestras conversaciones versaban sobre política, literatura, música, arte e historia del arte, y sobre una serie de temas que él manejaba. Todo esto fue una suerte de entrenamiento para mí. Pero, en cambio, yo no pude trazar jamás una línea recta.

Mi padre nunca nos enseñó, ni a mi hermano ni a mí, nada de su profesión. Era de la filosofía de que la vocación entra sola o no entra. Sin embargo, eso no ha significado un trauma. Adoro las artes visuales, y cuando voy a una ciudad visito primero los museos. Tengo una gran colección de libros de arte, y también la obra de mi padre, que he heredado. Todo lo que involucre al ojo siempre me ha fascinado.

Existe la superstición de que en los primeros años salieron de Cuba los batistianos. Pero sería interesante deslindar el período de 1959 a 1962, el año en que nosotros salimos, pues lo cierto es que hubo una serie de oleadas de exiliados, en esos escasos tres años. Y en efecto, en los primeros tres meses salieron los batistianos, porque sabían que, si no, se las arrancaban. Después está la gente que salió entre 1960 y el 61, hasta abril del 61, antes de la invasión de Bahía de Cochinos. Luego está la oleada a la que pertenece mi familia, que no era precisamente simpatizante del régimen de Batista, sino una familia de profesionales, que eran quienes en ese momento tenían los contactos y los recursos para salir del país, porque se necesitaban contactos y recursos para salir del país entonces.

Hace poco leí una referencia a mi padre en un libro de Norberto Fuentes, el que dedica a la vida de Fidel. Guillermo Cabrera Infante ya me había señalado que existía en ese libro una referencia al «escultor batistiano Mario Santí». La busqué y, efectivamente, allí estaba. Pero, conociendo los trucos de los escritores, consulté directamente al autor, pensando que no era el propio Norberto quien lo decía, sino Fidel Castro, a quien Norberto ficcionaliza en su libro. Entonces Norberto me llama, y da la casualidad de que había sido alumno de mi padre en San Alejandro. Me dijo que le constaba que mi padre no era batistiano.

Aproveché para explicarle que esa filiación con el régimen de Batista era totalmente absurda. Mi padre era el mayor de dieciséis hermanos, y el segundo hermano había sido un revolucionario llamado Modesto Santí, que estuvo involucrado en pequeñas conspiraciones políticas que, desde mi perspectiva actual, percibo como gangsterismo seudo revolucionario. En el año 1943, durante el primer período presidencial de Batista, Modesto fue detenido y encarcelado. Mi padre fue a visitarlo al calabozo, pero al día siguiente lo llamaron para decirle que mi tío se había suicidado. Inmediatamente mi padre reclamó el cadáver y ordenó una autopsia. Al parecer, el suicidio había ocurrido por un tiro al hígado desde el costado derecho... ¡pero mi tío era zurdo! Si en ese momento Batista era una persona que despertaba simpatía en el pueblo, para mi padre se había convertido en un ser muy odiado. Norberto fue honesto. Me dijo: «Tu viejo me había contado todo esto, pero se me había olvidado». Lo que quiere decir que en un próximo tomo de *La autobiografía de Fidel Castro*, quizás aparezca la aclaración del malentendido.

Por cierto, Batista gustaba rodearse de gente sabia. Se enorgullecía de ser amigo de músicos, profesores y arquitectos, y parece que se veía a sí mismo como un déspota ilustrado. Y recuerdo una anécdota muy viva, el primero de enero de 1959, cuando descubrí –descubrimos todos en la familia–, que mi padre había estado haciendo en su estudio unas cabezas en barro de Fulgencio Batista y de su esposa, Martha Fernández de Batista. Eran dos cabezas que se unían sonriendo, y recuerdo también el hecho de que Batista estaba con traje y corbata, que se le veían las solapas, y que tenía muy bien trabajada toda la cuestión de ese pelo lacio, peinado hacia atrás con brillantina. Y Martha Fernández sonriendo, con un collar de perlas, todo esto en barro. En ese momento estaban entrando los barbudos en tanques a La Habana, y mi padre saca el busto y nos pide, a mi hermano y a mí: «Empiecen con dos mandarrias a desbaratar esto». Claro, para nosotros era la cosa más divertida del mundo, y empezamos inmediatamente a meterle mandarriazos a la estatua, y en menos de tres minutos Batista y Martha Fernández habían desaparecido del mapa.

2. Primeros amores y otros desengaños

¿Por qué estaba esa escultura en el taller de mi padre? Pues porque lo habían obligado. Batista había llamado a la Academia de San

Alejandro, y había pedido específicamente que Mario Santí hiciera unas cabezas de él y de su mujer. Mi padre estuvo dándole largo al pedido hasta que un día se persona un coronel de la policía en el taller que papá tenía en la calle Zapata, y le dice: «Chico, ¿por qué tú no le haces el busto al General? ¿Qué te cuesta hacer ese busto?» Mi padre le respondió: «Es que estoy muy ocupado. Mira, francamente, no sé si pueda realizar una obra así». A lo que el coronel de la policía le responde: «Bueno, te doy una semana. Si en una semana todavía estás muy ocupado, me temo que te voy a tener que cerrar el estudio, ¿qué te parece?». Ya, desde entonces, existían oficiales que «atendían» a los artistas.

Por fin me fui de Miami en el año 1968, para asistir a la Universidad de Vanderbilt, en Nashville, Tennessee. Sólo regresaba durante los veranos, y perdí un poco el contacto con la comunidad. Después me casé por primera vez, en el año 1972, y me fui a la escuela graduada de la Universidad de Yale, donde mi destino se marcó por el encuentro con dos maravillosos profesores. Uno de ellos fue José Juan Arrom, el gran filólogo, uno de los fundadores de los estudios latinoamericanos en los Estados Unidos, y el otro, Emir Rodríguez Monegal, que acababa de llegar a Yale y que ya para entonces era una especie de *bête noire* de la izquierda. Estuve cuatro años en Yale, haciendo mi doctorado, y me gradué en el año 1976. Arrom y Monegal eran dos monumentos entonces, muy respetados, y recuerdo con especial cariño un seminario donde Arrom enseñó, y donde leí por primera vez, a José Martí. Pero con quien me sentía más a gusto era con Rodríguez Monegal, por su simpatía, y porque enseñó un curso sobre Pablo Neruda y otro sobre Octavio Paz, y otro sobre Jorge Luis Borges. Disfruté muchísimo esos cursos, y sobre todo las lecturas, porque Emir, el pobre, no era un buen profesor, aunque tenía un millón de anécdotas. Era muy desorganizado, constantemente estaba fuera, dando conferencias. En realidad, era un hombre de letras, para quien la enseñanza venía como algo accidental o marginal; un hombre de letras en el sentido francés de la palabra, una persona que disfrutaba estar en las tertulias, en las aperturas de exposiciones, un director de revistas que viajaba muchísimo y escribía biografías literarias, como las de Horacio Quiroga, Neruda y Borges.

Su problema político con la izquierda hacía que yo me sintiera a gusto con él, porque precisamente en ese momento José Juan Arrom era simpatizante del régimen de Fidel Castro. Fue muy difícil abordar el tema con el propio Arrom. Tuve que ser muy honesto y decirle que a mí me interesaba trabajar sobre Neruda con Rodríguez Monegal. Arrom era una persona tan decente que nunca hizo ningún comentario al respecto. Al contrario, me escribió una carta de recomendación muy positiva y me alentó en mis estudios. Después lo dejé de ver, pero Arrom fue muy importante para mí, pues me ayudó a definirme como académico, y a definir el tipo de moral crítica que yo debía ejercer, el tipo de compromiso que yo debía tener con mis estudiantes, con mi carrera. Y a pesar de ser unos años muy difíciles, de aprendiz de profesor, o profesor asistente, logré a los pocos años la permanencia académica en Cornell, adonde me fui a enseñar en el año 1977.

Mi primer trabajo publicado versaba sobre Borges y el Martín Fierro. Monegal decía que, más que en lector de Borges, uno se convierte en un «Borges' watcher», pues se leen y releen los mismos textos en espera de que pase algo. En cada relectura descubres un adjetivo, cualquier palabra, una frase que cambia tu percepción. Borges y Neruda, y no la literatura cubana fueron, entonces, mis primeros amores, mis grandes amores. La literatura cubana fue para mí un asunto secundario, quizás debido a una reacción defensiva contra los prejuicios políticos, o como reacción a las clasificaciones que exigen a los académicos dedicarse a las literaturas nacionales de sus países de origen. Yo quería romper con esos prejuicios, y creo que esa fue la razón de que me dedicara a Neruda en mis primeros años.

3. EL COMEDOR VACÍO

Mi primer libro, Pablo Neruda: *The Poetics of Prophecy* es del año 1982. He sentido una gran pasión por la obra de Neruda, a pesar de no simpatizar con su estalinismo. Cuando le dije a mis padres que iba a dedicar mi tesis a la obra de Neruda, se indignaron. ¿Cómo iba a hacerles eso? Pero, en el momento de mi graduación, mis padres me regalaron las *Obras Completas* de Pablo Neruda. En tanto que poeta, mi percepción de Neruda no ha cambiado mucho desde mi primer libro. Lo que sí ha cambiado es mi percepción de su moral poética. O más bien su conducta personal como poeta. Y el hecho de que utilizara su posición de poeta internacional para justificar lo injustificable, como el castrismo, o el estalinismo, o el allendismo. Hubo una serie de causas en las que se equivocó, aunque nunca tuvo el valor de admitirlo, si bien hay una frase que aparentemente salió en el diario *L'Express* de París; es una breve entrevista en la que Neruda dice: *Je me suis trompé*.

En mi primer libro hablé mucho sobre las cuestiones formales, quería mostrar cómo la tradición romántica se transformaba en algo que llamé entonces expresiones «proféticas». Me interesaba la expresión del visionario, la expresión bíblica, la visión apocalíptica. Eran formas retóricas, genéricas, que exploré en ese momento. Pero cuando se me dio una segunda oportunidad de trabajar sobre los textos de Neruda, la aproveché para expandir mis conocimientos sobre su obra, llevé a cabo un detallado trabajo de archivo, y abordé el problema del marxismo, que no había tocado en mi primer libro, y por lo cual recibí duras críticas. Me refiero a mi ensayo para la edición crítica del *Canto general*, de Ediciones Cátedra, 1990.

Justo el año anterior había estado en Chile haciendo un estudio sobre los arquetipos del *Canto general*, en el contexto biográfico y en el contexto político. La persecución de Neruda por González Videla; su exilio y su fuga a Argentina, después a Europa y finalmente a México; el hecho de que haya dos ediciones del libro, una clandestina y una pública... Cuando me disponía a terminar la edición, gracias a una beca en el Woodrow Wilson Institute, de Washington D. C., cae el muro de Berlín, y me veo metido en la escritura de un trabajo sobre este monumento de la poesía «sovietizante», por así decirlo, y me doy cuenta de que la lectura de Neruda no podía ser ya la misma, que no podía hablarse de Neruda sin abordar sus grandes contradicciones. Desperté a ese momento histórico, y me vi en medio de un grupo internacional de investigadores, en el Instituto Woodrow Wilson, rodeado de *scholars* de Europa oriental: de Rumania, de Hungría, de la R.D.A., de Checoslovaquia, de Bulgaria. Todos nos reuníamos en el comedor del centro y, al principio de la crisis, el comedor estaba repleto, pero a medida que la crisis se agudizaba, íbamos perdiendo más y más comensales: al húngaro lo habían llamado para hacerse cargo de la policía en su país; otro de ellos pasó a ser asesor del nuevo presidente de Polonia; la gente regresaba a ocupar plazas, y se me fue revelando que se trataba de disidentes en el clóset. Así fue como adquirí conciencia. Y Washington es el lugar inevitable para adquirir conciencia.

4. En el Palacio de la Revolución

En el año 1978, y por razones que, o se me han olvidado o desconozco, me invitan a ir a Cuba como parte de un grupo de intelectuales, en el llamado «diálogo». Esa primera visita a Cuba fue muy controlada y muy breve, pues duró apenas tres días, aunque tuvo mucha repercusión en Miami. Tuvo repercusión también dentro de Cuba, como bien tú sabes, pues estuviste entre el grupo de presos que liberaron, y posiblemente fueras una de las personas que más atención prestó a este momento.

También significó mi regreso a Cuba después de dieciséis años, cuando ya era otra persona. Asistí al Palacio de la Revolución, donde tuvieron lugar las conversaciones entre una serie de personajes del régimen, incluyendo al propio Fidel Castro, y trescientas y pico de personas, entre quienes me incluía. El embrujo, el hechizo de estar allí, el efecto del poder, impidió que mi capacidad crítica entrara en funciones. Simpatizaba con ciertos aspectos del proyecto, digamos que con la posibilidad de un diálogo crítico con el régimen. La premisa era que se iniciaba una nueva era, y esa nueva era contemplaba varios puntos: uno, la amnistía de los presos políticos; dos, las visitas de los familiares a Cuba; tres, el intercambio de escritores y profesores; y cuatro, la libertad de expresión. Había en mí algo de narcisismo y, desde luego, experimenté la sensación de estar en el candelero al conocer personalmente a Lourdes Casal, a Marifeli Pérez-Stable, a Román de la Campa, a toda una serie de profesores e intelectuales con los que había estado en contacto y que me hablaban de esta gran propuesta. Una iniciativa precedida por las labores del grupo Antonio Maceo, los «maceítos», al que yo no había pertenecido, pero al que pertenecían personas que yo conocía, como José Quiroga, William Luis y Adriana Méndez-Rodena, que hoy tienen una perspectiva crítica, pero que en ese momento también formaban parte de todas esas iniciativas del régimen. Sentí la misma euforia ingenua y acrítica en el año 1978, y después, en 1979, cuando regresé a Cuba por un período más extenso. A lo largo de los años el régimen ha propiciado episodios de reconciliación, de nuevos aires, o de lo que podrían llamarse «períodos críticos». El primero fue el «diálogo», pues aunque después vinieron otras iniciativas, como las de Armando Hart, o las de Abel Prieto, con el fin de reunir gente del exilio y llevarla a Cuba a hablar sobre cuestiones de nacionalidad, o de literatura, creo que el «diálogo» fue el modelo.

En el año 1979 regresé a Cuba con otro contingente, entre los que recuerdo estaban Lisandro Pérez, Enrique Santeiro Garín, Ileana Rivero, Emilio Bejel, José Piedra, la compositora Tania León y la actriz Ninón Sevilla. Todos íbamos como de exploración a una de las lunas de Saturno. Viajamos en guagua de La Habana a Santa Clara, pero nunca pasamos de ahí, y nos llevaron a fincas agropecuarias y otros proyectos modelos de la Revolución. Al regresar a La Habana, tomé un avión y me fui a Santiago de Cuba.

Fue muy emocionante, porque no había regresado a la casa de mi familia en casi veinte años, y allí me encontré con un tío que había estado preso en Isla de Pinos, una ruina de persona, viviendo en una ruina de casa; y fue allí donde me di cuenta, verdaderamente, no sólo de la indigencia en que se vivía en Cuba, sino del terror dentro de esa indigencia. Mi tío, mi tía y mis primos pensaban que yo era un simpatizante del régimen, y por tanto la mascarada de nuestra conversación durante los cuatro días que pasé en Santiago me afectó mucho. El segundo viaje culmina en una conversación de varias horas que sostuve, a mi regreso a La Habana, con María Luisa Bautista, la viuda de Lezama Lima, quien me reveló la pasión de los últimos días de Lezama, en los momentos ulteriores al «caso Padilla».

5. LAS TRAMPAS DE LA FE

A mi regreso a los Estados Unidos, caí en una crisis de silencio. ¿Cómo defender aquello? ¿Qué hacer ahora con toda la gente que me había alentado y que me había dicho que existía una oportunidad de diálogo? Todavía esperábamos señales de un diálogo mayor. La Sección de Intereses cubana empezó a mandarme las listas de presos. Tú estabas ahí. Me empezaron a mandar felicitaciones de año nuevo. Y claro, yo sin responder. Entonces sucede que, a finales del año 1979, Heberto Padilla sale de la isla y me invitan a ir a Dartmouth College con William Luis, Edmundo Desnoes, Miguel Barnet, Lourdes Casal, Sarah Castro Farens y Carolle Bengelsdorf, que era la mujer de Edmundo Desnoes. El *New York Review of Books* había publicado unos poemas de Padilla en traducción, y aproveché para leerlos en el encuentro de Dartmouth, y hablar de lo que esos poemas revelaban, sobre todo *La autobiografía del otro*. Las reacciones de Lourdes, Miguel Barnet y Carolle Bengelsdorf fueron muy críticas, me acusaban de justificar la amargura de Padilla. Fueron reacciones tan viscerales que me amedrenté y no seguí hablando.

A finales de 1979 tuve mi primer sabático y me fui a Tampa con mis padres. Estaba allí, dedicado a las formas retóricas genéricas, cuando de pronto sucede el Mariel. Yo no solamente lo vi, sino que viví el Mariel desde Tampa, porque allí llegaban las guaguas de enfermos mentales para partir hacia los puntos de relocalización. En ese momento me llama Rodríguez Monegal y me dice: «Ve a

Miami, porque acaba de llegar Reinaldo Arenas, tienes que hacerle una entrevista». Entré en contacto con Reinaldo Arenas durante una conferencia que, junto a Heberto Padilla, daba en la Universidad Internacional de la Florida. Creo que la mía fue una de las primeras entrevistas con Reinaldo. Ese encuentro, y el que tuve más tarde con Pepe Triana en Ithaca, y después con Antonio Benítez Rojo, me hicieron preguntarme cómo podía haber perdido mi sentido crítico. Estas personas eran los testigos de mi propia ceguera. Con los años, en conversaciones con Octavio Paz, comprendí que a esto se le llama «las trampas de la fe».

6. La negación del diálogo

La conexión que me faltaba hacer era que el Mariel había sido la negación del diálogo: a apenas un año de haberse celebrado «el diálogo», se contradecía el punto de su agenda que, además de la amnistía de los presos políticos, más me había conmovido: la reunificación familiar. ¿Cómo es posible que un régimen que se haya sentado delante de 375 personas y haya hablado de la necesidad de la reunificación familiar, haya hecho, apenas un año después, redadas en las prisiones y obligado a irse del país a personas que abandonaban a mujer, marido e hijos? Esto lo viví, y no solamente en Tampa, sino incluso en Ithaca, donde residía con mi familia, pues allí aparecieron dos marielitos que llegaron solos, que habían dejado familias en Cuba. Estaban en prisión y fueron arrancados de su país sencillamente porque el régimen no quería tener más presos, aunque se tratase, como en el caso de ellos, de presos comunes.

Para mí, la experiencia de haber ido a Cuba en 1979 fue la reedición de lo que mis padres y yo habíamos vivido al abandonar el país. Fue como repetir la escuela primaria. La relación con mis padres se volvió mucho más afectuosa, después de un período de distanciamiento. Según el psicoanálisis, sólo es posible el reconocimiento cuando se adquiere conciencia, en un momento de repetición. Pero lo que le puso la tapa al pomo fue mi relación con Octavio Paz, durante el verano que pasé en México, en 1982, cuando del estudio de Neruda pasé al estudio de Paz. Al final de ese verano pude hablar por fin con él, principalmente acerca de su obra, aunque el tema político era inevitable: primero, porque la política es parte de la obra de Paz, y segundo, porque siempre se interesó por el exilio cubano. Me hizo preguntas acerca de Lydia Cabrera, de Guillermo Cabrera Infante, de Carlos Franqui, y acerca de otros intelectuales como José Lezama Lima, a quien él nunca llegó a conocer, pero cuya obra conocía bastante bien. Mi relación con Paz, que duró desde 1982 hasta 1998–el año en que falleció–me permitió ver que la ordalía política y moral que yo había atravesado, era la misma que él había atravesado en los años 30, debido a que sus puntos de vista disidentes–cuando aún no se utilizaba esa palabra–se habían convertido en la punta de lanza de la izquierda latinoamericana y europea.

En la biografía de Sor Juana Inés de la Cruz, que Octavio Paz estaba terminando en aquel momento, la monja aparece como la primera disidente, una proto-pensadora perseguida por su diferencia sexual, pues no solamente es mujer, sino una mujer que tenía amores con otras mujeres, y una intelectual que se atrevió a cuestionar a las autoridades. El conocimiento de la obra de Paz, y sobre todo de ese gran libro que se llama *El ogro filantrópico*, fue muy importante a mis 32 años, pues entendí que, en mi tremenda ingenuidad y candor, no había reflexionado suficientemente sobre el punto de vista político. Ingenuidad, candor, y también esperanza, pues en toda ingenuidad hay mucho de buena fe. Había padecido de falta de crítica, y de falta de valor para enfrentar una situación sin tener miedo a hablar.

7. Un lugar incómodo

La academia siempre ha sido para mí un lugar más bien incómodo, un lugar donde no me he sentido totalmente a gusto. Y no es porque no me guste enseñar, pues he ganado varios premios en enseñanza, y no creo que haya otra cosa que disfrute tanto como estar entre estudiantes y conversar acerca de un tema de interés común, sino porque la burocracia académica termina matando la curiosidad intelectual.

Siempre le digo a mis alumnos que a mí no me interesan los estudiantes, que me interesan las personas; que no me interesan los cursos, sino las ideas; que no me interesan los profesores, sino las personas con quienes yo pueda compartir un interés. Y eso choca muchísimo, pues nadie espera ese tipo de retórica de un catedrático, pero creo que así debe enfrentarse el mundo de las ideas en las universidades, aunque le cueste a uno la popularidad entre sus colegas o la administración. Sobre todo si se tienen ideas políticas distintas. Y, claro, una de las grandes tentaciones, uno de los grandes peligros que enfrenta un académico, es confundir el estatus académico, la permanencia académica –y la arrogancia que ello pueda propiciar, la ambición que pueda provocar– con otras ambiciones que no siempre son únicamente de poder burocrático, sino de poder político.

Afortunadamente, durante mi estancia en Cornell, no existía la pasión política que existe hoy en día, es decir, no existía el terrorismo ideológico que se desató durante los años de Bill Clinton y que todavía perdura, aunque ahora se haya transformado en otra cosa, que todavía no he podido definir. En aquellos momentos había un gran entusiasmo por el post-estructuralismo, pero era un post-estructuralismo filosófico, psicoanalítico, vagamente feminista, y digo vagamente porque en ese momento no se hablaba de las cuestiones de género más amplias, o de homosexualidad, o de colonialismo, aunque en la crítica latinoamericana ya se hablaba de estas cosas –*Calibán*, el famoso ensayo de Roberto Fernández Retamar, había aparecido en 1971–. En aquel momento nada de esto era caldo diario, y los temas que podían habermo señalado no eran todavía corrientes, de manera que, para el año 1982, cuando se me otorga la permanencia, ¡me les había escapado!

8. El canon

Uno de los primeros que habló acerca del canon, y sobre todo, del canon moderno, fue Fidel Castro. Cuando Fidel Castro dice, «dentro de la revolución todo, fuera de la revolución nada», está definiendo, está diciendo que aquellos que son críticos no pueden entrar en ningún libro, no pueden siquiera publicar, y no van a figurar en ninguna historia de la literatura. En cambio, figurarán aquellos que escriban acerca de «nosotros». Y eso me parece una señal de nuestra cultura, una cultura empobrecida por las arbitrariedades y las opiniones dictatoriales, que ha sido manipulada por cuestiones que no son literarias ni artísticas, sino sencillamente políticas, personalistas, y totalmente arbitrarias. Eso quiere decir que, mientras exista el régimen que existe hoy en Cuba, es ridículo hablar de un canon cubano, porque todo está contaminado por el demonio de la política, ya sea a favor o en contra, de manera que cualquier opinión estará necesariamente parcializada por valores extraliterarios. Ya de por sí el canon es parcializado, de eso no hay duda. La cuestión es si resulta moralmente aconsejable hacer semejante división: «estos valen, estos no valen».

Tal parece que sólo adquirimos conciencia del canon cuando parodiamos el canon; lo que equivale a decir que el canon contiene su propia parodia. Y en ese sentido es muy significativo que, en Guillermo Cabrera Infante, el canon aparezca como una burla de Bustrófedon, una burla condicionada por la manera en que los discípulos de Bustrófedon la recogen, pues él no quería que se publicara; al contrario, odiaba cualquier cosa que viniera por escrito. De manera que los discípulos traicionan al maestro. Bueno, ¡si eso no es traicionar el canon, entonces qué es! El canon es siempre autodestructivo, como la moda.

9. Infantería

No sabría decir si *Infantería*, la compilación de textos de Guillermo Cabrera Infante que editamos Nivia Montenegro y yo, es un gran libro; lo que sí puedo decir es que es un libro grande. Hace poco una amiga me dijo, «Chico, por qué no sacan una edición un poco más pequeña, es que ésta se me cae de las manos». Y recuerdo que el propio Guillermo me dijo: «Enrico Mario, con esto vamos a tumbar a Fidel». Le pregunté, «¿Cómo es eso, Guillermo?», y me respondió: «¡Tenemos que bombardear la isla con *Infantería*! Al que le caiga en la cabeza, lo mata». Tanto Nivia como yo empezamos a ir a Londres con mucha frecuencia, para interesarnos por su obra, por Guillermo y por Miriam. Hicimos buena amistad, y hablábamos mucho por teléfono. Era muy ocurrente, cuando tenía buenos momentos, claro, porque también pasaba por momentos terribles, en los que no quería hablar con nadie. Muchas veces se tomó por malas pulgas lo que en realidad eran sus depresiones, pues Guillermo fue un hombre profundamente enfermo, maníaco-depresivo, y padecía de lo que científicamente se llama hoy síndrome bipolar. Se pasaba horas, días y a veces hasta semanas sin hablar con nadie. Y a eso se unían sus quejas acerca del mundo literario, que él consideraba muy falso, tanto en Inglaterra como en Latinoamérica. Se quejaba constantemente del castrismo y de las actitudes de ciertos escritores, cubanos y latinoamericanos, y se quejaba también de los editores, que en muchos casos, como el de *Tres tristes tigres*, lo mantuvieron amarrado durante muchos años, y lo explotaron. Había motivos justificados para que Guillermo tuviera malos sentimientos hacia causas y personas.

No recuerdo quién decía que en el fondo de todo humorista hay un moralista. En Guillermo hay sátira, y comentario social, pero al mismo tiempo hay un gran comentario moral, crítica de costumbres, de personalidades, y crítica del poder; era un gran crítico del poder. Y esto es otro malentendido: mucha gente piensa que Cabrera Infante era un pensador político; él tenía opiniones políticas, tenía anécdotas políticas, tenía una familia que había sido muy política, pero él, en sí, no tenía ideas políticas, como Octavio Paz o Vargas Llosa, por ejemplo. Lo cual no quiere decir que de sus sátiras, y sobre todo de sus cuentos de relajo, no se desprenda un pensamiento político, o que a partir de ellos no puedan formularse ideas políticas.

10. Militancia retrospectiva

En cuanto a Reinaldo Arenas, fue un hombre que sufrió mucho, un hombre con un gran resentimiento contra la cultura literaria latinoamericana. Los insultos que le dirigió a Gabriel García Márquez son legendarios; y ahí está su polémica, a veces explícita, a veces soterrada, con Alejo Carpentier y con Severo Sarduy; o la venganza literaria en *El color del verano*: todas son reacciones al régimen de opresión que padeció. Pero últimamente se ha tratado de ver en Reinaldo a un militante de la causa gay, y no hace mucho un profesor –muy buena persona, por cierto–, que vino a la Universidad de Kentucky, dio una conferencia acerca de este tema. Yo le llamé la atención sobre el hecho de que Reinaldo, a quien conocí muy bien, jamás utilizó la palabra gay, excepto para burlarse de ella. Porque no sólo no le interesaba, sino que le parecía absurda: él era un militante anticastrista que además era loca, lo cual no quiere decir que haya sido un militante gay que, además, era anticastrista. Sostuve conversaciones con Reinaldo sobre la contaminación del arte, y de la literatura en general, por estas posiciones políticas, ya fuese la cuestión anticastrista o la situación homosexual, y decía que prefería ser considerado un escritor que era homosexual a ser considerado un «escritor homosexual». Siempre hacía esa distinción. Y por tanto, las desfiguraciones que se hacen hoy en nombre de una militancia retrospectiva, carecen de razón.

11. La entrada de Castro en La Habana

Si Severo Sarduy era apolítico, lo era sólo en el sentido de que no quería hacer públicas sus opiniones políticas. Hay gente que acusa a Severo de no haber sido consecuente consigo mismo, de haber querido ser demasiado complaciente con su entorno post-estructuralista y barthesiano, o como se quiera llamar. Claro, yo no viví esa época con Severo, aunque nos vimos y conversamos mucho. Pero Severo se burlaba tanto del lenguaje oficial en Cuba como del lenguaje oficial parisino.

Severo deconstruye en *Cobra*, como han demostrado otros críticos, la retórica post-estructuralista, sobre todo la de Jacques Lacan. Y la última sección de *De donde son los cantantes*, que lleva por título «La entrada de Cristo en La Habana» es, evidentemente, la entrada de Castro.

La última vez que conversé con Severo, sin saber que estaba enfermo, me dijo que había recibido la petición de publicar su obra en Cuba. Entonces le pregunté, «¿Por dónde van a empezar? ¿Por *Gestos*?», y él me respondió: «No. Yo quiero que empiecen por *De donde son los cantantes*». Y esa obra es su gran testimonio sobre la pérdida de la nacionalidad. Es una novela post-nacional, pues la escribe en relación al hecho de haber perdido su pasaporte, que no le permitieron renovar, y esa pérdida fue tremenda para Severo. Como respuesta, escribe un texto que no sabemos muy bien si es un poema, o una obra de teatro, o una narración, o una autobiografía. Pero no me cabe duda de que Severo tenía opiniones políticas, que eran muy críticas de la persecución de homosexuales –que él había padecido a través de sus amigos–, y que se negaba a ser recibido en Cuba, a pesar de haber sido invitado por el régimen en múltiples ocasiones.

12. LO INDISPENSABLE Y LO IRRELEVANTE

Existe un proyecto, del que me han hablado, de editar las *Obras Completas* de Cabrera Infante, pero todavía no estamos trabajando en esto. Debo decir que Guillermo dejó mucha obra inconclusa, además de *La ninfa inconstante*, que se presentará dentro de poco en la Feria del Libro de Madrid. Dejó otra novela que se llama *Cuerpos divinos*, y también un testimonio de su visita a La Habana en el año 1965. Hay mucha, pero mucha obra inédita suya que eventualmente irá saliendo. Cuando se publique en su totalidad, podrá verse que fue un escritor equivalente a Kafka en el siglo XX cubano.

Pero hay, además, un aspecto muy significativo en la obra de Guillermo –y por eso un libro como *Infantería*, además de grande, puede ser interesante–, y es algo que ha señalado Rafael Rojas: la obra de

Cabrera Infante es fragmentaria: puedes tomar *Ella cantaba boleros* y verás que es un libro en sí. Sacas las sesiones del psiquiatra en *Tres tristes tigres*, y es un libro de por sí. El texto «La amazona», de *La Habana para un infante difunto*, también. Los *Exorcismos de esti(l) o* son fragmentados. El libro *O*, es fragmentado. *Vista del amanecer en el trópico* es una serie de fragmentos. La imaginación de Cabrera Infante es una imaginación modular, muy influida por la obra abierta, aleatoria. Por eso la cuestión de la edición de los textos de Guillermo es, a un tiempo, indispensable e irrelevante.

También es cierto que él y Miriam Gómez –pues ella fue tan partícipe como él– organizaban el material muy minuciosamente, a fin de crear un cierto efecto. Aunque no se dice –ella tampoco ha querido arrogarse ese título–, y sobre todo cuando Guillermo estaba enfermo, Miriam era su amanuense, su mano derecha e izquierda. Guillermo era un escritor muy profesional que cumplía siempre, pero no era disciplinado, como un Vargas Llosa o un Octavio Paz, no era una persona que se sentaba en la computadora de diez de la mañana a doce del día. Precisamente por ser un hombre muy enfermo, no era posible saber cuándo iría a terminar algo. Su estado mental y emocional afectaba mucho su producción y no podía dedicarse a ella con el mismo profesionalismo que cuando era redactor de la revista *Carteles*, o director de *Lunes de Revolución*.

13. LA LENGUA ALUCINANTE

Yo no solamente escribo, también enseño y, por suerte, tengo una cátedra que me permite dedicar mucho tiempo a la investigación. Primero paso por un estado de hibernación, como un oso polar: me preparo para la gran salida, paso mucho tiempo recogiendo material. En el caso de Octavio Paz, llevo veinte años escribiendo su biografía intelectual, que me tomará por lo menos un par de años más. Va a ser un libro enorme, porque abarcará alrededor de setenta años de producción, en un viaje que parte del abuelo de Octavio Paz y llega hasta un momento posterior a la muerte del escritor. Y es que hablar de Paz en una biografía no sólo involucra a la persona o su obra, sino también a México y América Latina, todas las épocas por las que pasó Paz desde los años 30, desde la Guerra Civil Española hasta la masacre de Tlatlelolco y el regreso de la llamada democracia a México. También abarca mucha investigación acerca de su carrera diplomática, y cuando salgan todos estos documentos a la vista pública se podrá entender que el pensamiento político de Paz no fue accidental, sino que fue elaborándose, como quien dice, al pie del cañón.

Para la edición crítica de *El mundo alucinante*, de Reinaldo Arenas, estuve recogiendo material desde que conocí a Reinaldo Arenas. Él mismo me había pedido que hiciera una edición crítica, y yo se la había estado pidiendo a Ediciones Cátedra, hasta que por fin Jorge y Margarita Camacho obtuvieron el permiso y me pidieron que fuera el editor, hará como cinco o seis años. A partir de entonces comencé a leer y a releer, estuve cinco años meditando. El año pasado la terminé de un tirón. En ese sentido no soy un escritor prolífico; me cuesta mucho trabajo escribir.

Para mí el español no es fácil, siempre hay una interferencia del inglés. Como antes, de niño, había una interferencia del francés, porque fui a una escuela francesa. Esas interferencias de dos idiomas, que algunas personas –como Gustavo Pérez Firmat, por ejemplo– pueden manejar con mucha facilidad, para mí significan un verdadero problema. A veces releo cosas que he escrito y me digo, «¡Cómo es posible que yo haya escrito esto!» Me horroriza ver esas interferencias y traducciones de un idioma a otro. A veces Cabrera Infante decía: «Bueno, tengo buenas y malas noticias», pero esa no es una expresión española, es una expresión americana, *I got good and bad news*, y aparecía donde debería ir una expresión o modismo español o latinoamericano equivalente. Parte de mi conciencia del lenguaje es la desesperación nostálgica por encontrar el *mot juste*, a veces en medio de una conversación, y en esos momentos comienzo a pensar en una especie de *delay*, o transmisión diferida, para ver si no meto la pata al hablar. A veces me ocurre en clase.

Para mí el español siempre ha sido un problema. Siento que el idioma español no es mío. Es una angustia, y por eso hiberno. Me cuesta mucho soltar un texto, y por eso lo trabajo tanto, lo torturo, un poco como esos pies de Cobra: un texto mío es como las patas de Cobra. Yo empecé los estudios de literatura española y latinoamericana en *college*, cuando tenía veinte años, y esa demora vocacional la he sentido como un lastre: «¡Caramba, que lástima que no pude quedarme en Cuba para realmente absorber mi lenguaje!» Entre los doce y los dieciocho años, el tiempo que viví en Miami, escribía en inglés, y no es que escribiera poemas ni nada de eso, sino que iba a la escuela en inglés. Después, mis dos primeros años de *college* fueron en inglés y francés, y sólo más tarde fue que empecé a escribir en español. Una de las cosas que le debo a José Juan Arrom es que, al llegar a Yale, me preguntó, «¿Usted cómo se llama?», y yo le respondí, «Enrico Santi» [lo pronuncia sin acento en la i]. A lo que Arrom respondió: «¡No! ¡Usted se llama Enrico Santí, porque yo conozco a su padre!» Tenía razón, Santí había sido siempre mi nombre en Cuba. Cuando llegué a Miami me quitaron el acento. Lo que es decir: adquirí otro acento.

Allende en Ariza: Reminiscencias de un 14 de octubre de 1974

He contado en otra parte[1] cómo fui a dar a una celda de la Seguridad del Estado el 14 de octubre de 1974. Me sacaron de la escuela, el preuniversitario Jorge Luis Estrada, en Cienfuegos, bajo el falso pretexto de una reunión inaplazable. Como era desafecto y toda la escuela lo sabía, sospeché de las explicaciones que me ofrecieron los dos estudiantes de la Sección Cultural encargados de acompañarme, o más bien de escoltarme, camino al Ministerio de Educación.

Allí tuve que esperar un buen rato hasta que me llamaran. Vi al director, Rolando Cuartero, asomarse a una puerta, y un poco más tarde, aparecer a dos hombres vestidos de verdeolivo que portaban una carpeta con la orden de arresto («por diversionismo ideológico»). He confesado que en ese momento la sangre me abandonó el cuerpo, que sudé copiosamente y que me flaquearon las piernas. Así atravesé el patio de la antigua mansión convertida en ministerio, y así caminé por un zaguán recubierto de mosaicos hasta alcanzar la salida. Esa trayectoria, que me pareció interminable, ocurrió bajo las miradas acusadoras de maestros y funcionarios.

Ya en la calle, fui conducido a un Alfa Romeo sin marcas oficiales. Uno de los policías viajó conmigo en el asiento trasero; el otro enfiló el auto hacia la carretera de Cumanayagua. Traté de disuadirlos de ir a mi casa a fin de evitar un encuentro con mi madre, pero los guardias dijeron que debían hacer un registro. Creo que siguió un breve intercambio y que los policías lamentaron tener que aprehender a un muchacho de 18 años «por una tontería», y que censuraron mis «actividades subversivas». Yo respondí que «no había hecho nada».

---

[1] Véase «Fidel, el desaparecido» (p. 29 y ss.), en este mismo volumen.

Mis sospechas en lo tocante a la maldad esencial del Sistema (el castrismo, la revolución, el socialismo, o como quiera llamársele) quedaron confirmadas en el transcurso del arresto y el allanamiento. Mi detención era improcedente y cruel. Ahora unos extraños registraban debajo de los colchones, volcaban escaparates y libreros. A los parientes y vecinos que venían a esa hora a tomar café y visitar a mi madre los tomaron prisioneros. El registro duró alrededor de cinco horas, al final de las cuales los policías cargaron el Alfa de libros, revistas, cuadros y varias cajas de papeles. Partimos hacia un lugar no especificado que resultó ser el G2 de Santa Clara.

En el G2 pasé los primeros 30 días de encierro. Durante ese mes sentí terror, desesperación, remordimiento, y quizás hasta un poco de orgullo. Me consideraba superior a mis captores por el simple hecho de estar enterado del engaño, por saber lo que ahora sabía, aunque sin planteármelo en esos términos. De alguna manera, me regodeaba en el arresto, el registro y la humillación.

La primera celda en que caí era doble y en ella había otro recluso de apellido Peñate que llevaba meses encerrado por intento de fuga. Era veterano del sistema judicial castrista, que me describió a grandes rasgos, así como el funcionamiento del aparato penitenciario, en el que había pasado la mayor parte de su vida. Le dije que yo era un desafecto, un opositor al sistema, un espíritu crítico y un escritor peligroso. Le confesé que era estudiante de segundo año de preuniversitario. Peñate escuchó mi historia y se compadeció de mí, pero esa noche, la primera que yo pasaba tras las puertas de acero de una mazmorra, me pronosticó diez años de condena. Su cálculo me tomó por sorpresa. Finalmente, la petición de la fiscal fue de doce años; la condena de seis. Peñate me dijo que había caído en un hueco del que era imposible salir; o que sólo había salida hacia abajo, hacia las cárceles y los campos de castigo.

Esa madrugada me despertaron para el primer interrogatorio (los procedimientos del traslado desde la celda hasta el despacho del interrogador, a través de los pasadizos secretos del G2, han sido descritos por Valls, Valladares y otros). A partir de ese momento perdí el sentido del tiempo, no supe si era de día o de noche. Las pesquisas duraron todo el mes, y en ese tiempo conocí el organismo interno del régimen. Mi visión del futuro, mi aspiración a una carrera en lenguas clásicas, terminaron abruptamente la mañana del 14 de octubre de 1974.

El juicio tuvo lugar en noviembre. Los testigos de cargo fueron, por orden de aparición: mi amigo, el dramaturgo Oscar Álvarez; Marianela Ferriol, estudiante de tercer año y presidenta de la Federación de Estudiantes de la Enseñanza Media (FEEM); Rolando Cuartero, director del preuniversitario, y Armando Pérez, el Jefe del Partido. No retengo el apellido de la fiscal, pero recuerdo que su nombre era Marcia.

Los cuatro me acusaban del mismo delito, vagamente definido como «diversionismo ideológico». Explicaron la manera en que yo había circulado entre los estudiantes del Pre un poema contrarrevolucionario donde me burlaba del cambio del nombre de la avenida Carlos III por el de Salvador Allende. Recordaron que, durante las lecturas obligatorias de los discursos de Fidel, yo había solicitado retirarme, alegando aburrimiento e indiferencia. Luego de escuchar estas declaraciones, la fiscal ratificó la petición de doce años.

La sentencia llegó en diciembre, cuando ya me habían trasladado al vivac de Santa Clara. En ese momento tenía lugar allí una huelga de hambre de presos plantados. Dos celdas contiguas fueron vaciadas, requisadas y baldeadas (me asombró que la huelga requiriera esos minuciosos preparativos), de modo que no quedaran más que las literas desnudas. Los huelguistas venían de una prisión llamada Kilo Siete donde había comenzado la protesta, y llevaban varias semanas sin probar alimento. Vi a un grupo de esqueletos renqueantes penetrar en la oscuridad de la galera. Iban cantando el himno nacional.

Meses más tarde volví a encontrármelos en el campo de concentración de Ariza, al que me trasladaron en enero del 75. Allí supe que algunos de ellos habían quedado inválidos. También reencontré a Peñate. De mis compañeros de Ariza quiero recordar a Isaac Oviedo, Evaristo Tortoló, Orlando Lima, el gallego López Pico, José Manuel Castiñeira, Mundito, Mitre, Lalo, Stella, Jova, El Hierro, Masae'coco,

El Charro, Ulacia, Otto Meruelo, Luis Puig Tabarés y Bebo Cabrera. Entre ellos (abogados, campesinos, diplomáticos, maestros, actores, médicos y contrarrevolucionarios) completé mi educación, y de ellos aprendí la historia del presidio político cubano, desde Isla de Pinos, La Cabaña y Boniato hasta Manacas, La Huica y Nieves Morejón. Entendí que la cárcel era el reverso del mundo que había dejado atrás: aquí la dictadura operaba a cara descubierta, pero también los hombres se habían quitado la careta.

No teníamos nada que perder. Los presos de los años setenta éramos lo que hoy se conoce como desaparecidos, personas permanentemente borradas de los registros oficiales, y acaso de la existencia misma (no había entonces periodistas independientes que reportaran para el mundo exterior). El término de nuestras condenas era impreciso, la menor equivocación podía prolongar el encierro por varios años. Además, en las noches de apagón, cuando la planta eléctrica fallaba, los guardias de las garitas disparaban contra las barracas para evitar fugas. Me aconsejaron gatear hasta la puerta del barracón cuando se fuera la luz.

En esas circunstancias leí las *Cartas desde la cárcel*, de Antonio Gramsci, uno de los pocos libros disponibles en la pequeña biblioteca de Ariza. Clandestinamente conocí a Bulgákov, a Solzhenitsyn y a Gheorghiu, autores prohibidos «en la calle». Más tarde Tortoló me habló de Koestler, y Chema Castiñeira de Marcuse, Habermas y Cohn-Bendit. Otto Meruelo me describió el segundo mandato de Fulgencio Batista. Todos se admiraban de tener entre ellos a un joven opositor que no conocía nada más que el comunismo.

Debido a que mi causa (110/74) estuvo involucrada, así fuese poéticamente, en los acontecimientos del 11 de septiembre de 1973 en Santiago de Chile, debo referir aquí el episodio que marcó mi transición desde el anticastrismo juvenil al discernimiento atroz de pertenecer a una categoría de seres políticamente inclasificables, condenada a la indeterminación histórica.

El suceso tuvo lugar en la caseta donde se nos permitía ver la televisión. Era un quiosco sin paredes, con cuatro horcones y techo de zinc, provisto de seis bancos de concreto y un televisor sintonizado en el mismo canal durante cuatro horas del día. A veces el guardia de nuestra sección, portando la bayoneta reglamentaria desde que José Abrantes asumiera el mando del Ministerio del Interior, pasaba de largo.

Esa tarde divulgaban imágenes del Estadio de Santiago, otro de tantos reportajes sobre la situación chilena, aunque posiblemente fuesen imágenes de archivo, de 15 meses atrás. Mostraba a personas alegres, vestidas de civil, acompañadas de sus perros, de sus mascotas, fumando cigarrillos, tocando guitarras y cantando canciones protesta en las gradas. Los veinte o treinta reclusos que miraban el televisor intercambiaron miradas de asombro. Desde los bancos del fondo llegaron murmullos, y de pronto se levantó una carcajada.

El guardia fue a apostarse junto al televisor y desde allí lanzó una mirada amenazadora al grupo de televidentes. En ese preciso momento entendimos. Fue un entendimiento mutuo. El guardia comprendió que lo que mirábamos maravillados en el viejo televisor ruso era un atisbo de libertad —y nosotros fuimos los testigos de su iluminación. El guardia nos vigilaba como quien cuida a un grupo de niños asomados a la vidriera de una juguetería.

Lo que veíamos eran personas en plena posesión de su humanidad, de unos derechos básicos que a nosotros nos habían sido arrebatados. Aún pereciendo, esas personas ganaban, morían victoriosas. Habían sido narradas, televisadas, absueltas, humanizadas. Creo que el guardia vio envidia en nuestros ojos, el sarcasmo y el desprecio de los que llevaban más de una década en un campo de castigo, vestidos con uniformes grises y gorras con orejeras importados del sistema penitenciario soviético, y creo que sintió vergüenza.

La situación de los presos de Ariza se prolongaría aún otras cuatro décadas. El presidio político cubano sobrevivió la obsolescencia del Estadio de Santiago, el plebiscito de Pinochet, la llegada de la democracia a Chile, las presidencias de Aylwin, Frei, Lagos, Piñera y Bachelet. Podría decirse que los cubanos le envidiamos a los sudamericanos el paso de las dictaduras a la democracia. Los jóvenes chilenos que llegaron a Cuba hace cuarenta años como refugiados políticos, y que continuaron camino a Estocolmo y Berlín, hoy son diputados, ministros y senadores socialistas, miembros distinguidos del mismo parlamento que Allende quiso desbandar en 1972.

Un rayo de gris

PEDRO ÁLVAREZ EN EL PAÍS DE LAS MARAVILLAS

Hay tantas razones para considerar a Pedro Álvarez un «hombre nuevo», que resultaría imposible tratar de enumerarlas. Los filósofos se encargarán algún día de esa tarea: por lo pronto, vuelvo a lamentar su muerte y a adelantar un par de opiniones sobre su vida y obra.

Como pintor de nombre genérico, Pedro se me antojaba un clon socialista; lo imagino todavía como lo vi la última vez en la galería Gary Nader: vestido de caqui, con espejuelos de armadura Dorticós, ponchando la tarjeta en el reloj de la Fantasía.

Cronológicamente, es un caso típico: nació en el 68 y murió en 2004, sin alcanzar a ver el crepúsculo de los muñequitos –el tan esperado *That's all Folks*, en la voz gagueante de Porky Pig: su vida es un subconjunto en el conjunto mayor que representa el eón castrista, y todo su ser, de principio a fin, cabe dentro de los límites ontológicos de ese evento.

«No conoció nada más», diría un cubano de Miami: por muchos viajes que haya dado, por muchas universidades que haya visitado, el límite impuesto a su cono de luz le escamoteó el más allá –«la Cuba que reía», la que pintó en insuperables lienzos–, aunque no pueda impedirle ser visto, incluso por generaciones futuras: su obra es la expresión acabada de nuestro tiempo, y testimonio de los que, como él, nacieron y murieron con un nombre común en una era común.

La primera impresión que nos deja su vida es la de haber transcurrido en un escenario de los muñequitos, desplazándose a la velocidad de la luz entre la Cuba del Período Especial y un país de las maravillas situado en los antípodas de La Habana: en sus cuadros los extremos se tocan.

El socialismo, ya lo sabemos, produce hornada tras hornada de artistas, aunque sea incapaz de producir otras cosas –y Pedro Álvarez fue el artista arquetípico. Los Winston Smith del socialismo, tras ser expulsados de la realidad histórica, devienen anticuarios de la memoria: en cuanto a los Pedros Álvarez, expulsados, además, de la realidad real y no sólo de la histórica (un país donde la revolución se vuelve permanente carece, por principio, de la última), serán los parias de un tiempo unidimensional, como el del *cartoon*.

Nuestro hombre nuevo, impedido de manejar otros materiales (económicos, digamos, el *ding an sich*), aplicará la tecnología del saber adquirida en la academia de arte hacia lo impalpable y subjetivo. El estado «artístico» es, entonces, el estado natural del hombre socialista, exento de obligaciones materiales, −en su caso, las instancias superiores han decretado que no las tenga− pues la prohibición de la realidad «real» es el primer decreto de un totalitarismo.

Tampoco deberíamos apresurarnos a concluir por ello que el hombre nuevo desarrolla una espiritualidad superior: la espiritualidad, para no malograrse, necesita, paradójicamente, de una relación saludable y actualizada con la realidad de la materia y las relaciones de producción que se deriven de ella en cada momento histórico. Las sociedades avanzadas producen hombres multidimensionales, las subdesarrolladas no. Los nombres lo dicen todo: Gustavo, Winston Smith, Iván Denísovich, Pedro Álvarez.

Al contrario del arte producido por otros fascismos, el nuestro −a causa del ingrediente de «ligereza y abandono» implícito en la interpretación que Occidente dio a «lo cubano»− no llegará a figurar como denuncia en el catálogo razonado de los crímenes del siglo, sino, arbitrariamente, como testimonio de una felicidad: la fruición que produce la misma persona del hombre nuevo devenido creador, el producto acabado de un relevo de paradigmas.

El artista, como «producto» del socialismo, es quien imprime a su creación ese elemento frívolo inherente a cualquier mercancía. Después de todo, la sociedad socialista logró que el votante, el esclavo y el ciudadano alienado del capitalismo se convirtieran, *en masse*, en productores de arte, y esa «plenitud» renormaliza, a los ojos del consumidor occidental, la acusación implícita en la obra del artista −al tiempo que degrada la invectiva (cuando apunta al régimen) o la confesión (cuando el crítico muestra sus propias heridas) a un simple juego, a una queja pueril, a una especie de «ahí viene el lobo» inconsecuente.

La culpa del malentendido la tiene, en última instancia, el mismo artista: él (no su obra) es la encarnación de un contrasentido imposible de aprehender por el *outsider*. Su éxito, su independencia, las marcas de su estilo, el hecho de que se exprese con tanta habilidad y fluidez en el lenguaje artístico contemporáneo, se representa, a los ojos ávidos del coleccionista, como apetitosa encarnación del Capital —si bien de un capital amasado en «riqueza artística»—, aún cuando en sus parábolas y retruécanos el pintor delate un panorama de terror y grisura, de desconfianza y opresión, que refute sus propios presupuestos estilísticos.

Utilizar los medios «fríos» del arte capitalista para expresar el horror «caliente» de un fascismo contribuye a la confusión y el desplazamiento del sentido. Y el artista, siempre alerta a las fluctuaciones del gusto, terminará adoptando la perspectiva del marchante: su obra hablará, «a la ligera», de los peores crímenes.

Digámoslo de una vez: los pintores cubanos han sido obligados por el público de la galería capitalista a callarse la boca para no alarmarlo con sus quejas. El que conozca al marchante norteamericano que compra y colecciona arte cubano, sabe que ese mercader está situado en el reducidísimo margen de los inversionistas, o en la fracción demográfica, más reducida, de la élite académica, mediática e intelectual: entre ellos, lamentarse en público es considerado de mal gusto. Así que nuestro pintor, obligado por los imperativos mercantiles, aprende a decir que se trata sólo de un chiste —de un sarcasmo, a lo sumo— enunciado en el *small talk* común entre gente de clase. A su obra empieza a tratársela como una broma, jamás como una denuncia, y en ningún caso se la equipararía con la crítica de un Beuys, un Kiefer, un Basquiat o un Guayasamín.

Estamos listos, ahora, para imaginar el caso frecuente de un *dealer* que invita al artista cubano —un miembro de la academia o del consejo de directores del museo que lo expone— que sea, al mismo tiempo, *apparátchik* de alguna iniciativa «latina», o de uno de los innumerables proyectos para la propaganda del «arte del barrio» en Estados Unidos, obligado por el sistema de becas y subvenciones a presentar su mercancía como *arte povera* y, al mismo tiempo, como muestra palpable de la «riqueza artística» de que es capaz el sector marginado que él representa. En este panorama ideológico irrumpe nuestro artista –un artista que (incidentalmente) cumple con (por lo menos) dos de los prerrequisitos liberales: ser vagamente «latino» y parecer vagamente marginado (aunque, en el caso de Pedro Álvarez, las clasificaciones resulten inadecuadas, por tratarse del abanderado de una herencia figurativa acendradamente europea, agraciado, para colmo, con un nombre de conquistador).

De cualquier forma, la fluidez extrema y la patente arbitrariedad de las taxonomías culturales que categorizan lo «latino» en los Estados Unidos, permiten pasar gato por liebre y vender a Pedro (o a Toirac, o a Kcho) por lo que no es. El artista cubano llega, entonces, cargado de enormes riquezas, y el burócrata «latino», que se ha pasado décadas insistiendo en que esta es, precisamente, la «riqueza» que vindica a la ficción socioeconómica (empobrecida y desheredada) que él «representa», reconoce allí la doble oportunidad de probar su tesis y de pagar las deudas: el pintor cubano trae de su isla pobre más riqueza artística que toda la que ha producido el arte «del barrio» y el arte «latino» en múltiples generaciones, y lo que es crucial, del tipo de patrimonio que el burócrata de los programas de estudios latinoamericanos puede transformar, casi alquímicamente, en dólares contantes y sonantes.

Evidentemente, el *vernissage* donde se promueve la «abundancia espiritual» del fascismo cubano no es la ocasión de insistir en el mensaje político (y políticamente incorrecto) derivado de una pericia técnica que atestigua, «felizmente», todo lo contrario. Sería mucho pedirle a un público entrenado en pensar a Cuba como isla bienaventurada, que hiciera la distinción política entre los medios y el mensaje.

Además: este tipo de arte, que las galerías de Soho y de Los Ángeles desean, es tratado con la misma reverencia que el arte de los blancos, pues no viene lastrado por condicionamientos «étnicos». Ni el fenómeno de mercado, ni el fenómeno social que, a partir de los noventa, provocó la invasión de artistas cubanos en Norteamérica, ha sido analizado correctamente —quizás porque las conclusiones que se desprenden de tal análisis, a nivel local, resultarían poco halagadoras para la nomenclatura latina de las artes.

He mencionado dos:

1. Se trata, en definitiva, de una conquista del arte europeo y norteamericano, a través de su enclave cultural cubano, disfrazada de «aborigen» y «folclorista» por curadores mañosos.

2. El burócrata «latino», interesado en celebrar la «riqueza» artística de los cubanos de la Isla, olvida —a la hora de efectuar las conexiones lógicas— que el «boom» del nuevo arte cubano está sospechosamente emparentado con el «milagro económico» de los inmigrantes de Miami. Lo «exitoso», en ambos casos, sería característico de lo cubano en sí, antes que de lo latino «para nosotros».

Podría citar otras. Pero, volviendo al asunto de las interpretaciones: incluso la crítica de Joseph Beuys se entenderá más fácilmente en Estados Unidos por estar situada en un marco de referencias que resulta familiar al militante de la academia. Pedro Álvarez, por ejemplo, habló de un fascismo real, pero el malcriado de Basquiat se llevará siempre la palma. La denuncia de Basquiat no se refiere a un gueto situado en el lejano barrio de Cayo Hueso, ni a un lavado de cerebro que apunta a una educación guevarista, sino a la violencia física y mental de las calles de Brooklyn y el Bronx. La efectividad del discurso político está garantizada por la misma maquinaria que hace inteligible un detergente o una marca de cigarrillos. Una denuncia tiene sentido, únicamente, si viene inscrita dentro del sistema de signos de las sociedades industrializadas y sólo si se refiere a los lugares canonizados por el «uso» —los lugares comunes que Norman M. Klein, en *The Vatican to Vegas*, ha llamado *scripted spaces*.

Si nos aproximamos a la estética de Pedro Álvarez, veremos enseguida que sus muñequitos son anteriores a la animación japonesa, al reino ilustrado de Miyasaki, ajenos incluso al universo de *Nintendo* y de *PlayStation*: se trata, evidentemente, de «muñequitos republicanos». Su paleta pertenece al catálogo de la *Sherwin Williams* y sus bosques y grotos han sido coloreados por duendes protestantes. Tampoco el dibujo abandona nunca el élan romántico: su San Alejandro es un retiro campestre para pioneros bañados en aguarrás.

En cuanto a sus yuxtaposiciones, diríase que tienen algo de forzado, y no porque las realidades separadas a que aluden sean irreconciliables, sino porque su relación «natural» ha sido negada. Las relaciones históricas «contra natura» son el tema de las apropiaciones artísticas de Pedro Álvarez: un conflicto entre lo que Cuba es (una comarca de lo norteamericano) y lo que se pretende que sea (los antípodas de lo norteamericano) que viene dada en sus cuadros como tensión dialéctica. A nivel del cómic, lo cubano y lo norteamericano se confunden: son términos concomitantes, o por lo menos (Pedro lo expone en el lenguaje de Lewis Carroll) co–posibles.

La promiscuidad cubano-americana de sus imágenes resulta difícil de aceptar al principio, para luego revelarse como absolutamente necesaria. (Un Chevrolet del 59 estacionado frente al castillo Falkenstein, ¿existirá algo más lógico?) Sus comentarios parecen transgredir siempre alguna ley, algún principio de realidad: un tabú impide que la cohabitación «natural» de lo cubano y lo norteamericano se realice. De manera que arribamos, en su obra, a lo natural por lo antinatural –por el cómic, por la realidad «animada»– aunque la animación de esta relación debió haberse dado primero en la naturaleza.

Sus cuadros cuentan la historieta de un niño que, como el Hansel de Grimm, escapó de la jaula donde la bruja le proveía comida, uniforme y salud gratuita mientras lo engordaba para el sacrificio. Que una pieza como *Al socialismo debemos hoy todo lo que somos* (1994) haya alcanzado precios surrealistas en el mercado de imágenes –que ese cuadro amargo cuelgue en los salones donde se beben cócteles y se comen bocadillos– debió ser, para un introspectivo como Pedro Álvarez, un error que emula su propio sarcasmo. Su Historia fue a parar, por arte de magia, al cajón de la historieta –al catálogo de las fábulas inconsecuentes para consumo de la crítica. Su muerte temprana resultará, así, doblemente trágica: porque, como al Pedro del lobo, no lo creyeron, y porque su obra terminó siendo utilizada como argumento de la viabilidad mercantil del mismo orden que impugnaba.

Si retrasáramos los pasos del éxodo de artistas, y regresáramos al *big bang* que los lanzó a los cuatro vientos, llegaríamos al punto cero de que habla Pedro –al momento de la Creación– y entonces veríamos la infinita, casi inconcebible riqueza del país de las maravillas. Allí nos aguarda la punta del arcoiris –el 31 de diciembre de 1958, alrededor de las doce de la noche, a caballo entre el Ser y la Nada. Como exige la fábula, la bruja mandó a sus pájaros glotones y no hay regreso posible.

Así lo declara, en su poema «Mao», el poeta Carlos A. Aguilera:

> enemigo radical de y enemigo radical hasta–
> que destruye el campo: «la economía burocrática del arroz»
> y destroza el campo: «la economía burocrática de la ideología»
> con sus paticas un–2–tres

En *The Uses of Enchantment*, Bruno Bettelheim descubre, en el cuento de Hansel y Gretel, el primitivo temor a morir de hambre (la avaricia infantil por acumular alimentos, el instinto de «llevarse a la boca»), y concluye que la salvación, en ese mito, viene dada por «un deseo de volver atrás». Es la misma dinámica que reaparece en el arte del Período Especial, y que en Pedro Álvarez se manifiesta como un regreso nostálgico a la era del Chevrolet y de la República encantada. Así, su arte deviene el síntoma de un infantilismo de la economía política.

Las semillas derramadas indican el camino de regreso, o la dirección de la flecha del Tiempo –una flecha negra, porque apunta al pasado. Nuestra hambre será saciada en la cocina materna, en la patria recobrada. El Éxodo, consecuentemente, representa el instante inflacionario de máxima dispersión: Fernanda Decleva Caizzi describe la época en que Ptolomeo VIII expulsó de Alejandría a las profesiones ilustradas como el momento en que «they scattered over the cities and islands to produce a renaissance of cultural life», y apunta que, en tales circunstancias, «nothing remains, but the subjective».

Otra coincidencia: Pedro es el segundo niño que se precipita al vacío desde una ventana; la primera fue Ana Mendieta, la Gretel perdida que buscó en el suelo cubano el vestigio de sus propias huellas. Pedro podría ser su Hansel –o su Peter Pan, si ese nombre no tuviera las connotaciones macabras que comporta para el Exilio histórico. Pensemos, entonces, con infinita compasión, que Pedro entró en el «más allá» –en el reino encantado de la «Cuba que reía»– por la ventana que Ana dejó abierta.

Kcho Degas

Comentando al poeta esclavo Juan Francisco Manzano, el profesor Antonio Vera León se refiere al «estilo bárbaro» de la nación cubana; y Enrico Mario Santí, comentando al crítico, dice: «Para los escritores blancos que a un tiempo lo amparaban y explotaban [Manzano se había convertido] ...en una metáfora rentable dentro de la naciente narrativa».

El estilo bárbaro (o «desaliñado», como también lo llama Vera León), se hace popular; los blancos lo acogen, lo «amparan» y al mismo tiempo lo «explotan».

El estilo bárbaro de Kcho, como antes el de Manzano, se ha vuelto rentable dentro de la narrativa nacional contemporánea. Pareciera que el tema del amo y el esclavo, y su contrapunteo, regresaran con él a nuestra escena, un teatro bufo en el que el blanco se pinta la cara de negro. En este intercambio interesado, Kcho le presta su máscara a la dictadura.

Habría que comenzar por decir que, a diferencia de los tiranos criollos, los déspotas peninsulares poseían enormes reservas morales y que en ningún caso se hubiesen atrevido a «comerciar con el dolor ajeno». Por otro lado, la incuria extrema del fidelismo lo lleva a expropiar a sus víctimas e incautarles el sufrimiento. (Es lo que ocurrió con el martirio de Elizabeth Broton, la madre de Elián González: fue confiscado y nacionalizado). El sufrimiento se convierte entonces en fetiche, en mercancía seudo artística o seudo religiosa.

Caso curioso: al forzar el regreso de los que huyen, se da la situación grotesca de que los cimarrones devueltos sean obligados a tratar en términos familiares al negrero. «Después de mandarme años preso, después de botarme de la isla, después de robarme a mi sobrino-nieto, ¡ahora va a resultar que somos hermanos!», se ha quejado a un periodista el mayor de los González, al enterarse de que el niño Elián llamaba a Fidel «abuelo».

En esta comedia de errores hace su entrada Alexis Leyva Machado en el papel de Kcho. ¿Quién es este pedazo o desprendimiento de un ente mayor, del cual es sólo un trozo o parte? Si lo oyéramos explicar una pieza suya, (*Obras Escogidas*, de 1994, en el Walker Art Center, de Minnesota) que representa una balsa hecha de libros, quizás lo entenderíamos: «Mucha gente mira esta pieza y ve únicamente libros de marxismo, y cree que se trata de una obra política. Pero también hay allí libros de ciencia, de matemáticas y de geografía. Esta obra trata de literatura universal».

Podemos ahora imaginárnoslo sentado en las piernas de un ventrílocuo. A fin de cuentas, ¿qué cubano no sabe lo que significa una balsa? Kcho se limita a explicarla con las palabras del amo. Aprovecho esta declaración de Kcho para ilustrar una nueva, y rarísima, especie de sincretismo: la falsa conciencia del señor se introduce en el discurso del esclavo —y no como lenguaje artístico, sino como lenguaje de conveniencia, como lengua diplomática: el esclavo aprende a mentir como los blancos.

Los despojos del Monte sirven a Kcho para expresar la mitología, y la ideología, del cimarrón —es decir, del que escapa en balsa, del que cruza el mar. En realidad, es un objeto sacralizado (un objeto de altar, en tanto que objeto encontrado) lo que se coloca en la capilla de la galería. Son los fetiches quienes cuentan ahora la narrativa nacional: todos los que alguna vez escaparon hablan por ellos; los dioses de las travesías bajan allí. Sin embargo, en los catálogos elegantes y en las revistas de arte habla, por la boca del artista, el espíritu del amo.

Cierta explicación de cómo llegó a ocurrir la simbiosis de panteones católicos y yorubas durante los siglos de transculturación, refiere que los esclavos ocultaban sus ceremonias y deidades de los ojos de los señores, y que aprendían a fingir veneración por los dioses ajenos mientras invocaban en secreto a los propios. Si hay algo de cierto en esta teoría, mucho de la doblez y del doble lenguaje de aquel proceso sincrético perdura en el doble sentido que representan la persona oficial y la obra pública de Alexis Leyva Machado.

Hay un momento en la dialéctica del amo y del esclavo –condicionado, en el caso cubano, por las relaciones comerciales capitalistas, y por el relativo éxito literario o artístico del esclavo– en que el amo demanda de su víctima un tanto por ciento de las ganancias que éste obtiene con la venta de su «arte del sufrimiento». En unas relaciones clásicas de producción esclavistas, ese dividendo o plusvalía artística resulta inconcebible: la espiritualidad del esclavo era una zona que permanecía, por principio, improductiva. El supuesto de la improductividad espiritual del esclavo es, precisamente, el concepto erróneo en el que se basa toda esclavitud.

Pero, con Manzano, el esclavo canta. La canción del negro (ese producto espiritual por excelencia: en los Estados Unidos llegará a llamarse simplemente «spiritual», como si el amo se asombrara de encontrar «spiritu» en quienes suponía privados de esa cualidad) es el primer producto exclusivo, auténtico, del esclavo; una mercancía que únicamente él puede producir.

Andando el tiempo la canción llegará a ser mucho más rentable que el algodón o la caña de azúcar (en Cuba ha llegado a suplantar la producción agrícola). En la canción de Manzano, en su «spiritual», asistimos a los orígenes de la comercialización del sufrimiento, al nacimiento de la tragicomedia del espíritu de la música.

Hay que tener en cuenta que el electroproletariado norteamericano ya estaba listo para consumir lo «spiritual» cubano. Desi Arnaz había convertido a Babalú en un nombre de pila de la baja cultura. Tropicana, lo mismo que Babalú, es un tropo de la discografía yanqui: nuestra música de cabaret tiene nicho propio en la industria del espectáculo. (Por cierto: que haya sido Babalú Ayé, deidad de las desgracias y de las plagas, quien entrara primero al templo de la cultura de masas, cae dentro de una especulación puramente metafísica). El hecho es que Babalú, como doble encarnación del sufrimiento y de lo «spiritual», ha servido, desde su aparición en los años cincuenta, para divertir a un billón de televidentes de todo el mundo. Su capacidad de entretenimiento, en lugar de disminuir, aumenta con cada retransmisión del programa *I Love Lucy*.

Es a un escenario del cabaret Babalú –pero globalizado, y como anunciado por Ricky Ricardo– al que sube *Buena Vista Social Club* y, en cierta medida, Kcho. Su arte de balsero busca entretener a un público entrenado en el valor terapéutico del sufrimiento, y viene como anillo al dedo a unos productores diestros en sacar provecho a las «cubanerías».

Entre los sincretismos permitidos por el multiculturalismo en boga, lo taíno y lo kalabalí se confunden. Podría rastrearse una pizca de «canibalismo» temprano incluso en la música de los *Lecuona Cuban Boys*: desde entonces se le han sacado lascas al taíno chic. Curiosamente, el arte «desaliñado» y «bárbaro» que hoy puede considerarse karabalí, traía asociada la permutación de la letra C por la K. Así tenemos un *self-service* en La Habana con el nombre de Wakamba, un club Karabalí, una finca Kuquine y un balneario Kawama. Esta moda, llamémosla Modern Karibe, se debe igualmente a un sincretismo –mezcla de «negrismo» e «indigenismo»– que hizo furor entre la burguesía batistiana.

El coco, el yute y las semillas se pusieron de moda. Se estableció entonces un folclor de *Tencent* y una campaña publicitaria alrededor del tema de Tropicalia que dio acogida a las chucherías artesanales de lo ñáñigo. El cabaret Babalú y el *self-service* Wakamba deben rastrear su ancestro común en la escuela de diseño interior «atómico» de los cincuenta –Eames, Borges, Knoll–, que gustaba de añadir algún toque «bárbaro» a la eficiencia calvinista de sus entornos.

Como todo arte del buen salvaje –recordemos los fetiches de aquel otro gran navegante entre puritanos, el bueno de Queequeg– los idolillos de Kcho fueron malentendidos y prontamente incorporados a una cosmogonía cuáquera, congregacionalista y mormona (la galería de arte moderno es el templo frívolo de los espíritus subsidiados). Después de todo, la edad moderna comenzó con el descubrimiento de un nuevo mundo «salvaje», y el arte moderno, blanqueando las máscaras de otro arte negro. Pero, desde los tiempos de Ishmael y de

Ahab, nada había asombrado tanto a los coleccionistas como nuestra educación artística.

A propósito de educación artística, se hace obligatoria la siguiente pregunta: ¿necesitamos tantos pintores? ¿Graduaciones multitudinarias de pintores? ¿No representa el arte de Kcho más bien un excedente de «lo artístico» en la economía nacional y en nuestra economía espiritual? Por lo visto, lo que había que decir en ese terreno ya había sido dicho, en un lenguaje plástico establecido durante la República, por un puñado de pintores ingenuos, incluso francamente malos. ¿No estuvieron emparentados los planes de crear artistas y los planes de crear café *katurra*?

El arte de Kcho, o de los Karpinteros, ha tomado el lugar de la artesanía karabalí de otros tiempos —artesanía con los precios inflados para la galería y el museo— y responde al mismo interés del espectador batistiano, o calvinista, por lo «salvaje» y lo «tribal». De cualquier modo, nada puede salvar un anillo de $4400, que representa una balsa hecha de plata, de su calidad de excedente en la economía artística cubana (el anillo está disponible en una de las *boutiques* que venden joyería de Kcho en la Internet).

Hay quienes creen, incluso, que una llanta para llevar en el dedo no es más que un crimen cometido en nombre del arte. Se sabe que el arte demarca sus fronteras por sucesivas transgresiones. Penetrar en las zonas prohibidas —de la muerte, del sexo, o de la patria— es la manera en que el modernismo ha expandido sus territorios: es decir, por violación y conquista. Sin embargo, los jueces en Estados Unidos prohíben a los espectadores morbosos la contemplación de los lienzos de Charlie Manson, o los de Adolfo Hitler, que pintaba rosas.

La gente demanda contemplar el horror: le da lo mismo que sean las mujeres apaleadas de Nan Goldin o las lomas de esqueletos que retrató Lee Miller en Dachau. El arte de Kcho, sin embargo, no representa a los muertos directamente, sino que se ocupa del instrumento del crimen.

En la cámara de gas que es *la balsa*, la muerte es tan mortífera e insultante como en la otra, aunque mucho más limpia. No deja lomas de huesos: los huesos son barridos, como si dijéramos, debajo de la alfombra. Sólo que debajo de esa alfombra nadie podrá mirar nunca.

En la cámara de gas tradicional la muerte es rápida y segura. En la balsa la agonía dura muchos días, a veces semanas. El reo sufre alucinaciones: cree ver islas y ciudades con rascacielos antes de morir de insolación. Algo peor: en su delirio el cimarrón se ve libre.

Alrededor de la balsa merodean tiburones, y debajo de la balsa hay un abismo.

Una cámara de gas sólo puede ser una cámara de gas, una cámara de gas, una cámara de gas; pero a nuestra cámara de gas se le puede llamar «recámara», «neumático», «llanta», «chalupa», «esquife», o cualquier otro nombre engañoso y simpático.

Si alguna vez tuvo otro interés, es evidente que hoy, en el arte de Kcho, se representa la balsa con la intención exclusiva de satisfacer el morbo del público. Habría que entender el sentido real del arte-facto para poder aprehender también su carga semiótica: la balsa, inflada con el aliento de los que huyen, es, literalmente, *nuestra cámara de gas*. La señora que compra el anillo de plata llevará en el dedo una cámara de gas. Es decir, sólo aire, algo que no existe, la han timado. Y mucho me temo que el timo es, precisamente, parte del misterio de nuestras revoluciones artísticas.

El Castro de Kcho

El miércoles 8 de enero de 2014, durante la ceremonia de inauguración del Estudio Romerillo Laboratorio para el Arte, Fidel Castro reapareció en público. Vestía pantalón negro, chaqueta azul, camisa gris y bufanda verde. El artista Alexis Leyva Machado (Kcho), organizador del evento, se le acercó e intercambió con él unas frases de cortesía. En algún momento un fotógrafo tomó la instantánea que circuló como un bólido por los medios sociales: Castro asomado a un cuadro, una escultura o una instalación.

El tirano es sorprendido en un instante de contemplación. La cabeza cae en un ángulo de 45 grados desde el que puede observar la pieza y que posibilita un atisbo de su rostro a quienes lo miramos. Se establece una relación simétrica –e ilícita– entre el espectador de la obra y el público que mira al mirante. Este es un Castro atisbado, una de las raras ocasiones en que lo pillamos fuera de base.

No se trata del héroe de las grandes poses; al contrario, aquí Fidel luce decrépito, su legendaria intensidad reducida a un titubeo, aunque todavía quede el brillo autoritario, una dureza española, una violencia y una fijeza goyescas. El ojo de Fidel enjuicia, es un ojo crítico. Percibimos suspicacia y soberbia en el mirar. Ese vistazo furtivo declara, aún a estas alturas, que tratará la realidad –cualquier realidad– como una política, que no se dejará embaucar por la ilusión artística. En el fondo, esa mirada no mira, es una especie de ceguera.

Ahora vemos por primera vez lo que Fidel ve, somos testigos del vacío de su mirar, la opacidad que anula el objeto. El recuadro fotográfico es el hueco por donde nos vigila y por donde nosotros lo vigilamos: nuestras sospechas coinciden en el punto de fuga. Fidel en la galería –y más específicamente: la mirada de Fidel en la galería– es la obra maestra de Kcho, el artista oficial. Es Kcho quien negocia las condiciones de la aparición del dictador, y Kcho quien facilita la presencia en el Estudio Romerillo del artista performático Fidel Castro, algo que no está permitido prácticamente a nadie. Ahora Castro es un Kcho.

Pero hay más: por su complexión cerúlea, su rigidez y distanciamiento, Castro deviene una especie de muñeco hiperrealista, la versión cubana de las construcciones antropomórficas de Maurizio Cattelan: el Hitler arrodillado o el Papa aplastado por el meteorito, o ambos inclusive. Castro en la galería es una cita del imaginario posmoderno, una apropiación.

Kcho saca al tirano de su Palacio y lo trae al museo. La pieza que exhibió el 8 de enero es «su» Fidel. Antes que nombrarlo o destaparlo como objeto de arte, Kcho prefiere implicarlo con un gesto, con un señalamiento, como otro efecto especial de la imaginación indéxica. Fidel Castro, en situación estatuaria, inclinado o agachado con respecto a la concurrencia, adopta una pose similar a la del «*Él*» de Cattelan. Es otro dictador de resina sintética, y lo que Kcho expresa con «él» es la aporía central del arte contemporáneo: la idea del fascismo como hecho estético.

Lo que Fidel observa en el Laboratorio es un montón de balsas, es decir: su propia obra. Kcho se apropia del tema de la balsa, el tema castrista por excelencia, y lo pone delante de Fidel, delante de los ojos del autor del éxodo. Se trata de la más perfecta subversión artística: Fidel es obligado, por el poder del arte, a contemplar «un Fidel».

¿Y qué apunta, qué significa este anciano de barba hirsuta y mirada perdida? Alexis Leyva lo explica: «Hoy se cumplen 55 años de la entrada de Fidel a La Habana, y que Fidel haiga [sic] venido aquí, a la inauguración del proyecto es algo para mí… ¡Estoy muy emocionado!».

Sabemos que 55 años atrás el anciano de la bufanda verde encabezó un desfile, y que esa marcha triunfal fue la culminación de una serie de intentonas violentas. Complementariamente, la procesión del 8 de enero de 1959 podría verse como la expresión definitiva de un primer desfile victorioso ocurrido en la Sierra, en febrero de 1957.

Mucho se ha especulado sobre la manera en que Castro hizo circular delante del periodista Herbert Matthews unas tropas que aparentaban ser más numerosas de lo que realmente eran. Dos años después, el 8 de enero de 1959, a escasas horas de la celebración de los Reyes Magos, Fidel entraba a La Habana con sus batallones. La coincidencia de epifanías otorgó a la efemérides política una doble significación escatológica.

La aparición de Castro anunciaba el nacimiento de una nueva era, recién salida del pesebre. Su autoridad se basa, hasta el presente, en un único hecho incontrovertible: haber perpetrado, en el apogeo de la posmodernidad, una revolución fascista. El pelotón de soldados desfilando delante del mismo público durante 55 *revolutionibus orbium coelestium* debe entenderse, fuera de contexto, como una exhibición artística permanente.

El gesto de Alexis Leyva Machado, su apropiación de Fidel Castro, adelanta, asimismo, una interpretación nouménica del hecho artístico: Castro queda aceptado, o dicho en términos más petulantes, «absuelto» por el arte. Cattelan demostró que era posible absolver artísticamente a Hitler; bastaba provocar un cambio de postura, de actitud: arrodillarlo en lugar de mostrarlo erguido o rampante. El *führer* arrodillado, o más exactamente, hincado en la galería (un trueque de locación que es, al mismo tiempo, una dislocación de valores), queda eximido de culpas.

El Castro de Kcho es otra instancia de *absolutio in nomine arte*, aunque, en este caso, lo que confiere dignidad artística al sujeto es la vejez (entendida como supervivencia) y el *dasein* (la pura persistencia del ser-y-estar-allí). El Palacio de la Revolución se transforma (también por iniciativa de Kcho) en un museo adonde acuden dignatarios, estrellas del *hip-hop*, procuradores y diplomáticos atraídos por el antiguo espectáculo del animatrón nacionalsocialista.

Entonces, ¿por qué el gesto de Kcho causó tanto asombro y repugnancia en el medio artístico? La respuesta habría que buscarla en la concepción del arte como expresión de la Verdad y el Bien. Tal es el error que apuntala el programa cultural socialista: que el arte induce un estado especial de conciencia. Sobre las bases de un falso orden metafísico los comisarios levantaron, en los albores de la dictadura, las obligatorias Escuelas de Arte.

El socialismo, en su aspecto mimético, produce arte, y el arte mimetizado se proclama «derecho del pueblo»; pero el arte verdadero entraña, más bien, la suspensión de derechos, la restricción de las prerrogativas artísticas populares. Cuando los primeros intelectuales europeos arribaron a La Habana en 1959, encontraron que el componente artístico había usurpado el lugar de la praxis: Carlos Franqui aparece en ese momento como decorador y productor general de la Revolución Cubana. Atrae a fotógrafos, afichistas y pintores en calidad de imagineros del nuevo exhibicionismo. *Might Makes Art*: el castrismo debe su éxito a la complejidad estética, no a la fuerza bruta.

El Hitler de Cattelan, como el Castro de Kcho, aparece en indumentaria civil. La civilidad en la vestimenta no es más que la amplificación del atuendo marcial que definió, en ambos casos, la personalidad del representado. Que Hitler aparezca en chaqueta, corbata y bombachos, como un monaguillo de galería, es un triunfo de la neutralidad artística. Que Castro regrese con chamarra y bufanda, disfrazado de *artiste*, nos recuerda que la noción de «vanguardia» contenía ya un elemento castrense, y que el «vanguardista» era, a fin de cuentas, un milico del arte.

De manera que Kcho se repliega hacia la dependencia (el artista cubano depende de la filantropía policíaca como benefactora de las artes), mientras que la imagen de Castro acapara un lugar en la alta tradición iconográfica europea, la misma a la que pertenecen Weyler, Loyola y Niño de Guevara. El rostro melancólico asomado al recuadro de Romerillo es un Velázquez que nos espía desde el ocaso del Imperio.

En 1923, Fulgencio Batista fungió de taquígrafo y guardaespaldas del presidente Zayas; pero Batista en 1923 era un mulato mucho más logrado, más evolucionado que Kcho en Palacio, debido a que la hispanidad castrista se exacerba en la cercanía del negro. En virtud de la relación diferencial entre su persona y la de Kcho, Castro subordina la negritud a los designios artísticos de la dictadura. El hombre de color –músico, atleta o cantante– deberá reajustar su situación a las necesidades del poder absolutista.

Allí donde Castro alcanza su realización suprema, la decadencia española llega al apogeo. En lugar del negrismo vernáculo encontramos en Kcho un tenebrismo de corte ibérico. Lo que nos mira en el Laboratorio (reflejado en la pupila del vasallo) son las *tenebras* de la hispanidad. Tendríamos que remitirnos a Goya: al «Saturno devorando a un hijo», o al boceto «Aun aprendo», del álbum de Burdeos, para entender al Castro de los últimos tiempos.

Este octogenario que aún aprende la importancia del arte como instrumento de reivindicación personal, ejerce su diversionismo como una suerte de diverticulitis. Fidel ocambo es reimaginado de todas las maneras posibles: es el primer dictador ontológicamente rediseñado. A la disneyficación castrista (La Cabaña convertida en galería de arte, Isla de Pinos en la cuna de Kcho, y Birán en la casita de Hansel y Gretel, *after* Pedro Álvarez), el mundo responde de manera turística. Provocar una respuesta turística al fascismo corriente es la gran aportación del castrismo a la ciencia teratológica.

Fidel ha aprendido, incluso, de la limitación motriz, incorporándola a su espectáculo personal: Castro en Birán; Castro de regreso a las UMAP; Castro en la sinagoga, recorriendo en su carrito los escenarios especialmente recreados para él. Fidel refuta al Fidel clásico: no ha habido opositor o adversario que realizara una crítica más radical, una deconstrucción más prodigiosa que la que Fidel ha operado en sí mismo. Hasta el mismo Raúl aparece en escena como su creación, y no lo suplanta sino que lo supone (*hypokeimenon*: lo sub-pone). Ahora Fidel queda libre para ser manejado y trasladado del Palacio a la finquita, al terruño, al salón de operaciones.

Al gobernar desde el *branding*, a la cabeza de una sociedad anónima, Fidel abdica en favor de sus manejadores: es la personificación tenebrosa del capitalismo ciego, despojado de voluntad, desvestido de humanidad. El dictador como CEO (*Chief Executive Officer*) no elige el vestuario: sufre, más bien, un cambio de piel. Al cambiar de situación, la epidermis del animatrón muda, mimetiza el entorno global, se hace ropa de *sport*, uniforme de jubilado. El vestuario castrista responde a las alteraciones del medio ambiente, pasa del verde al gris, al naranja, al *Day-Glo*, al arcoiris gay. En la Sierra, durante la gran campaña fascista, era de caqui; aún antes, en el bufete republicano, fue traje notarial, muceta de doctor, cazadora de abogado.

Aún aprendo, nos dice Fidel Castro al borde de la tumba: su educación no ha terminado, lo que significa que nuestra instrucción tampoco acaba. Las obligaciones del educador y Gran Maestro de una masonería internacional tomaron precedencia en el período heroico de su gobierno. Fidel como pedagogo y sofista y, por lo tanto, como diletante: el eterno aprendiz. Las cosas tenían que salir mal para que él continuara aprendiendo; si él aprende, entonces queda todo por aprender. La Revolución no fue más que el espectáculo público del aprendizaje castrista.

De esta manera Kcho echa por tierra la idea de la viabilidad del artista independiente, del artista no comprometido con la política real. La generación del ochenta es el ejemplo trágico de que, al cortar los lazos con la dictadura, el artista desaparece. Grandes carreras quedaron suspendidas, grandes promesas incumplidas, durante esa década infeliz. Un artista independiente es la cosa más antinatural (el castrismo es nuestra segunda naturaleza) del mundo. Tomás Esson, Arturo Cuenca, Consuelo Castañeda, por mencionar sólo tres casos límites, no supieron qué hacer consigo fuera de la dictadura, debido a que la evolución de sus obras estaba ligada a una polémica, a una crisis. Su crítica fue despachada por los estudiosos del arte cubano como otra faceta del castrismo, como el excedente artístico de la tiranía. Que una dictadura produjera arte, y de la más alta calidad, no debió sorprender al conocedor, aparte de lo que creyera el público ignorante, aunque la misma confusión se repite con cada graduación de artistas cubanos.

Que Kcho dedique su obra a Fidel tampoco debe causar bochorno: el artista cumple, escrupulosamente, con un requisito feudal. Sin mucho aspaviento, ofrece a Castro lo que es de Castro: su obra. Como bien lo entendió Tomás Sánchez en otro momento, una obra no dedicada, no palabreada por el Poder, es un vacío. Y a fin de cuentas, es lo que hacemos todos, sin confesárnoslo: nos dedicamos al Líder en cuerpo y alma, su realidad es nuestra fantasmagoría: «Yo sé que yo no llegué solo adonde estoy. Para que Kcho esté en el MoMA, en el Pompidou, en donde Kcho está, hay muchos cubanos que se han sacrificado mucho; maestros, pescadores, constructores, doctores, hay tanta gente que está detrás de nosotros. Porque en esta sociedad nuestra todo el Estado lo facilita [sic]».

No hay escapatoria: la magnitud castrista nos confina y tira de nosotros con fuerza gravitatoria. Fidel es el hueco negro en el centro del *curriculum cubense*, el *Anus Mundi*. Kcho se hinca a los pies del señor, sin otra alternativa que sucumbir a la servidumbre para la que fue creado. La Historia, que absuelve a Castro, seguirá avasallándolo hasta que un nuevo sistema —más justo, pero menos artístico— venga a emanciparlo.

GUSTAVO PÉREZ MONZÓN: UN RAYO DE GRIS

para Marisol Fernández Granados

1.

La historia del nuevo arte cubano es historia antigua, baste recordar que sus protagonistas nacieron a mediados del siglo pasado, en el período que hoy se conoce como *Mid-century*. Aquella otra Cuba, en la edad media del modernismo, tenía la mitad de los habitantes que la pueblan en la actualidad y vivía la última década —tal vez sin saberlo— de una república condenada al olvido.

Entonces, el nombre de la provincia de donde procede Gustavo Pérez Monzón era Las Villas, en alusión a las antiguas comarcas que la integraban. Hoy esa región, y la idea misma de «lo villareño», son un anacronismo. La nueva división política instituida en los años setenta convirtió a la ciudad de Sancti Spíritus en nueva sede provincial, lo cual presenta la primera dificultad a la hora de ubicar a Pérez Monzón. No menos difícil es explicar por qué el artista aparece, con sólo once años de edad, en un colegio internado, en el paradero de Lajitas. Localizar a Lajitas en los mapas tampoco es tarea simple: sólo encontraremos monótonos cañaverales y una escuela rural fundada en los años treinta por el presidente Gerardo Machado (1869-1939). Sin embargo, esa *terra incognita*, un no-lugar de la geografía simbólica, marca el kilómetro cero del «nuevo arte cubano». Hija del sistema educativo del Antiguo Régimen, pieza relegada de otro proyecto faraónico que aspiró a llevar la cultura a las áreas remotas del país, la escuelita machadista se metamorfoseó, con el advenimiento de la Revolución, en academia de arte. Por sus aulas desfilaron aquellos que integran la nómina del posmodernismo: Leandro Soto y Flavio Garciandía, Zaida del Río y Gustavo Pérez Monzón.

Más allá de las mudables divisiones político-adminitrativas, es obvio que cualquier aproximación al arte cubano pasa por el conocimiento de «lo villareño», de su imaginería y su estética –para lo cual habría que empezar por entender que Las Villas, desde la perspectiva metropolitana habanera, fue y será siempre «el campo».

2.

De las múltiples transformaciones sociales ocurridas en Cuba bajo el nuevo orden revolucionario, tal vez la educación del campesinado sea la más sensacional. La formación artística del guajiro es la extensión de aquel proceso, aunque suele omitirse que se trata también de una ampliación de la cultura republicana. No hay un corte radical: Wifredo Lam, Carlos Enríquez y Amelia Peláez –por citar sólo algunos de los artistas coterráneos de Gustavo Pérez Monzón– son precursores de la renovación de los ochenta[1].

La Revolución entregó a las clases destituidas el acervo espiritual de la burguesía, las masas tomaron posesión de unos bienes que pasaban a ser patrimonio del pueblo. Significativamente, la nueva definición de «pueblo» excluía al propietario y al coleccionista cuyos tesoros culturales habían sido confiscados. La cuestión de dónde residirían los primeros alumnos de las Escuelas de Arte de Cubanacán se resuelve con una sola sentencia de Fidel Castro en diálogo con la prensa: «Los alumnos residirán en las antiguas casas de los millonarios[2]».

La educación del campesinado en los rudimentos de la alta cultura se lleva a cabo en las *locaciones* –por llamarlas de alguna manera– de la clase expropiada. Hay un proceso de incorporación y traspaso que a veces acompaña y otras veces supera el proceso

---

[1] Wifredo Lam (1902-1982), era oriundo de Sagua la Grande; Amelia Peláez del Casal (1896-1968), nació en Yaguajay; Carlos Enríquez (1900-1957), natural del municipio de Zulueta, tres localidades de la antigua provincia de Las Villas, hoy Villa Clara.

[2] Aparecido en *Unfinished Spaces* (2011), de Benjamin Murray y Alysa Nahmias, Ajna Films.

revolucionario. Ernesto Che Guevara se queja, en una carta al editor del periódico *Revolución*, de que se le cuestione por ocupar una casona de Tarará[3]. El cambio de escenarios es también un ensayo en movilidad socialista.

Característicamente, la carrera de Gustavo Pérez Monzón comienza en los antiguos predios de la escuela rural machadista, en Lajitas, y continúa en la villa del ex senador Santiago Rey Perna, en el barrio de Buena Vista, en Cienfuegos, donde operó la Escuela Provincial de Arte de Las Villas (EPA). La EPA contaba en el año 1967 con un claustro de egresados de la primera promoción de la Escuela Nacional de Arte (ENA). Convivían allí dos generaciones cuyo segundo hogar había sido el internado.

Es por eso que debería hablarse de revolución urbana y no de reforma en el caso de la primera transferencia de locales. El campesino recibe en herencia tres siglos de cultura burguesa junto con la infraestructura en la que se sustenta ese legado. Las mansiones son ahora laboratorios sociales, una transvaloración que va más allá de la simple operación redistributiva. El estudiante de extracción humilde llega a saber cómo es pasearse por los salones del oligarca, qué se siente al girar un picaporte de cristal y codearse con el mármol y el bronce. Parte del asombro que produce el refinamiento del nuevo arte cubano se debe a esa acción transvalorativa.

Las cosas perdieron parte de su encanto al pasar a ser un derecho del pueblo. El campesino descubre que el lujo no encubría un valor permanente y que la propiedad privada dejaba de ser un misterio al desvincularse de los privilegios de clase. El orden burgués era un engaño, una ilusión óptica. La distorsión de la perspectiva confería solidez al Antiguo Régimen, pero una vez desmontado éste, el nuevo ocupante de los escenarios abandonados sólo heredaba el vacío, no la sustancia del Poder.

---

[3] Carta a Carlos Franqui, Tarará, 10 de marzo de 1959. En línea en <https://cheguia-yejemplo.wordpress.com/2013/09/26/carta-a-carlos-franqui-tarara-10-de-marzo-de-1959/>.

La sustancia nunca regresaría; la Revolución significó, en la práctica, una separación de imagen y sustancia. La nueva situación afectó al arte, que debió asumir el rol sustantivo en el ámbito social: así la Revolución devino un hecho estético.

3.

La obra de Gustavo Pérez Monzón aparece en varias muestras colectivas de los primeros ochenta: *Pintura fresca; Volumen I; Sano y Sabroso; De lo contemporáneo; Trece artistas jóvenes*, etc. En 1981, el Museo Nacional de Bellas Artes organiza la única exposición personal suya en Cuba, *Serie A - Serie B*. La relevancia de Pérez Monzón fuera del país puede calcularse por un pasaje del libro *New Art in Cuba* (1991), del crítico germano-uruguayo Luis Camnitzer, y por su inclusión en el Salón de Mayo y la Bienal de París. Gustavo viajó a México en 1986 y, luego de un breve período tabasqueño, tomó residencia en el Distrito Federal. Actualmente reside en Itzamatitlán, Yautepec, Estado de Morelos, y es director del área de Artes Visuales del Centro Morelense de las Artes, en Cuernavaca.

En algún momento de su etapa cubana ocurre lo que podría llamarse la epifanía negativa de Gustavo Pérez Monzón: el convencimiento de que el arte no puede acceder a las zonas profundas ni explicar lo fundamental. Rastrear las causas del abandono, el escándalo de la renuncia de Pérez Monzón a continuar su obra –un *happening* que ha sido, posiblemente, el evento más analizado en la historia de la plástica cubana contemporánea– requiere una cierta dosis de psicologismo.

En este punto, la carrera de Pérez Monzón exhibe un insólito cariz martiano. He aquí a alguien que escoge la sinceridad antes que los afeites artísticos. Para Gustavo, el moralista a pesar suyo, el arte es vanidad, el rostro de la decadencia en la «ciudad grande». Esta actitud crítica, implícita en su diálogo con la cultura, está ausente en la práctica de sus contemporáneos. Se trata de la «angustia ética» que algunos atribuyen al artista José Martí y que asoma en Gustavo como añoranza de un estado pueril de perpetuo aprendizaje[4]. Su obra queda cifrada en los años de internamiento escolar, cuando el niño interioriza la pulsión erótica para evitar ser castigado. Castigo y fruición desembocan en el formalismo –que, en su aspecto privado, según la clásica tesis de John Myhill, es «una expresión del miedo[5]».

El niño es el tercer elemento del paradigma alegórico revolucionario (los otros dos son el campesino y el obrero); pero el campesino ha cortado los lazos –debido al desplazamiento de escenarios que trajo la movilidad socialista– con su origen rural, y ahora sólo puede figurar en calidad de «criatura», vale decir: en la condición que le fue asignada dentro del proceso político. La eclosión de los ochenta es la exteriorización de un infantilismo: el artista pegado a la teta del Estado se entrega a una práctica narcisista, un arte por el arte que define la situación previa a la aparición del mercado.

Si el nuevo arte cubano hace patente el trauma de unas condiciones socioeconómicas excepcionales, la cura de la psicosis parece haber sido la salida al exterior y la correspondiente inserción del artista en el circuito comercial, algo que las autoridades culturales del momento no aceptaron, pero que los creadores ya vislumbraban. Para la economía libidinal, la «salida» fue el paliativo que dio libre curso a las tendencias mercantiles reprimidas. El niño, como productor de objetos de arte, entra al bazar de imágenes y completa así el proceso de ruptura e individuación.

4.

Existe un código similar al de Da Vinci, que podría llamarse el código de Pérez Monzón, el arcano que eludió a más de un comenta-

---

[4] Carlos González Palacios (1953): «Valoración de Martí». En *Archivo José Martí. Número Homenaje del Centenario de su Nacimiento*. La Habana: Publicaciones del Ministerio de Educación, pp. 16-51. Por su parte, Fryda Schultz de Mantovani habla de «limpia congoja» en *Genio y figura de José Martí* (1970). Buenos Aires: Editorial Universitaria.

[5] Citada en Palle Yourgrau (1999): *Gödel Meets Einstein*. Chicago: Open Court, p. 123.

rista: Gustavo se escurre y cae cada vez en otro ámbito y otra categoría. Que una obra parca, interrumpida y mal entendida logre atraer al público y cautivar la imaginación de los críticos tiene que deberse a la presencia de un mensaje cifrado (*uncrackable code*, código indescifrable, lo llama la curadora Rachel Weiss[6]), una clave oculta dentro de su aparente simplicidad.

La proverbial parquedad del artista lo convirtió en la esfinge de los ochenta: en el centro del laberinto estaba Gustavo Pérez, sonriente y sibilino, como el gato de Cheshire. José Ángel Toirac y Tania Angulo intentaron desentrañar su «aura», el misterio de una «inactividad artística» [sic] que había producido, casi automáticamente, «un mito». Con tal propósito, Toirac y Angulo concibieron, en 1989, una exposición que lograra lo imposible: hacer bajar a Gustavo a una sesión performática espiritual. El resultado fue *Gustavo Pérez Monzón: DieSiocho días*, celebración multidisciplinaria no muy diferente de las fiestas de santo[7].

Luis Camnitzer ubica el famoso momento de crisis en 1983, seis años antes del evento *DieSiocho días*. Según el autor de *New Art in Cuba*, quizás una plática suya con el artista haya sido responsable del desengaño. En su libro *To and from Utopia in the New Cuban Art*, Weiss refiere que «Al conocer el trabajo de Pérez Monzón, Camnitzer le habló de la obra de Sol LeWitt, que él consideraba afín. De acuerdo a Camnitzer, encarar el hecho de que su trabajo no era "original" fue extremadamente traumático para Pérez Monzón[8]». Así queda establecido el mito de la «inocencia» de Pérez Monzón y, de paso, la de toda una generación de creadores formada en un supuesto aislamiento

---

[6] Rachel Weiss (2011): *From and to Utopia in the New Cuban Art*. Minneapolis: University of Minnesota Press, p. 24.

[7] Galería Luz y Oficios, Centro Provincial de Artes Plásticas y Diseño, La Habana, 1989.

[8] «Camnitzer recalls that a conversation he had with Pérez Monzón in 1983 was at least partly to blame: on seeing the Cuban's work, Camnitzer explained to him about the work of Sol LeWitt, which he saw as related. According to Camnitzer, the confrontation with the fact that his work was not 'original' was extremely traumatic for Pérez Monzón». Conversación telefónica con el crítico germano-uruguayo Luis Camnitzer, diciembre 11, 2004 (Weiss 2011: 24, n 68).

artístico. La ingenuidad se convierte en conocimiento «traumático» a partir del encuentro con visitantes extranjeros como Ana Mendieta y Coco Fusco, o un poco antes, en ocasión de la asistencia de Gustavo a la Bienal de París. La narrativa del «nuevo arte», según los relatores de que disponemos, crea, de entrada, un nuevo problema: el contacto con las ideas de los maestros norteamericanos produce parálisis, lo opuesto de lo que debió ocurrirle al artista que entiende su situación.

Es posible que, más que las técnicas, los cubanos quisieran imitar un ambiente, el ubicuo *Zeitgeist*, el espíritu de la época. Cabe preguntarse dónde pudieron haber visto ese espíritu y cómo llegaron a asimilar las tendencias de un medio cultural del que estaban incomunicados por la cuarentena interna y el aislamiento impuesto desde afuera. Al parecer, lo habían atisbado –más que entendido, pues el texto estaba en inglés– en un libro que «no soltábamos», según recuerda Leandro Soto: *New York: The New Art Scene* (Holt, Rinehart and Winston; New York), del fotógrafo italiano Ugo Mulas, con textos del crítico Alan Solomon, publicado en 1967[9].

Chamberlain, Lichtenstein, Noland, Rauschenberg, Stella, entran al aula por la ventana abierta en las páginas de Mulas y Solomon, un *rear window* que proporcionó vistas espectaculares de la metrópolis, escenas íntimas de los estudios, acceso a las galerías y un pase irres-

---

[9] Leandro Soto, en intercambio de correos electrónicos con el autor: «Me acuerdo que no soltábamos el libro, pues entre otras cosas nos gustaban las imágenes de la ciudad y lo amplios que eran los estudios de los artistas en comparación con nuestras aulitas hechas en los cuartos de la casa...». Flavio Garciandía sitúa el libro en una fecha posterior: «Por alguna razón (inexplicable) en todas las escuelas de arte de provincia había un ejemplar de él, por lo menos desde 1973. No fue mi primer contacto con el arte de Nueva York, pero sí el más sustancioso. Incluso utilicé algunas de sus fotos para elaborar mi propia obra en ese momento (1973-1976); concretamente de Warhol, Duchamp, Stella. Posteriormente un amigo profesor lo robó de su escuela para regalármelo... con lo cual le hizo un daño irreparable a sus alumnos, pero aún así acepté el regalo. El mismo día que me lo trajo, el fotógrafo Grandal me lo pidió prestado, lo abandonó en un taxi, y se robó otro ejemplar no sé de dónde para devolvérmelo. Una vez tuve la oportunidad de hablar con Jim Dine y le comenté que gracias a ese libro había tenido el primer conocimiento de su obra. Él y Ugo Mulas eran grandes amigos, me dijo».

tricto a los *happenings* (en la portada, dos policías del NYPD dispersan una fiesta en la *Factoría* de Andy Warhol).

La historia del encuentro fortuito del nuevo arte neoyorquino y el estudiante de la escuela provincial es reveladora, y puede resumirse así: la fuerte participación de artistas norteamericanos en la Bienal de Venecia de 1964 –donde Rauschenberg había ganado el primer premio– llamó la atención del fotógrafo lombardo, que viajó a Nueva York con el propósito de captar la movida artística de la ciudad[10]. El espléndido libro, con 500 fotografías en blanco y negro, vio la luz en Italia y Estados Unidos simultáneamente, y es probable que sólo dos años más tarde ya existiera en la EPA el ejemplar que recuerdan Soto y Garciandía. La cuestión de por qué *New York: The New Art Scene* aparece en una escuela villareña en el momento de máximo aislamiento político continúa sin respuesta, pero esa temprana influencia permite entender el arte de Pérez Monzón como otra paradoja de la educación socialista.

5.

Basta asomarse a *Milicias campesinas* (1961), de Servando Cabrera, y admirar la musculatura lírica de sus guajiros, y compararla con el formalismo de las primeras piezas de Gustavo Pérez Monzón, para darnos cuenta de que 1981, el año de la muerte de Servando y de la irrupción en escena de *Volumen I*, marca un momento de cisma. El siglo XX había dado alcance otra vez al arte cubano, y los «gérmenes de la enfermedad» de ese siglo, de que hablara el Che en su seminal

---

[10] Alan R. Solomon (1920-1970), historiador del arte, director de museos y educador neoyorquino. Solomon fundó el Andrew Dickson Art Museum en la Universidad de Cornell en 1953 y fue director de esa institución hasta 1961. Ugo Mulas (1928-1973), fotógrafo italiano, célebre por sus imágenes de artistas y personalidades de la cultura mundial. Conoció a Alan Solomon y a varios de los artistas pop en la Bienal de Venecia de 1964. Durante sus tres viajes a Nueva York, entre 1964 y 1967, creó un extraordinario catálogo de imágenes del mundo artístico de esa ciudad.

ensayo *El socialismo y el hombre en Cuba* (1965), venían a introducirse subrepticiamente en la conciencia de los artistas[11].

La obra de Pérez Monzón es la secuela de la perturbación política y el primer síntoma de fatiga cultural revolucionaria. El creador toma distancia de lo pintoresco, renuncia al vernáculo, desespera del romanticismo y se plantea el problema estético dentro del «espíritu del tiempo» posnacional. Por haber sido formada en el contexto del exitoso programa de educación socialista, la generación de los ochenta se encontraba en posición idónea para negociar la entrada del decadentismo.

En Pérez Monzón, el *Zeitgeist* es la culminación ineludible de las tendencias sociales que conducían a una nueva época. La revolución se había establecido como *paideia*, un proceso intensivo de espiritualización circunscrito al ámbito de la niñez y la actividad pedagógica que, una vez cumplido, produjo obras de un refinamiento y una complejidad que iban más allá de lo previsto por las autoridades culturales.

La llegada de la decadencia anuncia que las fuerzas del mercado terminaron por imponerse a la candidez de la época heroica. El egresado de la Escuela Nacional de Arte es otro desempleado que sale a la calle para enfrentarse al Quinquenio Gris. La sospecha de diversionismo que pesaba sobre Pérez Monzón, Leandro Soto y Tomás Sánchez, justo en el momento de su graduación, les cierra prematuramente las puertas del emplazamiento laboral. Ese desvío –la crisis ideológica que define todo un período histórico– es el obstáculo formidable que conduce a la enajenación.

Gustavo en Guanabo es la viva estampa del desplazado. En una cabaña a pocos metros del mar crea algunas de las obras por las que lo celebramos hoy. El acento de esas piezas es abiertamente melancólico; su frialdad conceptual, toda una declaración de principios. Los materiales son tomados directamente de la playa: guijarros, trozos de conchas, cosas traídas por la resaca, vinculadas por redes de cuerdas. El artista aprendió de los tejedores: sus instalaciones son tarrayas

---

[11]   Ernesto Guevara (1992): *El socialismo y el hombre en Cuba*. Atlanta: Pathfinder, p. 65.

extáticas, una práctica inclusiva que continúa hasta el presente en su colaboración con artesanos de Oaxaca[12].

Con Gustavo aparecen el orden y el número, pero también el caos, la cifra de la nulidad. Lo no-figurativo y lo inorgánico ocupan el centro del esquema. Las manipulaciones de cifras, hilos y cantos es chamánica, la iteración incita al conjuro. Lo mineral es la materia imantada que cobra vida gracias a la distribución geométrica. El guijarro es un *betilo*, la piedra sagrada. En su trabajo con niños, la roca sirve de soporte a un *ánime* pobre –heredero del «cinema anémico» de Duchamp– e introduce la idea del petroglifo mucho antes de las intervenciones de Ana Mendieta en el parque Escaleras de Jaruco: no es gratuito afirmar que, en la historia del arte lapidario, Ana es otra niña de Gustavo.

El Quinquenio Gris resultó ser la etapa más significativa en la cultura nacional, y no, como se creyó, el período rosa del primer fervor. Gustavo reclama para su paleta el tono de la época, la grisalla que Antonia Eiriz había descubierto casi dos décadas antes. La Revolución, que educó al campesino y socializó la cultura, produjo un excedente artístico –y la plusvalía era, esta vez, consecuencia de la masificación. Si el espíritu del tiempo se presentaba en talante melancólico se debía a que, después de todo, el origen revolucionario –los años de plomo de la guerra contra la dictadura– no estaba anclado únicamente en el fervor, sino también en la cólera y la bilis negra.

6.

Aun dentro del grupo de los ochentistas, Gustavo es una excepción, tanto por su manera de entender el hecho artístico como por la forma en que lo deconstruye. La abstracción desembocaba necesariamente

---

[12] En la actualidad, Pérez Monzón dirige la empresa Una línea de gis, con sede en Cuernavaca, fundada con la «intención de generar un acercamiento de artistas contemporáneos a los procesos tradicionales de algunas culturas de México...», y que «pretende promover tanto el trabajo de artistas emergentes como el de los artesanos» (<www.unalineadegis.com>).

en lo inexpresable y el pulso melancólico llegó a afectar la obra de sus contemporáneos, enfrentándola al vacío. Gustavo Pérez Monzón entra en escena como un rayo de gris, una constante artística. Toirac y Angulo han dicho que la obra de Pérez Monzón fue para ellos «comparable a las referencias del arte africano en el cubismo: el reconocimiento de unos códigos estéticos alternativos, más allá de la tradición[13]».

A nivel local, Gustavo excede cualquier influencia, ya sea de LeWitt, Lissitzky o Stella. El suyo es falso constructivismo: la numerología es la cuenta regresiva que arroja siempre un cero. «Ver la ciencia y la tecnología como fuentes de belleza y no como fuerzas enajenantes y deshumanizantes [...] habla ya de la realidad social de donde han surgido estos dibujos impecables», escribía el crítico Gerardo Mosquera en 1981, en la introducción del catálogo de *Serie A - Serie B*, la muestra que define el idioma de Pérez Monzón[14]. Pero, ni se trató nunca de «ciencia y tecnología», ni el dibujo era realmente «impecable». Por el contrario, la precisión es una máscara, otro artilugio. El garabato, el rayón y el grafismo no buscan formulación exacta. Ese alfabeto viene del universo de la ilustración más que del «gran arte»; es el tic nervioso del posmodernismo que se introduce en la plástica cubana tan arbitrariamente como el libro de Mulas. En Pérez Monzón lo matemático cae dentro de la modalidad que el escritor Hao Wang definió como «cientismo», es decir, «la transferencia inadecuada de los métodos de investigación de las ciencias naturales, o físicas, a las disciplinas humanistas[15]».

Ciertos algoritmos están dados en el registro de la popularización; las operaciones lógicas carecen de validez en cualquier otro marco de referencia que no sea el estético. La serie *Configuraciones* (1982) –pieza clave de esta muestra– aborda de manera inocente el llamado método de los elementos finitos. Un mapa de presiones hace de cada punto un

---

[13] José Toirac y Tanya Angulo, Gustavo Pérez Monzón (1989): *DieSiocho días*, Catálogo. La Habana: Centro Provincial de Artes Plásticas y Diseño, marzo.

[14] Gerardo Mosquera (1981), programa de la exposición *Serie A – Serie B*. La Habana: Museo Nacional de Bellas Artes.

[15] Hao Wang (1987): *Reflections on Kurt Gödel*. Cambridge: MIT Press, p. 224.

estado especial de la superficie. Aquí y allá reconocemos variaciones de la recta a partir de un salto de valor constante que cambia de posición (*Configuraciones lineales*[16]).

Así emerge una realidad soterrada, ajena a lo pictórico, recelosa del *kitsch*, distante incluso del humor negro de Flavio Garciandía en el *Catálogo de las formas malas*. El arte penetra en una zona poco estudiada, menos literaria pero mucho más cerebral: la exploración de la «jaula invisible» de que hablara el Che en el texto de 1965, y una de las rarísimas apariciones de lo cubano como cerco, cuadratura y celda. «Cuando una de esas equivocaciones se produce, se nota una disminución», advertía Guevara, en tono científico. «Por efectos de una disminución cuantitativa de cada uno de los elementos que la forman, el trabajo se paraliza hasta quedar reducido a magnitudes insignificantes». Es el alma del hombre bajo el socialismo, y el doble espejo de Pérez Monzón.

7.

El punto de llegada no es la «ciencia» en sentido newtoniano, sino la *scienza* según la entendieron Agripa, Ficino y Vico[17]. La especulación aritmética produce un sobrante místico; la geometría sucumbe a la Gematría, el método hebraico de permutación; lo metafísico emerge de los tableros de Guanabo de la misma manera que cinco siglos antes había aparecido en el romboedro de Durero. El ámbito de la representación queda fraccionado de acuerdo a una intención hermética; cada hilo responde a un atractor extraño. Ninguna celda está abierta a la integridad del plano: existe el cuadrado mas no el cuadro. Si Duchamp inventó los *Disks inscribed with puns*, Gustavo

---

[16] Debo estas precisiones a una conversación con el matemático Alexander Reig Fadraga.

[17] Enrique Cornelio Agrippa de Nettesheim (1486-1535), famoso escritor, alquimista, cabalista y nigromante alemán; Marsilio Ficino (1433-1499), médico y filósofo renacentista italiano; Giambattista Vico (1668-1744), escritor y filósofo napolitano, autor del tratado *Scienza nuova*.

concibe un tarot inscrito con trizas de IBM: su retruécano, a medio camino entre el talismán y el palíndromo, pertenece a la cábala de Cantor y Khunrath.

Cualquier otro lenguaje «cientista» serviría al mismo propósito. Cuando Buckminster Fuller, el poeta geómetra, afirma que el diseño es «un complejo de interacomodación y de interacomodación ordenada cuya omnintegridad de orden interacomodaticio sólo pudiera ser descrito como intelectualmente inmaculado[18]», está glosando al esteta de *Serie A - Serie B*. En el cruce del arte profano y el «Arte» en sentido filosofal se asientan las piezas de esta exhibición: Gustavo se dirige al visitante de la galería y, al mismo tiempo, a alguna entidad ubicada por encima, por detrás y más allá de ese espectador.

Quien considere críticamente estos trabajos verá que en ellos confluyen, entre otros temas, la idea del mosaico aperiódico del matemático Roger Penrose y la fábula del libro de las páginas de plata de Nicolás Flamel (1330-1418); es decir: lo alto y lo bajo, el «como es arriba, es abajo» del primer arcano del tarot. Las teselas de Pérez Monzón crean un texto mágico cuyas páginas, inscritas con acertijos esotéricos, proponen la eterna pregunta de si el arte es sólo oropel –el oro de los tontos– o si produce realmente algún tipo de elixir. Característicamente, Gustavo deja sin respuesta la interrogante: el suyo es un formalismo reacio a cualquier fórmula.

Por otro lado, el arte de Pérez Monzón es *cábala* en la acepción cubana de «letra» y albur. Los naipes del *Tarot* (1983) exhiben una gama cromática afín a la iconografía yoruba, cada baraja representa un signo, un camino y una señal de tránsito entre lo superior y lo inferior; cada golpe de dados es un tiro de caracoles, una charada. Las cartas 10 y 12 –la Rueda de la Fortuna y la Fuerza, respectivamente– llevan los colores de Oggún. La número 2 es un segmento de arco en rojo y negro, cifra cibernética de Eleggua. Las firmas bantú son sometidas a un proceso intensivo de abstracción, traducidas al idioma de lo museable, y las virutas de IBM sirven de intérpretes.

---

[18] R. Buckminster Fuller (1975): *Synergetics*. New York: Macmillan, p. 15.

Esta obra cerrada, delimitada en el espacio y en el tiempo, aparece con el ímpetu de un hecho natural y concluye en una suerte de fatalismo. A pesar de haber demostrado su perdurabilidad y de seguir vigente al cabo de casi cuatro décadas, hay algo en ella de impermanente −y a pesar de su deliberación, algo también de fortuito. Fue un milagro que se conservara y que preservara la singular fragilidad en que estriba su fuerza. He aquí una obra en negro que descompone la luz en los elementos bajos y revela su estructura numinosa interna por una astuta operación de ocultamiento. La acción plástica ocurre hacia el interior, como si, en lugar de mostrar, el artista se propusiera escamotear (un teorema, una creencia). La tensión estalla por fin en operaciones cúbicas −tal vez *cubistas*− que requieren, como en Juan Gris y en Braque, de un oscurecimiento. Pérez Monzón corre una cortina de humo. Su obra es un espejo que proyecta la situación de grisura imperante e interioriza la melancolía del entorno.

8.

Por un gambito retórico circunvalar lo político: es lo que pretendieron tanto los ochentistas como sus críticos. El tema tabú en la Cuba del Segundo Congreso de Educación y Cultura no fue la experimentación −como bien señalaran los primeros historiadores del nuevo arte cubano[19]− sino lo que hoy se conoce como activismo. No hubo estilo cuestionado, hubo conductas cuestionables. La sospecha recae sobre el escritor o el artista que lea a Yogananda, practique el budismo o consulte el *I Ching*. La influencia del arte capitalista tampoco es reprobada −ahí están el neopop de Raúl Martínez y los monumentos patrios del fotorrealismo para probarlo−, sino aquel aspecto civil de

---

[19] «Cuban art remained relatively open, even during the most doctrinaire periods and in those times when the West felt that Cuba had a Soviet dependent culture. While some limits were set during the late 1960s and 1970s, as in the case of artists Umberto Peña and Antonia Eiriz, these restrictions were not based on a rigid aesthetic credo». Luis Camnitzer (2004): *New Art of Cuba*. Austin: University of Texas Press.

la vanguardia que aspira a influir en la polis. Un juego de pelota al sol de la Plaza es mucho más peligroso que Sol LeWitt[20]. Dada la coyuntura social en que emerge, el trabajo de Pérez Monzón recae, sin proponérselo, en lo ideológico.

Si al final de los setenta el círculo de compañeros de Pérez Monzón probó a jugar con el vacío, y fue amonestado, en su exilio de Jaruco el artista alcanza por fin la abstracción por el zazen. Allí descubre el «lugar y la fórmula» de su tiempo, y el lenguaje con que expresar unas contradicciones que en los otros quedan en la superficie, en lo declamatorio o lo literal.

El asunto comienza en la relación sui géneris del artista y el Estado en la sociedad socialista, del que es, explícitamente, la «creación». El artista es el «producto» del Sistema[21] y, por tanto, el Sistema y su política devienen la impronta simbólica del arte postrevolucionario. Si el colectivismo dejó dividendos en algún campo fue en el de la cultura, único sector productivo donde aparece un excedente de valor. Karl Marx declara, no sin cierta malicia: «La mercancía es, en primer lugar, un objeto que existe fuera de nosotros, una cosa que, por sus mismas propiedades, satisface algún deseo humano. La naturaleza de ese deseo, o si, por ejemplo, se origina en el estómago o en la imaginación, no cambia nada[22]». La especulación resurge en Cuba como un deseo reprimido, abochornado de sus propias tendencias. Es entonces que asoman los curadores y los coleccionistas. El marchante toca a las puertas de Cubanacán. Pérez Monzón cuenta cómo oyó por primera vez de labios de Ana Mendieta la expresión «*mi* obra», y

---

[20] «We organized a performance called "The Baseball Game" wich consisted of –since they no longer let us make art– then we would play sports […] So, we organized a ballgame, and I think it was one of the most beautiful works of the whole movement of Cuban visual art because every artist who mattered in the whole country attended». Ruben Torres Llorca en Blake Stimson & Gregory Sholette (eds) (2007): *Collectivism after Modernism: The Art of Social Imagination after 1945*. Minneapolis: University of Minnesota Press, pp. 138-39.

[21] «Yo canto, yo practico música, yo forjo artistas, luego existo». Discurso de Fidel Castro aparecido en el documental *Unfinished Spaces*.

[22] Carlos Marx, *El Capital*. Edición Kindle, 2013.

cómo ese posesivo (probablemente un anglicismo) afectó la manera en que valoró su propio trabajo a partir de entonces[23].

Si la obra de Gustavo Pérez Monzón señala el regreso del individualismo y si su valor está basado en el importe de una personalidad excepcional, entonces la célebre «renuncia» pudo haber sido otra estrategia artística. Sobre este tema existe un precedente crítico: según Jacques Derrida, la ambición del filósofo se presenta, de igual forma, como «una maniobra de dominación y, al mismo tiempo, de abdicación» que supera las ansias de poder del empresario y el político. «Hay una aventura de poder y antipoder, un juego de potencia e impotencia» que a veces, afirma Derrida, prevalece sobre las reglas del arte. No sería injusto ver aquí la derridiana «modestia poseída por el diablo[24]» que algunos achacan a la delicada maniobra de Pérez Monzón.

9.

El destape artístico trajo un tímido renacimiento económico. No hay otro momento en la historia del arte cubano en que la obra de un grupo de individuos haya sido tan minuciosamente cotejada y examinada. El arte toma la delantera, es la primera actividad productiva en reivindicar su valor mercantil –y los pintores señalan el camino del éxito. Comienzan las subastas y las bienales. Tomás Sánchez cuelga en los despachos, junto a Servando Cabrera y otros contestatarios. El arte vuelve a Palacio, ingresa a la bolsa, frecuenta el mercado negro.

Los creadores saben que su existencia depende de ser descubiertos por el coleccionista y el comprador extranjero, y el arte cubano habla de la crisis nacional en el lenguaje de la transvanguardia: Consuelo Castañeda cita a Barbara Kruger; Garciandía adopta el acento de

---

[23] Conversación telefónica con el autor, diciembre 23, 2014.

[24] Jacques Derrida (1995): «Dialanguages». En *Points... Interviews, 1974-1994*. Standford: Standford University Press, p. 139.

Sottsass y Borofsky. Por la misma razón, Clemente, Golub, Immendorff y Haake son reapropiados en nombre de la patria. Esta tendencia llega al clímax durante la visita de Robert Rauschenberg a La Habana, cuando el descubridor es descubierto en el acto mismo de deslumbramiento. Nuestros aborígenes confunden al curador con una escaramuza diversionista: se disfrazan de buenos salvajes, al igual que en los albores del mito sus padres habían entrado en escena como buenos revolucionarios[25]. Tal es el clima inestable y prometedor en que ocurre la obra de Pérez Monzón.

La Revolución aprendió de este complicado proceso. A fin de cuentas, los ochentistas no habían hecho más que apropiarse, con fines de lucro, el contenido estético de lo revolucionario. El arte de los ochenta sintetiza el proceso político y lo reifica [*verdinglicht es*]; luego lo mercantiliza, comercia con el valor museable de sus contradicciones: todo valor reside ahora en lo contradictorio. La política había agotado, para principios de los ochenta, su capital ilusorio, justo en el momento en que la movilidad socialista culmina en el éxodo del Mariel. La residencia del millonario devenida sede diplomática es una casona tomada, presa de la movilización caótica. Los ochentistas están obligados a operar en contrafactuales, en valores devaluados que no por ello pierden su capacidad especulativa. El artista existe plenamente dentro de la Revolución en tanto hecho irónico, mientras que la Revolución y su ironía devienen la materia prima del arte.

10.

El automóvil deja atrás la carretera Panamericana, se interna en los caminos vecinales del estado de Oaxaca, atraviesa pueblos con nombres como Santo Domingo de Yahuitlán, Huatla de Jiménez. El

---

[25] «On the occasion of Robert Rauschenberg's lecture during 1988, Aldito [Menéndez] sat in the first row staring at the speaker, clad only in a loincloth, with feathers on his head —an ironic commentary on colonial respect toward the international star...» (Camnitzer 2004: 182).

aguacero torrencial es un penetrable, un cuadro de Richter barrido por el limpiaparabrisas. Corren manchas de lodo, salpicaduras, brochazos. Otro relámpago, un bache, y cambia el panorama: el camino, el follaje y las lomas son una foto movida. Después, todo se recompone. Al final del terraplén aparece el pueblo de Teotitlán del Valle. La familia Sosa recibe a Gustavo bajo el cartel de *Manos zapotecas*, cooperativa indígena de tejedores asentada en Tlacolula.

Muchos años antes, el hombre de la barba que penetra en la casa de los tejedores cambió el rumbo del arte moderno cubano, pero aquella existencia parece estar separada de ésta por un abismo. Sólo la conexión más tenue vincula ambos mundos. México es para Gustavo lo que Abisinia para Rimbaud: hay mucho en común en las cartografías del desengaño. Las niñas zapotecas corren entre los telares, persiguen a un perro, juegan al escondido, entran y salen del cobertizo. Como director del proyecto colaborativo *Una línea de gis*, Gustavo examina tapetes, alfombras, tejidos; sopesa la lana, palpa los nudos, considera el carmín de cochinilla. En aquella otra vida, según los cronistas, Gustavo cubrió a una niña con un paño pintado a la manera de Stella[26]. El nombre de la muchacha tapada era también Estela: el arte como juego infantil, *ludus puerorum*, o la ciencia alegre, otro de los hallazgos de Pérez Monzón. Su obra se apropió el tesoro de la niñez, jugó a la revelación y al encubrimiento en los límites de lo representable. La multiplicación de nombres y sintagmas arrojó por fin una cifra astronómica.

Ahora, la matriarca de los Sosa entra al almacén y sale cargando un gran tapete. Lo extiende y sonríe, complacida. Gustavo sostiene un extremo del paño. Es un dibujo suyo de hace tres décadas reproducido en lana, con esquemas geométricos a la manera de Stella. María lo toma por la punta, y los mundos se rozan, se retocan. Los espectadores sacan iPads y hacen una foto para ese futuro en el que cada minuto

---

[26] «Gustavo Pérez Monzón performed a piece called Stella as a pun on the North American painter's name and its frequency as a name given to girls in Cuba. A girl lying on the floor was covered with a fabric with a Stella-style design» (Camnitzer 2004: 15). El nombre de la niña era María Elena; el título alternativo del performance de 1980 puede haber sido «Querido Stella».

será famoso por un cuarto de hora. María Sosa y Gustavo izan el Pérez Monzón, y lo presentan, lo exhiben, lo consagran, como dos niños cubiertos fugazmente por la estela.

La penitencia de la memoria

1. Después del Che

El Poder se autorretrata en el Che muerto, se pinta con la ropa en jirones y los ojos en blanco. Fijémonos en la mirada del santo, pues hacía mil años que no veíamos otra igual: extraviada y vidriosa, sus humores necróticos recuerdan el esmalte antiguo. ¡Quién diría que el difunto es un doctor en medicina! La razón se resiste a concebirlo y por un instante la fantasía vence y nos obliga a hundir la nariz en la carroña: la imagen del Che muerto es la victoria de la fantasía, el absoluto *trompe l'oeil*; un Arcimboldo que nos hace ver una reliquia de lo real maravilloso donde sólo hay un matón, un político, y un intelectual latinoamericano apiñados. No existe nada igual en la galería de iconos revolucionarios, si exceptuamos la imagen de Zaida de Río que pintó Flavio Garciandía.

Para pintar a Zaida tendida como un cadáver exquisito, el Jaques-Louis David de la revolución cubana debió macerar incontables mártires dispuestos en idéntica pose sobre las aceras de la República (cuesta imaginar que de aquella podredumbre haya salido esta manzanita). Flavio Garciandía pinta con sangre de santos, y el Che está también en su cuadro, tumbado junto a Zaida sobre el césped del Country Club donde el nuevo orden levantó sus escuelas de arte. Son la Virgen loca y el Esposo infernal, la pareja que forman, en todas las épocas, la Revolución y el Artista.

El Che de Korda lleva en la boina el pentagrama de una nueva idolatría, pero es en la imagen del Che muerto donde nos enfrentamos por fin al «autorretrato del Poder para la época de la gestión totalitaria de las condiciones de existencia» (Guy Debord, *La Société du Spectacle*). Y aunque David lo había intentado antes en su *Marat a son dernier soupir*, hubo que esperar aún doscientos años para abarcar la imagen completa.

Vemos aquí al médico que fue Marat, el hierofante y curandero revolucionario, y sin ver la pluma y el tintero vemos también la muerte de la escritura, porque del costado del muerto manan ríos de tinta que dejarán sin argumentos a los escritores del porvenir. La ambición literaria está en la base de las aspiraciones guevaristas, pues no es otro que el escritor frustrado quien pretende callarnos: sus ataques a la intelectualidad llevan la carga de fuego y azufre que se lanza únicamente («¡Si el poeta eres tú!») a los poetas rivales.

Por eso hay que poner cuidado al discernir la variante del fascismo que el Che inaugura en sus ensayos anti-intelectuales, pues nuestro héroe no pretende incinerar un tomo más o menos, ni deshacerse de una biblioteca inoportuna, sino aniquilar, con la muerte y desde la muerte, lo literario en bloque. He aquí el *hocus pocus*, el cuerpo sagrado, en la Quebrada del Yuro, sobre una mesa de disecciones, y todo lo demás debe, tiene que ser ya literatura («…las palabras no pueden expresar lo que yo quisiera, y no vale la pena emborronar cuartillas»). La célebre estrofa de Pablo Milanés podrá parecernos una metáfora, otra mentirilla de trovadores, pero sólo si desconocemos que ese verso contiene el aviso de un nuevo Orden: la cuestión de si la poesía es posible después de Auschwitz deberá reformularse para que interrogue si será posible después del Che.

2. El sanatorio

El Comandante Osmani Cienfuegos viste uniforme verdeolivo manchado de pintura de óleo. Osmani muerde el tabaco, sonríe y me acaricia el pelo: va entregando un ejemplar del *Diario del Che en Bolivia* a cada uno de los niños que esperamos en fila. Observo las manchas, y puedo oler el aceite de linaza. Recibo el libro, pero no conozco al Che, ni sé dónde está Bolivia. Soy demasiado joven para tener conciencia de que mi vida transcurre en medio de una revolución socialista.

Las escuelas secundarias del área de Cumanayagua, Manicaragua, Trinidad y Sancti Spíritus han sido clausuradas y trasladadas en masa a las alturas del Escambray. En otra época, que por discreción o a falta de un mejor calificativo llamamos «antes», Fulgencio Batista construyó allí un pabellón de tuberculosos cuyas salas modernas han sido convertidas en albergues. Deambulamos por el sanatorio, reamueblado con toscas literas de pino, y nos asomamos al vacío desde los altos ventanales. Dicen que un niño (uno de los débiles, de los que no pudieron soportar las penurias de la beca) se lanzó de una ventana. En el arroz que nos sirven se retuercen gusanos gordos y translúcidos que debemos separar con la cuchara y empujar hacia el borde de la bandeja de aluminio. Los cocineros improvisados ignoran el funcionamiento de los modernos enseres de cocina, y el grano se pudre en los tachos de vapor. Una vez por semana nos conducen al anfiteatro; anoche el cuarteto *Los Bucaneros* cantó «Estoy atado a ti por esta soga...»

Todavía hay guerra en las montañas del Escambray, donde los bandidos se esconden y son perseguidos. Se habla de una «limpia» y de un «peine». Hay dos escenas infantiles que me permiten entrever lo sucedido en esos montes. En la primera, las farolas de un *jeep* entran por las rendijas en la sala oscura de nuestra casa. Mi padre se despide, nos estrecha, y mamá abre y cierra con el dedo gordo el broche de la cartuchera que él lleva a la cintura. ¿Adónde va papá? A cazar. A cazar bandidos. Pero esto no lo averiguaré hasta mucho más tarde: por el momento, soy inocente de mi Historia.

En la segunda escena mi padre ha regresado. Oigo el griterío de gente que corre. Monto en mi bicicleta y me uno a un enjambre de niños que pedalea rumbo a los campos. ¡Algo grande está pasando allá afuera! Llego al potrero en el momento en que aterriza un helicóptero: bajo sus grandes aspas la yerba humillada semeja el esmalte de los cuadros que llegaré a admirar algún día. Por entre las piernas de los mirones veo el cadáver de Rigoberto Tartabul (su nombre está en boca de todos), que de la cintura para abajo es sólo piltrafa. La carne cae como una mancha roja sobre el lienzo de camuflaje.

¡Y esto es un bandido! ¡Un bandido, un bandido! Se ha suspendido el tiempo. No hay referencias. El problema de «lo que pasó», o más bien, de lo que «nos pasó», será mi principal preocupación, y tal vez mi única obsesión, a partir de ese instante. Por lo pronto está prohibido interpretar los hechos, o pedir explicaciones. Hay milicianos y hay bandidos, y urge trasladar las escuelas a las lomas. Son las primeras escuelas en el campo, y yo soy uno de los niños reconcentrados. Mi prima Amanda recoge manzanas, todavía frescas, todavía envueltas en papel azul, y las pone en un cartucho con unas cuantas uvas, trocitos de turrón y galletitas dulces, para que me den fuerzas en mi travesía. Acabamos de celebrar la última Navidad. Me despido de mi familia, subo al camión, parto en caravana hacia Topes de Collantes.

Los motivos de mi entrada en el mundo del arte podrían rastrearse en las manchas de óleo de la guerrera del Comandante. Y tal vez la necesidad de evacuarnos, y hasta la orden de encerrarnos en un gueto de niños obedeciera el doble propósito de satisfacer las demandas políticas del momento y los caprichos de un diletante. Quizá Osmani concibió Topes de Collantes como homenaje a su hermano Camilo, el héroe trágico que fuera alumno de la Academia San Alejandro. Ahora sospecho que la elección de Topes, con su lóbrego sanatorio y sus paisajes montañosos, pudo haberse debido al capricho de una «sensibilidad artística».

Aunque en el sanatorio conocí a muchachos pintores adscritos a los talleres vocacionales, no sabría explicar por qué un buen día aparecieron los evaluadores, ni qué me impulsó a presentarme a los exámenes de aptitud de una escuela de artes plásticas: no creo haber demostrado un interés especial, ni una inclinación demasiado seria por la pintura. Lo «artístico», si vamos a ver, fue excitado en mí –y tal vez, exigido de mí– por las mismas contradicciones internas de la revolución cubana.

Claro, que algunas veces lo achaqué a la intervención divina, al albur, o a cualquier otra causa, y dudo que hubiese resistido mucho más tiempo en Topes: mi angustia me hizo agarrarme de los exámenes de aptitud como la última oportunidad de escapar de la beca.

Completé los trámites sin darles cuenta a mis padres, y me presenté a concurso con un dibujo que representaba un jardín y una fuente. Rallé el grafito de los lápices de colores y lo difuminé con motitas de algodón sobre una cartulina, copiando una técnica que había visto en alguna parte. Una vez terminado, mi dibujo era un horror: esperé por el fallo sin hacerme ilusiones. Cuál no sería mi sorpresa, entonces, cuando el evaluador vino a comunicarme que había sido admitido oficialmente en la Escuela Provincial de Arte de Las Villas.

3. Descenso a la EPA

La EPA había abierto sus puertas en la antigua sede de la orden de los Jesuitas, en la ciudad de Cienfuegos, antes de ser trasladada a Lajitas, un remoto paraje de la campiña villareña. Me veo apeándome de la guagua con mi maleta de *plywood* en la mano, un pie en el estribo y otro en suspenso, a punto de dar el primer paso sobre el terraplén que conduce a la escuela. Se trata de un colegio batistiano, una escuela en el campo concebida en la otra época. El verdor de los cañaverales la cerca por tres de los cuatro costados. Todavía estoy a tiempo de dar media vuelta y abordar la guagua de regreso. Pero en vez de huir, cruzo la carretera, tomo el terraplén, y sigo adelante, arrastrando mi maleta de *plywood*.

A mitad de camino tropiezo con una piedra tallada que representa a «Leda y el cisne». La autora de la escultura resultó ser una niña prodigiosa que salió de las yerbas con las orejas paradas y los dientes fríos, una ninfa acezante contra el telón de fondo del viejo granero donde se conservaban bloques de barro cubiertos de paños húmedos. Encantado, le pregunté su nombre: se llamaba Zaida del Río. La niña me condujo a la Dirección por un bonito sendero de gravilla. Penetramos en un vestíbulo donde colgaban reproducciones didácticas de *La Gioconda* y de *La dama del armiño*, junto a polvorientas abstracciones de Kasimir Malevitch y de Nicolás de Staël. Más allá, a través de una puerta entrejunta, se veía la manga de un blusón verdeolivo, y un brazo apoyado en el borde de un escritorio. El director, Antonio Añón, en sesión permanente, repartía tareas y recibía los informes de sus dos secuaces, Noé González Morfa y Edel Bordón.

Zaida me dejó a las puertas del despacho, y Añón, al verla, y notar mi súbita aparición, le dedicó unas palabras («Mi niña, mi preciosa...»), y a mí la orden de acercarme y comparecer ante su presencia. Bajo la mirada escrutadora de Noé y Edel fui a sentarme en una butaca. Las persianas estaban entornadas, y los tres hombres permanecían inmóviles en la penumbra. Callaron largo rato, antes de dar inicio al interrogatorio. De las preguntas clave que cada alumno debía responder correctamente para ser admitido a la Escuela Provincial de Arte de Las Villas, recuerdo una sola: «Si la patria fuese atacada súbitamente, y tuvieses que elegir entre el pincel y el fusil, ¿cuál elegirías?» Para sorpresa de los inquisidores, respondí «¡El pincel!», aunque sin asomo de temeridad, pues las implicaciones políticas de la situación me eran ajenas.

Mi declaración fue «el pincel», y en ella Añón y sus lugartenientes percibieron una debilidad y un desdén que no podían menos que atizar sus más turbias fantasías. Pienso en la EPA y siento el resplandor de las persianas crepitando en algún rincón de mi conciencia, y vuelvo a palpar la amenazadora proximidad del gran hombre, metido en su casaca de gabardina verde, tocado con sombrero Stetson, un capitán de rostro pálido y dientes largos esbozando una socarrona mueca de satisfacción, o tal vez de simple curiosidad por el niño que caía en su trampa, uno de los más bellos que hubiesen ingresado al plantel, uno de los más imprudentes y enfermos, y puedo sentir las llamaradas de ese vicio patriótico llamado «pederastia» elevándose hacia el techo del gabinete.

No transcurrió mucho tiempo antes de enterarme de lo que me preparaban Añón, Edel y Noé: un drama de alcoba que tendría lugar en los albergues de una escuela batistiana ocupada por las jóvenes brigadas artísticas, y cuya depravación no alcancé a juzgar hasta muchos años más tarde.

4. Círculos y claustros

Leandro Soto era el hijo de un mulato cienfueguero que, desde el humilde puesto de artesano o rotulista, había ascendido al rango de coordinador del Departamento de Orientación Revolucionaria. Gracias a esa influencia, y a su precoz virtuosismo, Leandro se colocó enseguida a la cabeza del grupo, y luego de un período de acoples, los menos afortunados terminamos plegándonos a su voluntad y pasando a formar parte de su círculo.

Gustavo Pérez Monzón descendía de colonos españoles asentados en Itabo, pequeña localidad rural del norte de Las Villas, y, en el microcosmos de la escuela, encarnaba la antítesis de Soto. Su languidez aldeana y su talante caravaggiesco le granjearon el apodo de «El Sabroso», un antihéroe de caricatura que llegaría a ocupar las primeras portadas de la revista estudiantil. Para nosotros, la mera presencia de Soto resultó un verdadero azote: lo envidiábamos y lo admirábamos, y padecíamos sus burlas sin poder desquitarnos.

El claustro estaba compuesto por gente «de antes»: académicos del Antiguo Régimen que parecían haber quedado presos en la villa campestre. Sarduy era un dibujante comercial recién llegado de Canadá; Valdés trazaba la efigie de un mártir con el mismo oficio con que, apenas ocho años atrás, había pintado el Moisés de Charlton Heston. Bajo sus órdenes repetíamos los ejercicios de rigor, atacando el cartón a mano alzada.

Mientras completábamos escalas cromáticas y tablas de valores, Valdés nos leía las cartas de Van Gogh a su hermano Theo, los tratados de Kandinsky, los aforismos de Tzara, entre otros pasajes de la guerra revolucionaria que la vanguardia de principios de siglo había librado contra la burguesía europea. El pintor de carteleras soñaba con los héroes del surrealismo, y en aquellos largos mediodías aterrillados de la escuela rodeada de cañaverales, a horcajadas sobre el banco, con la nariz hundida en el tablero, empuñando el pincel con mano firme, encontrándole la vuelta a las cerdas mojadas, colocábamos otro cuadro de sombra, otra gradación de la escala del gris: el primero y segundo manifiesto surrealista, los documentos del Dadá, las proclamas de los futuristas, en la voz cansada de un viejo erudito que apodamos «El Bajo».

Sarduy, por el contrario, no hablaba. Se pasaba horas sentado frente a la clase, tallando la cazoleta de una de sus numerosas cachimbas. Una vez terminada, la llenaba de tabaco, la prendía, y dejaba deambular sus ojos azules por el aula: un hombre pálido, tranquilo, de abundante pelo en el pecho, acompañado a veces de su hija Liz, nacida en Toronto, otras veces de su indispensable Adelita, que era, sin dudas, la más prolífica de nuestras profesoras.

Se comentaba que Adelita había conseguido un «estilo», la cosa más valorada entre nosotros por entonces. Un observación casual del tipo «Leandro ya tiene un estilo propio», reanudaba la frenética búsqueda del santo grial. A la eterna pregunta de si ya «teníamos un estilo», los maestros debían responder con evasivas. El estilo de Adelita consistía en una superposición de entramados multicolores que exigía el dominio absoluto de la técnica de la témpera. El amor de la pareja Sarduy-Adelita transcurría a puertas cerradas. Eran taciturnos y tediosos, y resultaba evidente que no estaban hechos para la vida común que les deparó la educación socialista.

Del profesor Orlando se sabía que toda su familia había marchado al norte. Entré por primera vez a su clase de Historia del Arte en el momento en que daba un ejemplo del estilo gótico. Recordé las letras góticas que dibujaba un primo, y le pregunté si eran lo mismo. El aula estalló en carcajadas. Ese fiasco inicial, y la copla satírica «Néstor, ¿por qué te botaron de Topes de Collantes?» que Leandro improvisaba delante del público dondequiera que aparecía un piano, me convirtieron en el blanco de las chanzas. Orlando era un niño grande abandonado por unos padres traidores. Padecía de acidez crónica y de insomnio.

El profesor Suárez era enjuto y fumador; un cínico de mirada franca y bigotón canoso. Esculpía medallones de granito con la efigie martiana y se dedicaba con el mismo entusiasmo a la fabricación de violines. En el mango, en vez de voluta, sus instrumentos llevaban la cara de un animal heráldico. Pasaba interminables horas ahuecando tapas, abriendo orejas, jorobando aros, y cocinando un compuesto vegetal que, según decía, había plagiado a Stradivarius.

Marisol Fernández Granado, nuestra joven profesora de diseño, graduada de la primera promoción de la Escuela Nacional de Arte, era natural de Cruces. De todos los miembros del claustro, quizás haya sido ella quien ejerciera una influencia mayor en nosotros. Cuarenta años más tarde, todavía recuerdo cuánto me desconcertó oírle decir que prefería Matisse a Picasso; cuánto me influyó verla admirar los *Dos monos encadenados* en un libro de Bruegel el Viejo; y cuán profundamente me afectó verla partir a los funerales de Waldo Luis.

5. El trabajo forzado

De siete a doce del día, realizábamos faenas agrícolas que consistían, mayormente, en el mantenimiento de los cañaverales. En primavera, debajo de un algarrobo, nos esperaba la pila de sacos de fertilizante a la que regresábamos a rellenar los pesados jolongos. Bajo el sol ardiente, en camisa de caqui y botas cañeras, trastabillábamos entre los surcos, arañando la tierra y arrojando puñados de abono a diestra y siniestra. Después volvíamos a los albergues con las manos desolladas, nos bañábamos, comíamos y entrábamos a clase.

José Martí pidió que la escuela nueva estuviera conectada a un huerto, y su programa fue implementado por la revolución comunista. Los estudiantes inexpertos destruimos el huerto, pues carecíamos del necesario apego a la tierra. Ninguno de nosotros había visto nunca un plantón de caña, ni un vivero de papas; sin contar con que pocas especies ofrecían ya ejemplos vivos. La revolución aceleró el proceso desnaturalizador: en menos de dos décadas extinguió la guanábana, el caimito, el marañón y el anón. Luego acabaría con el café y la caña de azúcar. La revolución convirtió los frutos de la tierra en meras entelequias; la agricultura pasó a engrosar las filas de la ideología.

La imposibilidad de concebir una actividad productiva de manera «natural» fue el efecto retardado del trabajo obligatorio.

6. El Jefe

Sus ojos esquivos buscaban los míos antes que intercambiáramos la primera palabra: un negro azul que estudiaba trompeta y que los otros llamaban El Jefe. Un día me extendió una mano con los pliegues cuarteados por el abono. La mano irrumpió en el vestíbulo y su sombra trepó por las paredes del chalet, señaló con el dedo el bosquejo de una mujercilla en la carpeta que yo sostenía en las piernas. Tumbado en un sofá antiguo, El Jefe me pidió: «Quiero verte dibujar una jeva». Y mientras forcejeaba con el trazo para complacerlo, Edel, Noé y el director Añón seguían la escena tras bambalinas.

Quienes nos observaban debieron conocer al Jefe lo suficiente como para saberlo capaz de asumir el papel del traidor –o lo que es aún peor: el papel del esclavo doméstico que se enamora del señorito de la finca. A diario, el Director recorría las duchas alabando vergas premiadas y denigrando los miembros pequeños. Alguien tuvo que realizar mediciones y establecer relaciones; alguien debió aspirar al máximo efecto. Luego, me he preguntado por qué un pederasta dirigía la escuela de arte: pero, en retrospectiva, he llegado a entender los abusos de Añón como otra forma de la experimentación, y su crueldad, como el sucedáneo de la fruición artística.

La escuela era el teatro donde el Director tramó su farsa de *putti*: sólo que, en el perverso auto de fe, el reo se salvaba, hacía mutis, salía por el foro: al negarme a asumir el papel al que parecía estar condenado desde el vientre de mi madre (a causa de mi corrupción, por mis «características», por ser yo de antemano quien se suponía que fuera), no existía evidencia, no había incurrido en falta, no había caído en la trampa. Mi desobediencia me condenó a ser un paria en una granja infantil a treinta kilómetros del pueblo más cercano –hasta el día en que, durante una asamblea, el director dictó mi sentencia: «Eres un encartonado». A partir de entonces comencé a ser, finalmente, el enfermo de Topes de Collantes.

Me queda la imagen sanguínea de unos negros jóvenes envueltos en toallas que emergen de las duchas, me agarran por los brazos y me empujan hacia el fondo del baño. La comparsa trae al Jefe en andas, y en la penumbra, la carne es el pez gordo que coletea en la cesta: *Dios es negro*.

7. BUENA VISTA 69

En 1969 la EPA había migrado otra vez, y ahora ocupaba las antiguas oficinas del senador republicano Santiago Rey Perna, en el barrio Buena Vista, en Cienfuegos. Los edificios senatoriales, en estilo neoclásico, cubrían toda una manzana. En el plantel principal se instalaron la Dirección, la biblioteca y el comedor, y en una segunda estructura más modesta, el conservatorio de música y las aulas donde recibíamos instrucción docente. Al fondo estaba el albergue de las mujeres. Al cruzar la calle, había otra villa confiscada –con jardines, árboles podados y una glorieta– que sirvió de recinto a la escuela de Artes Plásticas. El albergue de los varones se hallaba a cuatro cuadras de estas instalaciones. La ruta local facilitaba el transporte a la ciudad, de manera que ya no nos sentíamos tan aislados. A partir de la última mudanza el período de tareas agrícolas se redujo a 45 días del año.

Para entonces, consumíamos enormes cantidades de imágenes, antiguas y modernas, que clasificábamos y memorizábamos: entendíamos a Tintoretto, a Rembrandt y a Delaunay; discutíamos a Giotto y a Warhol. Podía escapársenos la importancia de los *Dos monos encadenados* de Bruegel el Viejo, pero caíamos extasiados ante su *Paisaje de invierno con trampa para pájaros*. El éxtasis fue el fruto huero de nuestra precocidad: «Niños madurados con carburo», nos bautizó Marisol Fernández, profesora de diseño.

Al cabo de tres años de instrucción artística, el único estilo completamente identificable y propio resultó ser el de Flavio Garciandía, un muchacho de Remedios, taciturno, flaco, de ojos diminutos, que dominaba «la técnica», y creaba, sin demasiado esfuerzo, auténticas obras de arte. Entregado a sus experimentos, que nosotros llamábamos «los mondongos de Flavio» —siempre meticulosamente enrollados, como si el oficio de ovillar fuera tan importante como la creación misma— el artista pasó por la beca como un fantasma. Cuando llegó el momento de los exámenes de ingreso a la Escuela Nacional de Arte, desapareció —ascendido, o elevado, a la capital del estilo.

Al final del curso de 1970 me llevé a casa el retrato de la profesora Adelita con sobrero de paja que había hecho Flavio como parte de sus pruebas de entrada a la ENA, y que nunca reclamó, quizás por tratarse de un simple estudio. El retrato estuvo colgado en la sala de mi casa, en un marco que había alojado antes una serigrafía de cisnes en un lago. Por la misma época, como ejercicio de clase, los de segundo año copiamos obras de artistas cubanos: yo escogí la imagen del Che de Fayad Jamís en el Banco Nacional, debido a que esa efigie del «Guerrillero Heroico» —que ya para entonces me era completamente familiar— estaba hecha de letras. El Che escrito alternó con el retrato de Adelita en el marco de donde habían migrado los cisnes, y en algún momento reforzó el cartón que lo calzaba. El arreglo no sólo les permitió convivir en el mismo sitio, sino que los preparó para recibir juntos la visita de la policía, cuando —cuatro años más tarde— irrumpiera en la sala de mi casa.

El 70 fue también el año en que descubrí a Salvador Dalí. Sucedió que el profesor Valdés coordinó una muestra de diapositivas, y que yo tomé asiento en primera fila, justo en el momento en que las transparencias comenzaban a caer sobre las paredes desconchadas de la casona. Sin revelar su historia, sólo a retazos, las mansiones cienfuegueras nos hablaban de una edad de oro —atisbada en los artesonados, en los mosaicos, en las celosías y los picaportes— que ejerció en nosotros una considerable influencia. En la estética de esos hogares ajenos estaban las claves de un mundo en extinción, y la huella del «antes» no era otra cosa que lo que Dalí llamó «la persistencia de la memoria». En el paroxismo de la revelación sufrí un ataque de histeria, acompañado de llanto y gritos incontrolables. No creo haber sido el único que entendiera la carga nerviosa de la sencilla *Cesta de pan*; el hecho es que, a causa del escándalo, fui conducido a la Dirección y sometido a un interrogatorio que duró hasta la madrugada.

Conservo un mal recuerdo de lo que pasó esa noche, pero sé que hubo una recogida de sospechosos, y que esperé en el portal de la Dirección a que terminara el interrogatorio de Luis Blanco, un mulato noble y afeminado, oriundo de Trinidad, y que también esperaba allí el clarinetista Tony Lugo, entre otros culpables (de Tony se dijo que alguien lo había visto en un pase «con las uñas pintadas de rojo»), y podría jurar que cuando llegó mi turno me metamorfoseé en el Papa Inocencio X de Francis Bacon, esa imagen espantosa que pega un grito aferrada a los brazos de una butaca.

Cuando al fin se cansaron y dieron por terminado el interrogatorio, y cuando me vi solo, caminando por las calles traseras de Buena Vista, con la luna en lo alto, de regreso al odioso albergue de los varones, poseído por una frialdad mortal, cubierto de una escarcha que se desprendía de mi cuerpo como una caspa, acobardado y cáustico, proyectando en cada árbol y en cada piedra las pesadillas de mi terror, sin sentirme las piernas, con el pecho hinchado, repleto de lo más deleznable y de lo más sórdido, presa de instintos criminales y como ausente de mí, entrando en el patio cercado y en la escandalosa arboleda de otra casa confiscada, regresando a mi litera y a mi cuadrado, y trepando a mi colchoneta de los altos, donde permanecí bocarriba, boquiabierto, completamente vestido, mirando al techo, hasta que Noé vino a dar el de pié; y cuando volví a salir, sin hablar con nadie, sin lavarme la cara, sin levantar la vista, de regreso a los talleres, para intentar capturar de nuevo la caída de un paño, el fulgor de un cacharro, supe que ya no me sería dado representar el mundo sino en los términos de una interminable persecución, y que, sin haber comenzado nunca, mi carrera artística tocaba a su fin.

8. De penitencia

Después fui acusado de muchas otras cosas. De robarme un pincel de pelo de marta. El pincel había desaparecido misteriosamente del cuarto de Sarduy, y se me achacó el robo. Tuve que regresar a la Dirección y pasar muchas noches defendiéndome. Aunque mi alma exhausta apenas resistía otro sobresalto, noté, sin embargo, que le gustaba dejarse asustar, y que el pánico no era más que el regateo entre acusador y acusado. Respondía al juego, y caía en un letargo y en una especie de ensueño, y dejaba que la acusación corriera su curso y se gastara como una llama. Llegué a dominar la dinámica inquisitorial, y —mucho antes de tener mi primera experiencia amorosa— me dejé incriminar como quien se deja penetrar.

La circunstancia del encierro, la inevitable intimidad, las señales de reconocimiento que recibí de —al menos— uno de mis torturadores, pero sobre todo, la culpable camaradería que se estableció entre nosotros, me llevó a creer que no les resultaba ya completamente odioso, y hasta es probable que, en algún momento, Edel Bordón llegara a quererme. También Edel estaba condenado al papel que le había asignado el Director, y a consecuencia del mismo proceso, su rostro de conejo fue deformándose y convirtiéndose en la caricatura de un juez leporino, aferrado a su viejo cepillo de dientes, que usaba como batuta, para subrayar acusaciones y exabruptos, pasando el cabo por las molduras del buró, un cepillo de plástico verde con las cerdas embarradas de pasta, que, por alguna razón, reverbera en mi memoria con motivos totémicos.

Edel no pudo, de ninguna manera, dejar de sentirse atraído por el condiscípulo indefenso que yacía agazapado en un butacón de oro. Edel —mi interrogante, mi interrogador— a quien entregué mi camisa de charro de profusa abotonadura y pespunteada con hilo blanco el día que vino a pedírmela prestada, y que luego lució en el patio durante el vespertino, orgulloso de mi prenda exquisita, obra maestra de mi prima Amanda, que había confeccionado tres camisas idénticas, una para mi primo el rotulista gótico, otra para su propio hijo, y una tercera para mí, en la época de la gran carestía; Edel, el que se vistió de mí, el que se apropió de mi piel bien cortada, pespunteada y abotonada, para aparecer delante de los estudiantes, que de inmediato me reconocieron en ella, pues no era un secreto la cantidad obscena de camisas que guardaba mi escaparate, ya que a raíz de un robo en las taquillas del albergue se realizó un censo con el fin de asustarnos, amenazándonos con que irían a nuestras casas a contar cada pieza de ropa, y que al llegar a mí me forzó a confesar, aterrorizado, que era el propietario de no menos de ¡cien camisas!, pues mi primo el rotulista, que para entonces se había marchado al norte, me había dejado todas las creaciones de su ropero —incluida una veintena de *McGregors*— que ahora me inculpaban y me señalaban como a un vulgar acaparador entre la tralla de pequeños descamisados. De manera que sentía terror por el pincel que no había robado, y por las camisas que había heredado, y el terror se me metió en el alma y anidó en mi corazón, haciendo que, a cada paso, durante todos los años por venir, esperara en cualquier momento un castigo o un censo, y preparara de antemano una respuesta y una cifra a la menor insinuación.

9. El espejo del Arte

¿Le es lícito al pintor de reyes, al pintor del Imperio, al pintor de Vulcano y de Baco, pintarse a sí mismo? ¿Y qué pasa cuando la mano creadora de monarquías se pinta en el acto de pintar? No es hasta que Velázquez se autorretrata en *Las Meninas* que la época de Felipe IV aparece completa. Todo gira allí en torno al observador, que no es otro que el «monarca del arte», el mago o *Imperatore*, un título alquímico concedido a quien posee el conocimiento secreto, un conocimiento destilado en ese cuadro: el cuadro es el *compost* espagírico, y Felipe IV y su consorte sólo un jeroglífico, el reflejo de Sol y Luna en el Espejo del Arte.

La infanta y su Sistema solar visitan al pintor. Pero no hay que olvidar que estamos ante el retrato del señor de esa cámara —el atelier– y no de los visitantes. Velázquez pinta la actualidad, el aquí y ahora del ego. Su cabeza está ladeada hacia el borde del cuadro, y también con respecto al cuadro empezado que tiene delante, en la perspectiva idónea que nos permite observar su mirada, la mirada con que somos observados. La observación nos crea; crea la realidad observada. Este es el retrato del poder «real», que no es otro que el poder de lo ilusorio, según lo concebirían Nietzsche, Shrödinger y Bohr. Con esa mirada el creador miró el mundo, y la mirada se posa sobre nosotros como la paloma del Espíritu Santo. Velázquez ha retratado el «espejo del alma», y vemos por fin, en el punto focal, el reverso de la trama.

El ojo derecho mira abstraídamente, es el ojo contemplativo, y aterrizará más allá del objeto. Está fijo, no corrido, su movilidad es cero y apunta a un vacío, tanto interior como exterior. Ese ojo mira hacia adentro y, por lo tanto, obtenemos el retrato interior de Velázquez, que es la mitad de lo que ese ojo mira. El ojo izquierdo, por el contrario, es el ojo sensual, el enamorado del objeto, el llamado «candil de la calle». Conoce el éxtasis, pues adivina la forma, es el que encuentra el significado del mundo. Ese ojo concibe el cuadro como un díptico afuera-adentro, aunque ya no en el sentido de «lo interior» y «lo exterior», sino en el sentido de «dentro o fuera del marco de referencia». Este ojo es el primero en meterse y regresar al lienzo después de haber observado, una fracción de segundo antes que el ojo derecho.

El cuadro es un espejo donde todos los pintores futuros tendrán que verse, obligatoriamente incluidos y eternamente excomulgados; es un mal de ojo, una paradoja y una mala pasada; la maldición eterna de un pintor rencoroso que quiso fulminar a la posteridad: como cualquier espejo, *Las Meninas* crea a sus precursores.

Es también un crimen. En los famosos asesinatos de la Universidad de Gainesville, el destripador Danny Rolling colocó la cabeza de una de sus víctimas sobre una repisa, frente a un espejo. La policía cree que el criminal anticipaba la cara de espanto del que la descubriera, yuxtapuesta a la cabeza muerta.

10. El triunfo

Después de Auschwitz significa que después de las Juventudes Hit-
lerianas vinieron pioneros cubanos de pañoletas rojas para los que no
habrá redención, sino sólo inescapable poesía. Después de Auschwitz
Leni Riefenstahl se fue a retratar negros nubas, inaugurando así un
fascismo democrático cuyos principios de pureza racial –en negativo–
establecieron las bases del multiculturalismo. Una doctrina derrotada
en el campo de batalla todavía era capaz de producir arte: ya se tratase
de moluscos, nubas o *Sturmabteilung*, dondequiera que triunfara la
Voluntad, habría fascismo. Hoy podemos imaginar perfectamente un
libro de negros cubanos por Leni Riefenstahl, y de hecho, sus negros
son nuestros precursores.

Si en nosotros se cumplió finalmente aquello de «seremos como
el Che», entonces habría que preguntarse si alguien anticipó que el
Che terminaría siendo como nosotros; y que, como nosotros, terminaría yéndose y doblegándose a los imperativos del mercado artístico;
que dejaría de ser un icono local, escolar, y que se convertiría en el
autorretrato del Poder universal; o que la Sociedad del Espectáculo
encontraría en él al mensajero de la *sancta paupertas* con que se presenta hoy ante nuestra época.

Héroes y escombros

UNFINISHED SPACES: APOCALIPSIS CON ESCUELAS

Es bueno ver a una pareja de jóvenes cineastas norteamericanos que visita Cuba, cámara en mano, con la misión de examinar el asunto de la Escuela Nacional de Arte de Cubanacán, un caso que eludió a los investigadores durante décadas. Valió la pena esperar por la llegada de una generación más lúcida, una juventud que enfrentara desprejuiciadamente la historia cultural cubana contemporánea.

Supongo que irán apareciendo nuevos trapos sucios, otros esquemas y problemas que atenderá el cine o la literatura, apasionantes pesquisas y estremecedores testimonios sobre el proceder de los líderes, sus coacciones y manipulaciones, los manejos de los intelectuales, comprometidos y las inexcusables faltas de los héroes. Parece que ha llegado la hora del ajuste de cuentas, aunque ya sin violencia, sin nada tangible en que descargar la ira. No es la justicia de los cañonazos, sino la de los pestañazos, la de los suspiros de resignación.

El nuevo modelo de reportaje que propone *Unfinished Spaces*, el filme de Benjamin Murray y Alysa Nahmias de estreno el Festival de Cine de Los Ángeles, se apoya en entrevistas con los protagonistas, enfrentados ahora al veredicto de la Historia: ahí están los célebres arquitectos Ricardo Porro, Vittorio Garatti y Roberto Gottardi, junto a Fidel Castro, Che Guevara, Alicia Alonso y Roberto Segre, más un elenco estelar que incluye a Felipito Dulzaides, Ever Fonseca, Mario Coyula, José Mosquera, Manuel López Oliva, Mirtha Ibarra, Norma Barbacci, Kcho y John Loomis, entre otros. La película es una especie de contrainterrogatorio que investiga el proceso de construcción, condena, abandono y restauración de las escuelas de Música, Artes Plásticas, Ballet y Danza Moderna (la de Arte Teatral sigue varada), y que documenta el regreso de Porro y Garatti y la inclusión de Cubanacán en la lista de obras en peligro de la Fundación Mundial de Monumentos.

Unfinished Spaces expone cada faceta –ideológica, histórica, constructiva, estilística– de la obra en cuestión (la codirectora, Alysa Nahmias, es arquitecta graduada de Princeton y miembro del American Institute of Architects), y acomete el análisis de los edificios desde una perspectiva técnica, atenta a cada giro dramático, sin descuidar la elegante sintaxis fílmica.

CRIMEN DE LESA ARQUITECTURA

El intérprete del castrismo es como un jugador de golf que suelta una brizna de hierba al viento a fin de determinar las posibles trayectorias narrativas. En el caso de las escuelas, será la parabólica de una bola que Guevara y Fidel echaron a rodar cierta tarde remota de 1961. La historia de Cubanacán nos conduce de vuelta a un hoyo en el césped.

Cuentan que a los comandantes se les ocurrió construir academias de arte en los terrenos del Country Club habanero, y *Unfinished Spaces* se hace eco de esa leyenda. Ricardo Porro, sonriéndole a la cámara, impulsa otra bola: dice que Fidel era ajeno al mundo golfístico y que desentonaba allí. Los jóvenes rebeldes (uno argentino y el otro oriental, ambos hijos de terratenientes) fingen estar despistados. Aparecen blandiendo improbables palos de golf, y entonces la risa del público se escucha en la sala. Con un solo *«establishing shot»*, la revolución de los Espín Guillois, los Sánchez Manduley, los Guevara de la Serna, los Oltuski, los Hart y los Dorticós, queda identificada, erróneamente, como plebeya.

Pero la anécdota golfística resulta doblemente engañosa, pues es fama que a Fulgencio Batista –hombre de origen humilde y raza equívoca– le estaba vedada la entrada a los lugares de recreo de la burguesía blanca. En todo caso, la «apropiación artística» del Country por nuestros diletantes supuso un primer acto de violencia estatal que la película falla en reconocer: que dos tarambanas se adueñaran de un terreno de golf –y de toda una república– con un único gesto autoritario, no parece perturbar a los documentalistas.

Una justa apreciación arqueológica requeriría el rescate de esos gestos; cualquier pesquisa deberá partir de la pregunta sobre la legalidad de la confiscación. En la misma cuerda, ha de reconocerse que Porro, Garatti y Gottardi participaban conscientemente en un hecho propagandístico, y que la misma idea de «las escuelas de arte más grandes del mundo» era una invitación al agitprop.

El proyecto de las Escuelas de Arte sirvió –todavía sirve– para realzar el costado humanista del castrismo, aún cuando éste sea sorprendido en cámara, cometiendo un delito de leso urbanismo. Se hace necesario, entonces, encontrar culpables de reparto en Roberto Segre y en Alicia Alonso, pues, de otro modo, los tres arquitectos (ahora en el papel de víctimas) tendrían que inculparse a sí mismos, algo que va en contra de las premisas de cualquier guión.

UN ELENCO ESTELAR

Es importante destacar que, desde el momento de su concepción, mucho antes de estar terminadas, las escuelas de arte provocaron grandes controversias. Lo polémico parece ser parte del encanto personal de Ricardo Porro, y su histrionismo característico sirve de dispositivo retórico a la película.

Una personalidad compleja, nunca antes explorada en detalle, se establece como protagonista en el elenco de *Unfinished Spaces*: uno llega a pensar que es Porro quien permaneció inconcluso todos estos años, y no es que en las últimas cinco décadas escasearan actores con capacidad de epatar (pienso en Virgilio Piñera, René Ariza y Reinaldo Arenas), sino que ninguno llegó a ser filmado como se merecía: debemos agradecer a Murray y a Nahmias por haber completado a Porro.

Y también a Gottardi, con su aire melancólico y admirable ecuanimidad; y a Garatti, con sus jerseys de colores y su noble patetismo, en el papel del arlequín castigado. Después de un período de infatuación juvenil con la idea del marxismo, los tres reaparecen dentro de la ambientación de un mundo post-histórico como una suerte de hermanos Marx en el plató de *Los últimos días de Pompeya*.

Listos para el *CLOSE-UP*

El retrato de Ricardo Porro es el *close-up* de la burguesía ilustrada que abrazó el socialismo en nombre de la revolución artística. El Porro de *Unfinished Spaces* permite echar un vistazo a toda una clase, durante el breve intervalo en que se hizo dueña de la situación. Las escuelas revelan la manera en que esa élite expresó –en obras magníficas– la más peligrosa y extraña de las ideas: la creación de un laboratorio de experimentación social guiado por dudosos principios pedagógicos, donde tomara efecto la dislocación radical del lugar del arte, tanto en la sociedad como en la formación individual.

Queda un detalle que escapa a la atención de los realizadores: es la ausencia de dormitorios estudiantiles. La razón para ello es reveladora: el Country Club estaba situado en un barrio de mansiones elegantes («…meta a un becado en la cama», propone Heberto Padilla, en el poema *Para aconsejar a una dama*, de 1967). Entre 1961 y 1965, la ofensiva revolucionaria que purgó al país de su clase productiva cobró fuerza centrífuga. Fidel declara: «…los alumnos residirán en las antiguas residencias de los millonarios. No estarán enclaustrados, vivirán como en sus propias casas… La academia de las artes tiene sesenta mansiones alrededor, y un club a un costado, con comedores y salones de reuniones y una piscina…» Los alumnos de la Escuela Nacional de Arte residirían en las casas robadas.

Porro, el gran provocador, no llega a vislumbrar que la práctica revolucionaria de *épater le bourgeois* mediante la expropiación indiscriminada equivalía a un *écrasez l'infâme*: aplastarlo, des-terrarlo, borrarlo; literalmente *des-patarlo*: «partirle las patas». No estoy convencido de que ninguno de los tres arquitectos creyera entonces que la revolución, actuando en nombre de la paideia, tuviera derecho a perpetrar semejante atropello.

Mientras tanto, el castrismo triunfante se instalaba en las locaciones de la burguesía: desde el *Havana Hilton*, transformado en cuartel, hasta Villa Marista y los nuevos edificios de la Plaza Cívica. La orden de expropiación que proveía de albergue a los becarios contaba con el apoyo del Ministerio de Recuperación de Bienes Malversados, concebido por el jacobino Carlos Franqui: Porro, Gottardi y Garatti formaban parte de un sistema intensivo de pillaje que, en su aspecto publicitario, tomó la forma de cinco escuelas de arte.

«Creo artistas, luego existo»

Unfinished Spaces recrea la secuencia de eventos desde que Fidel deja el campo de golf, regresa a Centro Habana, topa en una esquina con la arquitecta Selma Díaz, saca la cabeza por la ventanilla y le pregunta si puede darse un saltito hasta el Country Club; Selma protesta (*¿dónde voy a dejar mi carro?*), pero de todas formas monta con él, lo acompaña, inspecciona el sitio y regresa del viaje entusiasmada; llama a Porro, quien a su vez contactará a Garatti y a Gottardi.

El montaje de Kristen Nutile y Alex Minnick tiene la virtud –comenta Robert Koehler, de la revista *Variety*– «de navegar con fluidez, tanto por el nuevo material fílmico como por los fascinantes tesoros de archivo». Así, durante 85 minutos, fluye la historia de las escuelas, arrastrando anécdotas, encuentros y desencuentros, epifanías y embrollos, madejas de creencias y visiones y nociones que pudieron haber confluido –que debieron haber desembocado– en un nuevo orden democrático, pero que terminan en el desorden, el desastre y la edad de piedra.

En su libro *Revolution of Forms*, el profesor John Loomis resume, con una cita de Ricardo Porro, el ambiente de paranoia que imperó en la primera década revolucionaria: «Era como *El proceso* de Kafka. No sabíamos de qué se nos acusaba, ni de dónde provenían las acusaciones». En cambio, la salvación –confirma Loomis– fue personal, e identifica la fuente: Fidel. Gracias a la intercesión del Máximo Líder,

Ricardo Porro sale de Cuba en 1965, acompañado de su esposa, su hijo y un par de lienzos de Wilfredo Lam; mientras que Vittorio Garatti, acusado de espionaje, es confinado a un calabozo, procesado, y eventualmente despachado a su nativa Milán. Sólo Gottardi permaneció en Cuba, realizando trabajos menores. Cuarenta y pico de años más tarde llega la exoneración oficial, los emotivos reencuentros y un último intento de reconstrucción, que también quedará trunco. Fidel, esclerótico, declara: «Creo artistas, luego existo». *Unfinished Spaces* concluye con el anuncio de la congelación de los fondos asignados para la última reconstrucción.

DE LA «LEY DE RUINAS» A LA «IDEOLOGÍA ARGENTINA»

Del ensayo autobiográfico *Dentro del Tercer Reich,* del arquitecto y decorador nazi Albert Speer, transcribo el pasaje que introduce el concepto de «megalomanía arquitectónica». Las coincidencias con el proceso constructivo castrista, en general, y con el caso particular de las Escuelas de Arte, son asombrosas:

Las obras de la Colina del Zepelín comenzaron de inmediato, pues debíamos terminar la tribuna a tiempo para el evento del Partido. La estación de tranvías de Nuremberg tuvo que ser demolida para ganar terreno. Un día pasé cerca de los escombros, después de que la estación fuera dinamitada. Los trozos de cabillas sobresalían del concreto y empezaban a oxidarse. Uno podía visualizar fácilmente su futura decadencia. Esta imagen me provocó algunas ideas, que luego le expuse a Hitler en un documento presuntuosamente titulado «Una teoría del valor de las ruinas». La idea era que los edificios de reciente construcción mal podían servir la función de «puente de tradición» que Hitler había proclamado. Era difícil imaginar que unas pilas de cascajos herrumbrosas comunicaran el sentido de heroicidad que él admiraba en los monumentos antiguos. Mi «teoría» pretendía resolver el dilema. Usando materiales especiales y aplicando ciertos principios de estática, seríamos capaces de construir estructuras que, aún en su decadencia, en cientos o (según nuestra cuenta) miles de años, recordaran los modelos romanos.

Para ilustrar mi idea hice preparar un croquis en estilo romántico. Mostraba cómo luciría la tribuna de la Colina del Zepelín después de varias generaciones de abandono, con yerbazales altos, columnas caídas, paredes derrumbadas por aquí y por allá, pero con los contornos claramente reconocibles. En el círculo íntimo de Hitler ese dibujo se consideró blasfemo. Que yo osara concebir siquiera una etapa de declive para el recién fundado Reich, destinado a durar mil años, le pareció insultante a muchos de sus más cercanos camaradas. Sin embargo, Hitler aceptó mis ideas, por encontrarlas lógicas y esclarecedoras. Dio órdenes de que, a partir de ese momento, los más importantes edificios de su gobierno fueran construidos de acuerdo a los principios de mi «ley de ruinas»[1].

Cualquier intento de restauración de las Escuelas de Arte traicionaría el principio de la «ley de ruinas» en que se basa el modelo constructivo de la revolución cubana. De hecho, cualquier rehabilitación constituye una crasa interferencia en el proceso *evolutivo* revolucionario: la escuelas demostraban, en su decadencia, lo que el castrismo era capaz de lograr —en un sentido histórico y también como fenómeno *natural*. El arquitecto Hugo Consuegra habla de las escuelas —en *Elapso tempore*, Ediciones Universal, 2001— como «precursoras del deconstructivismo tropical», aunque sin precisar que lo que deconstruían era el entramado cívico.

El fin del batistato deberá situarse, si calculamos a partir del fracaso de Cubanacán, no en el año 1958 sino en 1965 (Consuegra lo llama «the decisive year... our Armageddon»), que es el año en que se agotan por fin sus reservas dinámicas, su élan constructivo. Con el «abandono» de las escuelas de arte comienza la obra de deconstrucción propiamente castrista: la partida del Che y la publicación de *El socialismo y el hombre en Cuba*, el manifiesto que contiene sus ideas estéticas, en la revista *Marcha*, de Montevideo, marcan el verda-

---

[1] Albert Speer, *Inside the Third Reich, Memoirs*. McMillan, 1970. Traducción del autor.

dero *incipit* revolucionario. He aquí un pasaje revelador: «El hombre comienza a liberar su pensamiento del hecho enojoso que suponía la necesidad de satisfacer sus necesidades animales mediante el trabajo. Empieza a verse retratado en su obra y a comprender su magnitud humana a través del objeto creado...».

El castrismo «empieza a verse retratado en su obra» una vez que es capaz de abandonarla e iniciar el proceso de escape –con el Che a la vanguardia– hacia lo entrópico y lo indiferenciado. Ocurre entonces el colapso de las «bellas formas», como resultado de la influencia foránea: «Los extranjeros serán admitidos sólo como un favor, y sólo a condición de que no violen las bellas formas» (Kant, *Crítica del juicio estético*, libro I, §14). El pasaje guevarista citado arriba es el clásico ejemplo de violación formal, pues representa, entre nosotros, un nuevo tipo de discurso prefabricado, enunciado en un lenguaje doblemente ajeno.

La idea guevarista del «retrato en el objeto creado» tiene su origen, no en la literatura leninista ni estalinista, sino, paradójicamente, en la tradición del idealismo nacionalsocialista, que es una de sus canteras:

> Aquí también debemos inculcar incesantemente el principio de que la industria, la tecnología y el comercio sólo pueden prosperar en tanto una comunidad nacional idealista ofrezca las precondiciones necesarias. Y éstas no radican en el egoísmo materialista, sino en el espíritu de sacrificio y de renuncia gozosa. (Adolfo Hitler, 1928: «El valor de la educación humanista», *Mi lucha*)

Ese idealismo encontrará su expresión más acabada en una suerte de «ideología argentina», implícita en el pensamiento social de intelectuales como Roberto Segre y Ezequiel Martínez Estrada, entre otros compatriotas de Guevara que arribaron a Cuba con la intención de participar en el proceso revolucionario. Así, Segre habla de

> ...el deseo de rescatar las auténticas raíces de la cultura nacional, integrando lo poco que había subsistido de las tradiciones indígenas; recuperando la marginada cultura africana y la herencia hispánica. Las

tres vertientes, reinterpretadas en el lenguaje de la modernidad, se articularían en las diferentes manifestaciones artísticas –la pintura de Wifredo Lam y Servando Cabrera Moreno; la escultura de Agustín Cárdenas; la poesía de Nicolás Guillén y la música de Juan Blanco–, fusionadas en la obra arquitectónica, como se intentó en las Escuelas de Arte. Para ellos la contemporaneidad no se identificaba con el «progreso» científico y tecnológico, sino en la continuidad de la artesanía y la manualidad, base material de la originalidad de las formas. (Roberto Segre, «UIA 63 y los 60». En *Arquitectura y Urbanismo*, 2003)

Es difícil concebir una obra de la envergadura de las Escuelas de Arte como el primer movimiento de un derrumbe. Que se levanten sobre un Country Club, y que la ruina de una cultura y de un orden social sea la precondición de su existencia, son conceptos que no tuvieron cabida en la normativa canónica, ni llegaron a establecerse como legítimas claves heurísticas en su momento.

El campo de golf, que para Segre exhibe, miniaturizadas, las distintas facetas culturales de la nación, es el microcosmos de la Cuba prerrevolucionaria, mientras que las escuelas arruinadas serán el microcosmos de la Revolución. Con un gesto paródico, Fidel y el Che, en su condición de intelectuales burgueses, acatan las reglas del juego –el *spass* brechtiano– pero sólo a condición de transgredirlas. Un gesto deportivo en un campo de golf (Brecht llevó el teatro de vanguardia al ring de boxeo) destinado a producir un efecto de extrañamiento que resultó ser –en sí mismo– el hecho estético.

Hugo Consuegra pregunta, en su penetrante ensayo «Las Escuelas Nacionales de Arte», publicado en la revista *Arquitectura Cuba*, número 334[2] (1965), «¿No es grandilocuente y espectacular nuestro momento histórico?», e insiste en que «si la cultura cubana –en cualquiera de sus manifestaciones– aspira a reflejar la revolución [...] debe hacerlo en plena conciencia de cierta desorbitación; quiero decir: voluntariamente indiscreta y tremendista».

---

[2] En <http://es.scribd.com/doc/57521770/La-Escuelas-Nacionales-de-Arte-en-1965>.

Al menos la escuela de Arte Teatral, de Roberto Gottardi, cumple cabalmente con los requisitos de «desorbitación» y «tremendismo» esbozados por Consuegra: bien vista, es la obra fascista más importante construida fuera de Italia por un arquitecto italiano. Es grandilocuente y espectacular, sin dudas, pero de manera diametralmente opuesta a lo «indiscreto» de las obras de Porro.

Lo cual no significa que la estética fascista no esté presente también en la escuela de Artes Plásticas: compárese la columnata de la entrada al plantel con el soportal de la estación de trenes de Trento, de Angiolo Mazzoni. Otra vez Hugo Consuegra, el crítico más perspicaz de las escuelas −quizás el más sagaz observador de la Cuba posmoderna− las define como «manieristas», que es sinécdoque de «futuristas» y de «fascistas». La indagación sobre el manierismo arquitectónico ejemplificado en la ENA permite identificar factores comunes a las experiencias revolucionarias cubana e italiana.

Lo mismo que el barrio de la Exposición Universal de Roma, las escuelas fueron la expresión artística de una coyuntura política, pero su espectacularidad y grandilocuencia son características de una tradición populista evidente en Tropicana, la Ciudad Deportiva y el sanatorio de Topes de Collantes. Si bien Porro sigue a Lam en lo tocante a la amalgama de culturas, el espacio mussolinesco de la Plaza Cívica ya era el campo de acción de una «jungla» ciudadana (lo opuesto de un *country*») y de un crisol de razas (donde Batista sí tenía entrada).

La «continuidad de la artesanía y la manualidad» como «base material de la originalidad de las formas», así como la centralidad de Lam en nuestra economía artística, son tropos batistianos que ilustran lo que he llamado en otra parte (véase «Kcho Degas», p. 175), el «Modern Karabalí». El motivo negroide hace pensar a Roberto Segre −erróneamente− en lo «faraónico», mientras que Hugo Consuegra advierte en la profusión de chozas culiformes, un «apelotonamiento» comparable a «las "acumulaciones de objetos" de Arman, o a los inquietantes *empaquetages*" de Christo».

Si, como afirma Porro, la situación política en 1965 era kafkiana, entonces la escuela de Arte Teatral de Roberto Gottardi es el Castillo donde queda plasmada la ambivalencia artístico-policial de la dictadura. El ideal totalitario se materializa en la ENA, precisamente, como obra de arte total: Cubanacán es el Bayreuth del castrismo. El elemento *völkish* aparece con los maestros albañiles, salvaguardas de la cúpula catalana. El genio del lugar toma el pintoresco nombre del albañil Gumersindo, que recurre en las evocaciones de los tres arquitectos. Excavado en la más remota aldea románica, ese Gumersindo es un dios lar en forma de ladrillo de terracota, y representa, en el ámbito de las escuelas, el «atavismo técnicamente equipado» que, según Guy Debord, es la definición del fascismo.

Queda inexplicada la capacidad del país para concebir y ejecutar en tiempo récord un proyecto de tal complejidad, aunque pudiera achacarse al alto grado de desarrollo alcanzado en Cuba durante el quinquenio de oro prerrevolucionario (1953-58). Aún así, cabe la pregunta de cómo se logró semejante hazaña constructiva en un país recién conquistado por una banda de diletantes.

UNA NOCHE: SUDAR, SINGAR, PARTIR...

Una noche, el filme de la directora británica Lucy Mulloy, narra los eventos de un día en la vida de tres adolescentes cubanos. Sus nombres son –o llegarán a ser– parte de una nueva mitología habanera: Elio, Lila y Raúl, un trío de enamorados que decide abandonar la isla y escapar. *Una noche* pudiera describirse como el cruce de *Papillon* con *Romeo y Julieta*.

Alejarse de la tierra firme significa, en Cuba, enfrentarse al inevitable oleaje. El mar es la cuarta pared, y las olas, el coro de la tragedia cubana. El mar está ahí, rompiéndose indolentemente contra el resignado muro del Malecón, lo mismo que un cartelón antiimperialista.

En realidad, no sabemos nada del mar (de «las profundidades del mar», como advertía aquella voz profunda en el programa *Aventuras*). Lo tocamos con la punta del pie, nos lanzamos a sus pocetas, caminamos por sus arrecifes, pero no lo entendemos. Cuba es todavía la isla desdibujada de los mapas medievales, un archipiélago en perpetua fluctuación: Cuba como balsa al garete, desprendida (dijo Reinaldo Arenas) de su plataforma insular. El abandono –en el sentido más puro de esa palabra– la corroe y la borra.

No es casual, entonces, que venga a ser una cineasta extranjera quien nos ponga delante el crimen de Cuba. Nuestra isla es la creación de norteamericanos, por lo menos desde que España nos negara el derecho a un imaginario moderno. William Randolph Hearst inventó a Cuba; antes o después vinieron John O'Sullivan, Carleton Beals, Walker Evans y Herbert Matthews. Versiones de nosotros aparecen en *Buena Vista Social Club* y en *El Padrino*. Resignémonos ahora a ser una dependencia artística de Spike Lee Productions; acostumbrémonos a habitar virtualmente en el culo del mundo.

Un filme efectivo

De otra manera, siempre estaremos suplicando que nos comprendan, que entiendan «nuestra situación», que el público americano –principalmente el americano– se entere de los atropellos, condene la dictadura, reconozca nuestra tragedia y se apiade de nosotros.

Si navegamos con suerte encontraremos a una Lucy Mulloy, es decir, alguien que se la lleva. Lucy parece haber entendido... ¡qué alivio! Sí, es muy agradable entrar al Royal Theatre de Santa Mónica Boulevard, ese cine emblemático del oeste de Los Ángeles, y disfrutar de una mirada piadosa y solidaria. La visión de una experta en terrores, sin dudas; alguien que ha dado dos pasos atrás para mirarnos, y que aún tiene el valor de inmiscuirse.

Ver el problema cubano como tragedia shakesperiana es ya un buen comienzo. Que la tragedia terminara en comedia, con dos de los actores pidiendo asilo en Miami de camino a Tribeca, fue, como dicen algunos, «la guinda en el pastel». De manera que la película de Mulloy llega a las salas de Los Ángeles con la doble máscara de la tragedia y la comedia. Lloramos, Esther María y yo, hundidos en las cómodas lunetas, viendo La Habana caerse a pedazos (*Una noche* es, entre otras otra cosas, un *tearjerker*), pero lágrimas de alegría, porque quienes nos rodeaban, aferrados de sus cartuchos de palomitas, también lloraban.

Anoto de entrada el efecto de este filme extraordinario en el panorama sentimental y espectacular norteamericano. El cine de Mulloy surte efecto: es un cine efectivo. Necesitamos este tipo de película en las salas de Norteamérica más a menudo; así el crimen de Cuba podría empezar a hacerse inteligible a los extraños, y tal vez, algún día, el «problema cubano» llegue a ser del agrado de los más exigentes consumidores de cubanerías.

El río de las 90 millas

Es curioso notar cómo la Revolución transformó el Estrecho de la Florida en ese «río de las 90 millas» a que se refiere un personaje secundario de la película. La transformación es significativa porque supone la «tercermundización» final de Cuba: el elegante estrecho hemingwayano queda reducido a mero Río Grande –otra frontera infranqueable–, después de haber sido el maravilloso accidente que nos «estrechaba» al Imperio.

Raúl, Lila y Elio cruzan el río como cualquier otro latinoamericano en busca de mejor vida –y ya no son mejores ni peores que un latinoamericano. Las razones serán múltiples y, a veces, demasiado obvias. Raúl (Daniel Arrechaga) sorprende a su madre en compañía de un extranjero; una madre que, por cierto, está infectada de sida. El extranjero recibe un viandazo en la frente, quizás en el ojo, o en el cerebro (en venganza cinematográfica por todas las lujurias sufridas), y la vieja recibe el desprecio filial junto con las píldoras antivirales, que el hijo consiguió en el mercado negro.

El padre de Raúl vive en la Yuma y, como cualquier padre cubanoamericano de leyenda, no le ha escrito al hijo en veinte años. ¡Tal vez ni siquiera exista! La salida del hijo está sazonada con esa incertidumbre; más la certeza de que caerá preso, pues la narradora de la tragedia, que es Lila, nos advierte que «en Cuba es estúpido huir de la policía». Raúl también tiene claro como un epigrama que en Cuba sólo queda «sudar y singar», de ahí su urgencia en partir.

Raúl trabaja en la cocina del mismo hotel –un burdel con servicio de habitación– donde sufre callado el apolíneo Elio (Javier Núñez Florián), hermano de Lila (Anailín de la Rúa de la Torre). No estoy en libertad de comentar las razones de la partida de Elio y de su hermana, pues revelaría el desenlace de la película. Baste decir que, en Cuba, toda motivación –política, sentimental o económica– redunda en el «sudar y singar» antes mencionado, de manera que los hermanitos no pueden sustraerse de la avalancha pegajosa que los expulsará, por la cloaca pública, en el Estrecho infectado de tiburones.

Ahora tenemos dos infecciones: la infección del Estrecho y la infección de la madre. Mientras buscamos los ingredientes básicos para fabricar una balsa (listones, recámaras, bolsas de glucosa, motores viejos, un GPS robado, etc.), dando carreras por una Habana *in extre-*

mis, contagiada ella misma con el virus del castrismo, aprovechemos para dilucidar el problema cubano de la sexualidad.

Cuba parece ser el único lugar de la tierra donde la gente singa en un portal o debajo de las escaleras. Lo cubano pide, exige, requiere ser retratado al desnudo. Critiqué a Fernando Pérez por mostrar a unas negras en cueros en cierta escena gratuita de *El ojo del canario*. Ahora me doy cuenta de que no son únicamente los cubanos quienes abusan del desnudo: Mulloy revela más partes pudendas en noventa minutos que cualquier director del patio.

Vemos a la vieja enferma dándose un baño con jarro; vemos al padre de Elio cogerse a una rubenesca miliciana contra el muro descascarado de una cuartería; vemos, otra vez, a la madre de Raúl practicar la felación en el miembro abultado de un extranjero; vemos el miembro abochornado de un transexual en una escena bárbara de la película; vemos una Cuba semidesnuda, en bacanalia permanente, dorada y peluda, sudorosa y acezante.

Incluso, la trayectoria fatídica desde La Habana a Miami, volverá a ser dibujada por nuestra intrépida navegante con una línea roja de menstruo. Esto atraerá a los tiburones, de la misma manera que la sangre de Cuba atrae a los pervertidos sexuales y políticos de todas las pelambres. El resto del filme podría ser resumido por cualquiera de los tantos balseros que se atrevieron a encarar nuestra «maldita circunstancia». Es una historia antigua que nos parece nueva al ser referida por la lúcida, por la encantadora Lucy Mulloy.

GPS

Un GPS no sirve para nada en nuestra travesía secreta. Lo que los cubanos llamamos «el norte» es sólo una alegoría, la creación de nuestras frustraciones, de nuestras insolaciones. El «norte» no es el huso magnético, es un polo político. Nos embarcamos hacia el norte, tendemos a él, porque allá está el padre perdido, o porque alguien amado se deja arrastrar y nos arrastra a nosotros. (Cuba es el único país de América que se burla del sur y lo considera inferior: «Esos países de allá abajo», solemos decir).

Raúl, Lila y Elio tienen mil razones para lanzarse al norte. Lucy Mulloy las expone honestamente. No hay otra película de tema cubano donde el Estado policíaco haya sido tratado de manera tan directa. El milico, el abusador y el chivato quedan registrados en todos sus vergonzantes detalles. Es por eso que la trayectoria de nuestros enamorados debe terminar, lógicamente, en las manos de la fiana.

A pesar del sol tropical, a pesar de las pieles doradas y los troncos desnudos, a pesar de los ojos brillantes de los cubanitos, existe una oscuridad, una noche implicada que se cierne sobre Cuba. Es la noche española, la *noche escura* del castrismo, esa noche llamada también Bocanegra. No es la noche única que Elio, Lila y Raúl pasan en alta mar, sino el estadio vital, o vitalicio, que recuentan las víctimas: *Antes que anochezca, Cómo llegó la noche, Cuba y la noche, La noche de los asesinos...*

En Cuba, donde nada es lo que parece, los aventureros van en busca del norte, aunque en realidad viajen de la noche a la noche. El éxodo se presenta como un rito de paso hacia el ocaso de sus jóvenes vidas, una ceremonia inevitable: cada año, Cuba entrega cien adolescentes a los monstruos que guardan el río de las 90 millas.

Náyade en la oscuridad

De pronto me sorprendí leyendo los subtítulos de una película que hablaba mi propio idioma, ¡tanto han cambiado el léxico, el fraseo y el sentido del cubano! Treinta y cuatro años de ausencia me separan de esa isla a la deriva y, sin embargo, sigo remando hacia ella, tratando de alcanzarla, braceando hacia su menstruo, mi norte. De aquí para allá, de allá para acá, de la noche a la noche, sin mañana, mañana, mañana... Soy una náyade; Diana Nayad en el clóset. En el cine...

«¿Somos todavía cubanos?», nos preguntábamos unos amigos a la salida del Royal, en una heladería del barrio persa. El castrismo ha sido una maldición, una plaga. «Confundamos allí su lengua, para que ninguno entienda el habla de su compañero…». Plaga de oscuridad, quiere decir: de frecuencias.

Cuba es también mi idea, en la frecuencia cubanoamericana, o un estado de conciencia que se materializa, a veces, al oeste de Los Ángeles. Mi Cuba es mucho más compleja que la Cuba real –me digo, para aliviarme– aunque menos tangible, menos viable y menos honesta: «¿No ha singado usted también debajo de una escalera?».

Si regresara a Cuba, mis Cubas apuntaladas caerían, se desplomarían en el acto, su función de onda estrellándose contra el muro del Malecón… Me quedaría entonces con un cuesco vacío, con el pellejo de «Cubita la Bella». La de Lucy Mulloy sólo dura noventa minutos. Es una paja en la oscuridad, otra paja mental que arrastra el río del castrismo. Es un río de lágrimas, y nuestras balsas maltrechas son demasiado débiles para navegarlo.

Sobre héroes y escombros

[Imágenes de la muestra «Cuba: un proyecto revolucionario, de Walker Evans al presente» en el Museo Getty de Los Ángeles]

I.

Hay una instantánea en la iconografía revolucionaria cubana no recogida por las cámaras, una que habrían de narrar *a posteriori* los propios protagonistas. Podría considerársela una imagen falseada, concebida con la intención de embaucar al espectador.

Así sucedieron los hechos: Herbert Matthews, el reportero estrella del *New York Times*, viaja a Cuba en 1957 y es conducido al lugar secreto donde opera la guerrilla. Pasa camuflado por los puestos de control del ejército de Batista y topa en la Sierra con los hombres de Fidel Castro. Entonces, como de la nada, aparece el Líder, a quien la prensa oficial daba por muerto. Matthews y Fidel conversan, discuten la situación política, toman bocadillos y comparten puros. Mientras tanto, las tropas rebeldes desfilan por delante del periodista. Hoy sabemos que los alzados eran sólo un puñado: forman un círculo y parecen innumerables. Matthews recoge esa imagen fabricada y la difunde. A los ojos de cientos de miles de lectores, el infundio se presenta como ilusión óptica.

Traigo a colación esta imagen virtual como preámbulo a la exposición de fotografía *Cuba: un proyecto revolucionario, de Walker Evans al presente*, organizada por el Museo Getty, de Los Ángeles, por tratarse del paradigma de la propaganda castrista. El lugar de Herbert Matthews lo ocupa en este caso Andrei Codrescu, autor del ensayo incluido en el catálogo.

La curadora general del Departamento de Fotografía del Museo Getty, Judy Keller, es la encargada de demostrar que Fidel y su razón histórica gozan de salud perpetua en el banco mundial de imágenes. Los reportes de la muerte del castrismo no sólo fueron exagerados en 1957, sino que, gracias al valor taxativo de la iconografía, *serán* siempre falsos. El castrismo, como el fascismo, el bolchevismo y el nazismo en tanto fenómenos estéticos, es ya patrimonio de la Humanidad.

La comisaria echa mano del canon de Codrescu, el cubanólogo, a la hora de narrar su historieta, y los tópicos de la cosmogonía revolucionaria pasan entonces, en pelotones, por delante de nuestros ojos. Abreviados a tamaño de *Reader's Digest* e insertos al pie de las fotos, van contando una versión californiana de la Historia de Cuba.

2.

De Walker Evans al presente: dos momentos que marcan la apoteosis y la caída de la República de Cuba. He aquí el estallido carpenteriano, el efecto barroco por excelencia, captado por múltiples cámaras a lo largo de setenta años, de los cuales cincuenta y dos abarcan la crisis actual:

> ...contrariando todas las leyes de la plástica, era la apocalíptica inmovilización de una catástrofe. *Explosión de una Catedral*, se titulaba aquella visión de una columnata esparciéndose por el aire en pedazos –demorando un poco en perder la alineación, en flotar o para caer mejor– antes de arrojar sus toneladas de piedra sobre gentes despavoridas.

Al célebre pasaje de *El siglo de las luces*, de Alejo Carpentier, conviene yuxtaponer otro de *El acoso*, la gran novela histórica del período conocido como «el machadato» (1925-1933), donde el escritor capta el primer movimiento de ese derrumbe. Fue entonces que surgió en Cuba el gangsterismo político y que se estableció la práctica del atentado terrorista. En la verja de un palacio que sucumbió a la explosión de una bomba, el acosado de Carpentier ve un cartel que anuncia: «Se venden escombros».

La comisaria Judy Keller propone, para la «nación fallida», un modelo de derrumbe museable. Enfrentada a la evidencia fotográfica, la Cuba actual aparece como el detrito de sucesivos proyectos revolucionarios. Sin arriesgarse a suscribirlas, la muestra arranca, tácitamente, de estas premisas: lo que el castrismo destruyó es el país retratado por Walker Evans; lo que el catálogo llama «proyecto revolucionario» no es más que la explosión en cámara lenta de aquella República.

3.

También Castro crea a sus precursores. Si la frustrada «revolución del 33» es su Tratado de Versalles (el evento donde se origina la leyenda de la «puñalada por la espalda»), el general Gerardo Machado bien podría ser su káiser. Hoy sólo podemos ver aquel momento histórico a través del lente de quienes, veinte años más tarde, serán considerados «intelectuales revolucionarios»: Raúl Roa, Alejo Carpentier, José Z. Tallet, pero todavía se nos escapa el impacto del libro *El crimen de Cuba*, del periodista norteamericano Carleton Beals.

Luego de residir varios años en México como agente de prensa pagado por el gobierno revolucionario mexicano, Beals arriba a La Habana en el rol de reportero independiente. Su campaña difamatoria contra el embajador norteamericano en Cuba, Henry Guggenheim, calcada de la que había orquestado antes contra José Vasconcelos, lo convierte en uno de los artífices de la violencia antiamericana de la revolución que «se fue a bolina».

Más que mero observador, Beals es partícipe en la caída del machadato, aunque las fotos de Walker Evans lo oculten. La primera edición de *El crimen de Cuba* está ilustrada con las imágenes del joven fotógrafo, que permaneció en La Habana sólo tres semanas, entre mayo y junio de 1933. Al completar la encomienda, Walker le escribe a Beals desde Nueva York: «Me pregunto si mis ilustraciones se le parecerán a la Cuba que conoce». De hecho, la Cuba de Carleton Beals y la de Walker Evans resultaron ser tan incompatibles que la discrepancia ha devenido la clave de cualquier aproximación crítica. Todavía hoy, en el Museo Getty, el «crimen» al que alude Beals se echa de menos en las fotos de una nación pujante.

La ciudad que describe el periodista está desfigurada por la lectura de Joseph Hergersheimer (concretamente, del diario de viaje *San Cristóbal de La Habana*, de 1920), un modelo literario que resultaba inadecuado para la nueva época: «Allí donde no está sumida en la influencia americana, La Habana lleva la estampa de la clase criolla», escribe Beals. Y cita: «De acuerdo a Hegersheimer, la ciudad ha devenido una Pompeya victoriana: *España tocada por el Trópico, y el Trópico —sin tradiciones— obligado a volverse barroco*».

En cambio, la ciudad de Evans es *la otra*, la «sumida en la influencia americana», cuyos seres, demasiado modernos y literales, aparecen rodeados de loterías, periódicos, garabatos, afiches, pasquines y rótulos de barberías, ferreterías, bares y quincalleras. La Cuba de la profusión de signos que se insinuó al ojo Evans es el objeto de sus mejores estampas. En esos alfabetos están inscritas las claves de la cubanidad, según las entendió el fotógrafo en el verano de 1933: *Bohemia*, *Filmópolis*, Coca-Cola, *Carteles*, Ironbeer, Préstamos Perna, Fonda La Fortuna, «Hoy: Esclavos de la Tierra», 08023, 09865…

Por todas partes, el pueblo va vestido «a la americana», aunque la América de la moda no sea el país real, sino su versión hollywoodense. El cubano copia un atuendo fantástico. Para ver a un americano ordinario era necesario visitar a Ernest Hemingway en la Finca Vigía, algo que hizo Evans. Allí el escritor y el joven fotógrafo beben y conversan. Pero en las calles de La Habana, el chambón de Hemingway, escoltado por Walker Evans, con su corte de cabello «a la malanguita», son los típicos americanos feos. El canon del estilo criollo está en el cine: la recién estrenada *Adiós a las armas* [foto 1] provoca furor, pero el autor de la novela homónima pasa como un don Nadie por la capital de la elegancia.

4.

Merece la pena examinar a fondo el problema del vestuario. El atuendo del cubano obnubila al extranjero. Andrei Codrescu, en el catálogo, toma por «affluent» lo que es sencillamente elegante. Se trata de la foto titulada *City People* [foto 2], que muestra a un grupo en actitud de espera, y que el escritor describe como «intrigado y desplazado, simultáneamente». Dice que ese grupo es «incoherente y difícil de descifrar», de lo que se deduce que un molote parado en una esquina puede ser un enigma para quien no conozca Cuba. ¿Qué pensará entonces el recién llegado, cuando se trate de una manifestación multitudinaria en la Plaza de la Revolución, con todas las dificultades que entraña su lectura?

Pero Codrescu cree descubrir un patrón: «La posición social del grupo está inscrita en lo moderado de los tacones que llevan las mujeres, en los zapatos de charol de los niños y en sus calcetines blancos...». Se trata, dice, de una multitud «racialmente diversa», de una «verdadera paleta de tonos», pero discierne que los individuos pertenecen a la misma clase social: «Los zapatos cuentan la historia».

Es importante aclarar que esas personas, que probablemente esperan el tranvía en la acera de la sombra, son gente de pueblo, sencillos ciudadanos: una persona «pudiente» nunca esperaría en una bodega de esquina. Sus caras fruncidas —«intrigados y disgustados», supone Codrescu— son sólo la reacción natural al resplandor y el bochorno cubanos, una expresión cotidiana. En otro momento, extrapolando impresiones de su viaje a La Habana de 1998, el ensayista confunde a la gran dama de *Woman on the Street* [foto 3], con una mulata prostituta: más allá hay un hombre blanco, trajeado, mirándola. Codrescu piensa que es un chulo.

5.

El salón contiguo está dedicado a la iconografía castrista, y resulta paradójico, a estas alturas, invocar el «proyecto revolucionario», cuando el verdadero objeto de culto son unos héroes de epopeya cuyo valor canónico frisa en lo reaccionario. Al aludir, como la comisaria Keller, al «intento de Cuba de forjar un Estado independiente con un ambicioso plan de proyectos sociales», se hace obvio que hemos dejado atrás el terreno del arte para entrar en el de la doctrina. Se puede hablar ahora de la «dictadura» de los Castro, como hace Codrescu en alguna página del catálogo, y culpar también a la CIA en la tercera línea del mismo párrafo: «Cuba es un hueso duro de roer [...] entre los muchos dientes partidos contra ese hueso habría que contar los de algunas entidades carnívoras, como la CIA».

Una idea no invalida la otra. La denuncia de la dictadura no sólo incorpora la nomenclatura oficial, sino su teleología. Así, toda crítica es anexada al paradigma de lo políticamente correcto. Es lo que parece proponer el ensayista cuando señala que aquellos magnates que Carleton Beals condena en su libro, los Rockefeller y los Guggenheim, culpables del «crimen de Cuba», son hoy reconocidos como mecenas. «Walker Evans no tenía problemas con esa ironía», advierte Codrescu, «...después se fue a trabajar a la revista *Fortune*, emporio del capitalismo americano».

Walker Evans encarna una actitud ante el poder. El fotógrafo es relevante, no tanto por ser el autor de un vademécum que refuta las consignas del catastrofismo de izquierda, promovido por Beals, sino por haber sido el primero en descubrir —con relación a lo cubano— una postura irónica. Como la de otro gran magnate, J. Paul Getty, que provee el capital para levantar en Los Ángeles un altar al *Guerrillero Heroico*. También la efigie guevarista es el engendro de la ironía de otro millonario y de otra causa: Giangiacomo Feltrinelli y el terrorismo burgués, pero, ¿a quién le importa? Las imágenes polimorfas admiten cualquier Historia.

La archiconocida imagen de Alberto Korda ocupa el centro de la capilla. En las paredes: el melancólico *Quijote de la farola*, del mismo Korda; concentraciones populares en la Plaza, captadas por el lente de Osvaldo Salas y Raúl Corrales; un magnífico retrato oficial del *Che*, de Liborio Noval; aún otro *Che haciendo trabajo voluntario en el puerto de La Habana*, de Perfecto Romero. El escritor Norberto Fuentes ha revelado recientemente que, poco después de tomar la clásica foto del Che, Korda cayó en desgracia. Ahora nada de eso cuenta: entre Cuba y sus imágenes media un abismo.

Lo que sí permanece es la pulsión sexual, ya implícita en el carácter orgiástico del Triunfo. La mirada busca en la voluntad de los héroes una respuesta a los estímulos artísticos, y el entusiasmo se transforma en deseo. La cámara de Korda, Mayito y Corrales es una posmoderna «máquina deseante». Lo femenino aparece (Alberto Korda: *Plaza de la Revolución, mayo 1963* [foto 4]), pero sólo como comitiva: la mujer, el pueblo o la Leica son espectadores de lo Eterno masculino. Carleton Beals observó, en 1933, que «Havana is still a largely male city». Con el paso del tiempo esta tendencia sexual degenerará en el fenómeno conocido como *Castroexplotation*.

6.

Aunque a los americanos les atrae el apodo de «Período Especial» (ni fue un período, ni tuvo nada de especial), como rótulo bajo el que puede pensarse el proceso revolucionario en su totalidad, la manera franca de nombrar el último medio siglo en Cuba sería «estado de excepción».

En la tercera y última sala del Getty descansa la Cuba excepcional, la de los años duros que se prolongan más allá de toda plausibilidad. El nombre de «Período Especial» encubre, también allí, su mórbida duración, similar al paso de una plaga. La eternidad revolucionaria –concomitante con su corrupción– es lo que intriga a los nuevos fotógrafos y cubanólogos.

Con respecto a la dinámica republicana, el inmovilismo revolucionario, captado en las fotos recientes, se percibe como retroceso. Ahí están las imágenes de Virginia Beahan, que introducen el desengaño en la mirada turística. En *Vista de un manglar y desembarco del Granma en Playa Las Coloradas*, el evento histórico es despojado de su soporte simbólico, y la violencia de esa intervención provoca un estallido de indiferencia. Los escaparates vacíos, las Casas de Cultura abandonadas o una peletería en Camagüey, donde la ausencia de zapatos «cuenta la historia», confirman las peores sospechas.

Para el fotógrafo ruso Alexey Titarenko, Cuba es «la Zona», y el fin del mundo en La Habana un hecho consumado. Si antes toda la patria fue la tumba de un Apóstol (ver el busto de José Martí en *Lazo de la Vega*, de Alex Harris, 2002 [foto 5]), ahora sirve de mausoleo al Líder. Desde ruinosos balcones los habaneros ven pasar el entierro de lo que fuera la Pompeya de Hegersheimer. El grupo que mira al cucarachón con el capó levantado no sabe qué pensar [foto 6]. Otra vez son hombres solos, y lo que observan, indiferentes, es la muerte de la Historia.

Que Alexey Titarenko sea quien atine a descifrar lo cubano, demuestra que la actualidad revolucionaria debe entenderse a la rusa, desde una perspectiva nihilista. Los comisarios del Museo Getty desaprovechan el «viaje a la semilla» facilitado por la confluencia de épocas, y pasan por encima de la evidencia, declarándola inadmisible.

Aunque el legado fotográfico expone un proceso degenerativo, la explicación de la decadencia es controlada por Judy Keller en sus notas a pie de foto, que describen el «Período Especial» como una «fase de aguda escasez de bienes materiales causada por el embargo norteamericano de la isla». La imagen de un *Espectáculo público,* tomada por Walker Evans en el Capitolio habanero durante las celebraciones del 20 de mayo, lleva esta perla: «Aunque apenas independientes de control foráneo, aquí puede verse a los cubanos participando en la celebración anual de su emancipación de España». A la famosa imagen *Ciudadano en Centrohabana* (un negro esbelto, en traje de dril y sombrero de pajilla, que posa frente a un estanquillo [foto7]), los curadores le endilgan una apostilla: «...el título de Evans para este trabajo bien puede ser irónico, debido a que se trata de un miembro de las clases desposeídas».

Para la Cuba actual, la dependencia se manifiesta como intromisión de una mirada que termina imponiendo sus estereotipos. De

Hergersheimer a Beals, a Codrescu y a Keller, el colonialismo cultural es fotogénico: los millonarios serán siempre mecenas de los héroes, y los curadores, intérpretes de escombros.

Post Mortem

Filosofía del T-che

En Venice Beach, California, la playa donde nació la leyenda de Jim Morrison, una imagen del bardo en aerógrafo cubre cinco pisos de un edificio de apartamentos. En la clásica pose del crucificado, Morrison desnuda el pecho y abre los brazos ante el rebaño de turistas. Si Venice es hoy una catedral del pueblo al aire libre, Morrison es el falso ídolo de una teología de la liberación que cayó en el fariseísmo.

Incluso lo de «liberación» y «aire libre» habría que tomarlo con un grano de sal: carteles dispersos por la arena nos informan que, en esta playa, ¡está prohibido fumar! La anarquía de aquellas recholatas sahumadas con Camel y hachís pasó a la historia. Nos encontramos en pleno proceso de vaticanización, y el aire, o el «pneuma», se ha establecido como dogma central del nuevo culto. Sus usos y abusos, a partir del Oscar y el Emmy de Al Gore, serán regulados con fanatismo ecologista.

Mientras que en la prensa y en el aula la idea de extinción reemplaza el arcaico concepto de Apocalipsis, en el cielo demócrata el aire es nada más que un compuesto de azufre y dióxido de carbono que amenaza con liquidarnos. Pereceremos, después de todo, en un gran cataclismo, pero como especie, como género, o como un hato de monos cientólogos.

En este extraño laboratorio social que es Venice Beach, el sincretismo de supercherías salta a la vista. Putos y santones, celebridades y marimberos han terminado juntándose en las mismas camisetas en rebaja. Sus perfiles violentos cierran filas en formaciones militares que recuerdan las pancartas soviéticas. No se trata de alianzas ocasionales: los imperativos del mercado imponen su ley de frontalidad también a las imágenes, y el hecho de que el Che y Tony Montana coincidan en las pecheras de los *T-shirts* es ya un comentario sobre el porvenir.

Hasta bien entrados los años 50, el *pullover*, camiseta playera o *Tee shirt*, solía llevarse debajo de la camisa. Más tarde, una generación artística de «rebeldes sin causa» la sacó a un primer plano. Al principio, los *T-shirts* fueron simples camisolas cuya sencillez proclamaba la llaneza de una clase social desposeída –y Hollywood, que abordaba en pantalla los conflictos de clase, la adoptó como «prop». Su eventual aparición en escena era cuestión de tiempo, pues los batallones de descamisados que abarrotaban los cines no podían menos que exigir el derecho a la representación.

El paso de la proletarización en el vestuario a la verbalización en el vestido fue consecuencia de la escisión entre lo interiorizado y lo exteriorizado: elevada a la categoría de símbolo –sobre el torso plebeyo de Stan Kowalski, según el filme de Elia Kazan– la camiseta tuvo que adoptar, *a fortiori*, las creencias del proletariado.

Así nació, durante la crisis de los 60, lo que ha dado en llamarse «poesía» de *T-shirts*: epigramas inscritos sobre la tela, propaganda barata, filosofía de *sans-culotts*.

Aunque las normas de la lírica pierdan validez allí, la lectura estocástica y ambulatoria de un lema escrito sobre una camisa produce, de manera general, la misma anarquía retórica que reclamaba el surrealismo para sus construcciones. En una prenda interior exteriorizada –y automatizada– el paraguas se encuentra, de una vez y por todas, con la máquina de coser sobre la mesa de ediciones: nada como un torso para evocar, subliminalmente, los conceptos de «intemperie», «anatomía», «corte» y «costura». Es en este terreno ambiguo y cargado de inconsecuencias donde el Che ha llegado a reinar semióticamente.

Y cuán absolutamente acapara el Che el espacio del *T-shirt* puede deducirse por la manera en que otros habían intentado antes imprimirle una carga subversiva, desde el descamisado Kowalski de Marlon Brando, en *Un tranvía llamado deseo*, hasta el Jim Stark de James Dean, en *Rebelde sin causa*: significativamente, el *T-shirt* es hoy la trasnominación de aquél, y no de éstos.

Aunque, más que de subvertir, sería justo hablar aquí de «travestir»: el *T-shirt* (y su poesía) dota a las masas de subtexto, e interpone, entre el proletariado y el público, otra capa de significados. La distinción resulta crucial si consideramos que, con la «aparición» del Che en la tela, el *T-shirt* alcanza la realización de sus potencialidades políticas a la vez que completa un clásico proceso de individuación.

A esta plenitud significativa sucede, inmediatamente, un proceso (inverso y complementario) de interiorización. El *T-shirt* acoge en su género, por así decirlo, el «busto» del héroe. La interiorización conlleva —otra vez subliminalmente— temas de «costura» (el Che es el *fashionista* por excelencia) y de «corte» (signo de su muerte en la mesa de disecciones, de amputación de extremidades). No es de extrañar entonces que escaseen los bustos del Che, pues el *T-shirt*, convertido en asiento de la (querida) Presencia, es ya un busto portable.

A propósito de la transportabilidad de una imagen reproducida mecánicamente, puede consultarse el tan llevado y traído estudio *La obra de arte en la época de su reproducibilidad técnica*, de Walter Benjamin: «Es más fácil exhibir un busto, que puede transportarse de aquí para allá, que la estatua completa de la divinidad, que ocupa un lugar fijo en el templo».

Sin embargo, el gran filósofo yerra en su estimado de la carga ritual de la imagen fotográfica. Benjamin calculaba (en 1936) que, «con la fotografía, el valor de exhibición comienza a desplazar completamente el valor de culto de la imagen», y en el mismo párrafo acusa de «ultra reaccionarios» a los críticos que, como Franz Werfel, esperaban del cine «la verdadera realización del sentido y posibilidades [de la fotografía]». La imagen fotográfica, según Werfel, citado por Benjamin, «[alcanzaría] en el cine la facultad única de expresar por medios naturales, y con incomparable poder de persuasión, todo lo místico, maravilloso y sobrenatural».

Tal ha sido, de seguro, el camino («ultra reaccionario») tomado por la imagen fotográfica, multiplicada y ambulatoria, del Che Guevara; y así —para volver a nuestro asunto— el lema «Seremos como el Che» se transforma, de simple consigna fascistoide, en el eslogan de una automatización y una interiorización que nos convertirá en portarretratos, en bustos cinéticos listos para usar. En el futuro, durante un warholiano cuarto de hora, todos seremos como el Che, y debemos al *T-shirt* esta desoladora posibilidad ontológica.

El concepto de un Che *wash-n-wear* es la manifestación material de una extraña metempsicosis, de la que el *T-che* (con acento cubano e inflexión argentina) es apenas el prototipo. La imagen del guerrillero en la camiseta ha llegado a expresar «con incomparable poder de persuasión, todo lo místico, maravilloso y sobrenatural», y en ella –la imagen más reproducida del siglo– el valor de culto terminó «atrincherándose», como temía Benjamin, «en el rostro humano».

Por otro lado, en cuanto la camiseta de Stark y Kowalski deviene *T-che* (y para los fines de la industria, *T-shirt* y Che son términos covalentes), el héroe subsume los significados textuales/textiles y dota a la «causa» de *T-shirts*, y de «causa» al *T-shirt* sin causa. Vestimos al Che, quien, a su vez, nos inviste; el *T-shirt* recibe su efigie y se transforma en tela sagrada: manto de Turín (por ser italiano el taller de Giangiacomo Feltrinelli donde primero echó a andar la maquinaria reproductiva) y paño del indio Juan Diego, pues el Che aparece en el *T-shirt* como la hipóstasis de Huitzilopochtli. Así, la «cosificación» guevarista y su metamorfosis en prenda de vestir, arroja (contra Benjamin) la interpretación más actualizada del concepto marxista de «fetichismo de la mercancía».

Recorriendo el bazar que se extiende por Venice Beach bajo la reprobadora mirada de Jim Morrison, y entrando casualmente en cualquiera de los puestos de *T-shirts* adosados a los muros de multimillonarios condominios, encontraremos, por fin, hombro con hombro y *cheek to cheek*, a esos dos hijos bastardos de la Revolución cubana, Tony Montana y Che Guevara, luchando a brazo partido por la exclusividad de la cabeza de playa.

La antítesis guerrillero-marimbero no es tal para una cultura urbana donde impera la ley del más fuerte, por lo que tampoco es difícil –en un ineluctable futuro populista– concebir a un Che Montana o a un Tony Guevara: *Manolo, shoot that piece of shit!, ¡Hasta la Victoria siempre!, I want the world, chico, and everything in it... Esta gran humanidad ha dicho basta y ha echado a andar... Say hello to my little friend!*

Che: IDA Y VUELTA A LA REVOLUCIÓN

Alguna vez, comentando la autoridad de Bismarck, Walter Rathenau afirmó que «la gente creyó en él porque tuvo éxito, no porque tuviera razón», y lo mismo podría decirse hoy de la autoridad del castrismo. La autoridad de Ernesto Che Guevara, sin embargo, parece estar basada exclusivamente en el fracaso.

El personaje del Che, interpretado por Benicio del Toro, trata de explicárselo al capitán boliviano que lo interroga en una choza perdida en el remoto Ñancahuazú: «Quién sabe, tal vez nuestro fracaso sea un triunfo». Y a juzgar por la sala repleta del *Nuart Cinema* de West Los Ángeles donde fui a verla, habría que admitir que el argentino tuvo razón.

Che, aunque cueste creerlo, es la primera película cubana *made in USA*; un híbrido que piensa con el cerebro del Departamento de Orientación Revolucionaria y funciona con el corazón y el presupuesto de Hollywood. Lo que cuenta es nada menos que la historia oficial del castrismo, con todos sus clichés y cada una de sus tergiversaciones.

Es cierto que los exiliados cubanos Pablo Guevara y Armando Suárez Cobián aparecen en los créditos en calidad de asesores, y que fueron encargados de producir ambientes y acentos verosímiles, pero esto no significa que las opiniones del exilio lleguen a traslucirse en pantalla. Benicio desoyó las razones de las víctimas, y Steven Soderbergh, como bien ha dicho Anastasia O'Grady en su reseña para el *Wall Street Journal*, «tomó partido por el Politburó».

Y está bien que así sea: un héroe de película no debe rebajarse a la mera verosimilitud. El éxito del sincretismo cubano-hollywoodense resulta innegable: el Che de carne y hueso habrá sido un hijo de puta, pero el de Soderbergh es el personaje más fascinante de la temporada. Compite con el viejo reaccionario de *Gran Torino*, y con un indio de Mumbai que gana la lotería en *Slumdog Millonaire*, pero él es el símbolo de la plenitud de los tiempos, y hace su entrada justo en el momento de la crisis mundial del capitalismo.

No por ello hay que creer que se trata de un personaje complejo: sucede, más bien, lo contrario. Che ha sido vaciado de contenidos problemáticos, y su portentoso «humanismo» se reduce a una lista de pronunciamientos en tono de catequesis. Del Toro vomita perlas de sabiduría política sin ninguna convicción, y hay un momento en que se adivina que el Benicio de la vida real debe haberles hecho la vida un yogurt a su tropa de asesores cubanos. No es fácil separar al actor prepotente del personaje histórico, pues hay mucho de soberbia hollywoodense en cualquier doctor argentino empeñado en salvar al mundo.

Pero si el Che Guevara fue una mezcla explosiva de cinismo y autoengaño; si fue un intruso que irrumpió en la historia ajena; si fue un fanático encasquillado en una utopía, entonces tampoco está mal que lo encarne un actor procastrista de origen puertorriqueño: la simbiosis es perfecta. Sin pretender movernos a compasión, sino sólo a una especie de suspendida identificación, el Che de Benicio del Toro termina seduciéndonos, acorralándonos e imponiéndosenos.

Queda claro que en aras del realismo deberemos renunciar a la verdad, y que para contar una historia plausible sobran los detalles inconvenientes. Después de todo, lo verídico resulta cinematográficamente sospechoso: el error del exilio cubano al acercarse a los héroes revolucionarios ha sido, precisamente, insistir en lo infrahumano; pero, en casi cinco horas de impecable hagiografía, el *Che* de Soderbergh no se permite caer en controversias casuísticas. Es exactamente lo que promete ser: el díptico de un icono; la portada y contraportada del mismo personaje inolvidable.

Con tal propósito, la película salta por encima de los años difíciles que van de 1959 a 1965, y retoma el hilo cuando ya el héroe está instalado en suelo boliviano. Pero antes de comentar el capítulo de la guerrilla latinoamericana, debo hacer una pausa en dos momentos claves de la contienda cubana.

En el primero, el Che explica a su tropa que cuando un ejército constitucional se niega a pelear y la soldadesca se desmoraliza, la revolución triunfará inevitablemente. En el segundo, Fulgencio Batista ha huido; la columna del Che se dirige en *jeep* a La Habana y entonces aparece el Cheverolet rojo que unos jocosos rebeldes han capturado. El Che los obliga a devolver el carro al lugar de donde lo tomaron. La primera parte de *Che* termina con esta ambigüedad: un automóvil rojo dando una vuelta en redondo y yendo hacia atrás, en sentido contrario al de las tropas que avanzan sobre la capital.

No es mi propósito caer aquí en sobreinterpretaciones, pues el argumento de Soderbergh es siempre directo —y si exceptuamos las habituales patrañas sobre la Cuba prefidelista, procede con ejemplar contención—, pero tampoco quisiera dejar de notar que la segunda parte, al mostrarnos la fortitud de esos taciturnos campesinos bolivianos que se resisten a colaborar con el invasor extranjero —ayudarlos a vadear un río, o venderles un cerdo— contrasta ostensiblemente con la veleidad de los cubanos, con la ligereza y el choteo endémicos que nos costaron cincuenta años de guevarismo. El segundo movimiento de *Che* enseña lo que sucede cuando un ejército no se vende y decide pelear hasta el final.

El pueblo que lo tiró todo a mierda en el momento crítico de su historia, está retratado en la figura rocambolesca de Camilo Cienfuegos, y el actor chileno Santiago Cabrera es el intérprete ideal del divino guasón. Fidel Castro, magistralmente encarnado por el actor mexicoamericano Demián Bichir, anuncia el establecimiento de un canon interpretativo para el repertorio de caracteres de la Revolución Cubana: Celia, Raúl, Vilma o El Vaquerito son arquetipos de una nueva *Commedia dell'Arte*. El Fidel de Bichir, con voz áspera, ceño fruncido y tabaco entre dientes, establece la norma de todos los Fideles por venir. Los personajes de nuestra gesta han cristalizado en una serie de máscaras, en un patrón que abarca los atributos menores y que no se limita a los protagonistas, sino que define también los papeles secundarios.

A otro nivel, *Che* funciona como un juego de video: las tres cuartas partes de la película transcurren en campos de batalla, en enfrentamientos de tropas que parecen orquestados por algún programa de *Xbox*. Nuestra lucha se deshumaniza delante de una audiencia habituada a los derramamientos virtuales de sangre, y desde el punto de vista de la revolución cibernética ya nada nos parece reprobable ni excesivo. Cada una de las dos partes podría resolverse como otro nivel de complejidad conquistado y, en tal sentido, el Che de Benicio tiene algo de superhéroe a lo Keanu Reeves.

Los tiros vuelan. La paz es la guerra. Gracias a la magia del cine de acción, el Che vuelve a ser una fría máquina de matar. Y ese almendrón rojo avanzando en sentido contrario a la flecha del Tiempo es la única esperanza de que algún día, al final de un larguísimo sendero regado de extras, estaremos de vuelta de la Revolución.

TERMINATOR 4: APOCALIPSIS FOREVER

AS VENTURA

Considerar la figura del «esbirro» batistiano. Evidentemente, el ajusticiamiento de los revolucionarios no fue exhaustivo, ni se llevó a cabo con el método y la dedicación requeridos. Los esbirros no fueron demasiado meticulosos, y dejaron con vida a los cabecillas. La dilatada y deplorable supervivencia de Fidel, Raúl, Oltuski, Ramiro, Vilma y Celia (entre otros), abre un hueco en la tela del tiempo y representa una mácula en la obra de los sicarios. Así, un replicante –llamémosle Arnoldo Ventura– podría viajar al pasado («...para matar bribones, para acabar la...») a completar su obra.

Supongamos que se trata de un guardia de seguridad en Miami, un «security». Ha llegado mediotiempo al exilio después de servir durante casi siete años en la policía secreta (SIM). Vive en la Sagüesera; come de latas; va a la cola del queso del Refugio; está solo; mira las noticias en un televisorcito y ve con disgusto las marchas de las turbas. Por fin, trabajando día y noche, y ahorrando cada centavito, consigue los fondos necesarios para abrir una agencia de seguridad. (En un guión alternativo, he imaginado que gana el dinero jugando al póquer en el casino de los miccosukees: de ahí podría venirle el apodo de *As Ventura*).

En su nueva situación, As Ventura puede permitirse ciertos lujos. Come mejor; viste bien; se acuesta con mujeres jóvenes. Lo vemos un día en el Navarro Discount, comprando un tinte para teñirse el bigote. Luce traje de tres piezas color crema, camisa Manhattan de poplín sintético, zapatos de charol blanco. Saca un billete de cien de una billetera de cuero repujado y, en un *close-up*, pillamos una manilla de oro, las manchas de viejo en el dorso de unas garras habituadas a blandir el revólver.

Tendemos a descartar a la ligera la misión social del «esbirro». Consideraciones sectarias en la narrativa de los apólogos revolucionarios (Huber Matos, Carlos Franqui, Cabrera Infante, Norberto Fuentes) oscurecen su exquisita figura. Sin embargo, en un momento de bifurcación histórica –que Mandelbrot y Prigogine llaman «caos profundo»– los esbirros tuvieron en sus manos el destino de Cuba, encarnaron la única alternativa. Esa energía potencial no ha sido entendida ni explotada suficientemente.

Los jóvenes historiadores deberían tener al menos la decencia de imaginar lo que (dadas ciertas variables) «pudo haber sido» (tal es el método científico que pretendo seguir en esta investigación), en vez de suscribir el error que nos legaron esos tergiversadores redomados que fueron nuestros padres.

Pues el castrismo quedará disuelto el día que sepamos, por fin, «pedir perdón a nuestros hijos por haber sido hijos de nuestros progenitores» (Nietzsche).

Arbiter elegantiae

«Estamos en guerra desde mucho antes de que tú o yo existiéramos», le grita John Connor (Christian Bale) a su extraño consorte de causa, el atómico Marcus Wright (Sam Worthington). Corre el año 2018, el Juicio Final es cosa del pasado, y ahora, unas frías máquinas de matar gobiernan el mundo. La «resistencia» encabezada por Connor, hijo de Sarah («el guía, el elegido»), es, entonces, una guerra de guerrillas contra esas máquinas.

Creámoslo o no, hasta el fondo del futuro ha llegado el cuento revolucionario con sus malos y sus buenos, sus esbirros y sus liberales. Una débil reverberación del 59 puede percibirse aún aquí, en el más remoto paraje de la conflagración total. Se trata de un eco –no por lejano menos turbador– de la imaginería castrista y su espectáculo político, tal y como lo inmortalizaran Korda, Corrales, Mayito y Grey Villet.

En el vestuario de *Terminator Salvation* es donde se introduce un elemento cubanísimo, perteneciente a nuestra época heroica. Si el propósito de los conjurados es la guerra a muerte contra las «frías máquinas de matar», y si la máquina se ha convertido, en el 2018, en un todopoderoso *apparátchick*, entonces la primera contradicción de la película, su primer trueque, consiste en disfrazar de Guevaras a los miembros de la resistencia.

La pequeña Star (Jadagrace Berry), que junto al joven Kyle Resse (Anton Yelchin) constituye todo lo que de esta gran humanidad quedó en Los Ángeles, ha sido modelada a imagen y semejanza de Pombo, el guerrillero. Las pasas hirsutas sobresalen por debajo de una boina con estrella en la frente. Marcus, el cíborg redivivo, viste la chamarra de un luchador occiso y, al cambiar de casaca, se deja en la manga el brazalete rojo.

A veces me pregunto por qué sucumbimos a la idea de la obsolescencia del castrismo, cuando es evidente que sus símbolos gozan de la misma lozanía que los más exitosos productos culturales del capitalismo. El popularizador del chándal, del T-che y del chic sesentista, es (y seguirá siendo, mientras no aparezca otro) nuestro árbitro de la moda.

PIXEL LIBERATION FRONT

Por si quedaran dudas, vemos en los créditos de *Terminator Salvation* que una de las compañías de previsualización digital, con base en Venice Beach, California, lleva el nombre de Pixel Liberation Front. El castrismo, como nomenclatura, se convierte en *picture element* y *sound bite*, o lo que es lo mismo, alcanza su completa maquinización. Cualquier «resistencia» a ese *deus ex machina* deberá asumir, necesariamente, el traje de caqui, el uniforme amarillo de esbirro, a no ser que estuviéramos inmersos en un mundo de extravío todavía más complejo que la simple usurpación robótica de la apariencia humana.

Por muy bien que peinara guardarropas rebeldes, Michael Wilkinson –supervisor de vestuario en *Moulin Rouge*, y responsable del «look» guerrillero de *Terminator 4*– no pudo haber conocido que, en 1953, el disfraz fue el elemento clave en la escenificación del asalto al Cuartel Moncada, ni que los impostores iban vestidos con el uniforme de sus adversarios, ni que reeditaban el golpe del 4 de septiembre de 1933 (¡qué puede saber un gringo acerca del gran golpe de los desconocidos de siempre!) metidos en el pellejo de los sargentos sediciosos de veinte años atrás.

No muy distinto es el dilema de Marcus Wright, un delincuente común condenado a la pena de muerte a quien la doctora Serena Kogan (Helena Bonham Carter) ofrece una segunda oportunidad. Creyendo que dona sus órganos en el 2003, Marcus reaparece en el 2018 como T-800, el primer cíborg infiltrado entre los hombres. La mimesis, el doblaje y el *doppelgänger* son el deber de todo replicante revolucionario.

Por su lado, Ventura, si es que de veras pretende regresar al pasado, deberá dominar las ecuaciones relativistas que describen el viaje en el tiempo. Con tal propósito se dirige a la Biblioteca Central; se presenta a la chica del buró de Información como un «ojo privado». Importuna a un paje de aspecto trágico y lentes culo-de-botella que –después de examinarlo de pies a cabeza– lo incita a la lectura de Fernanda Decleva Caizzi («Entre los cínicos la suciedad es un signo exterior de pobreza, y puede adoptarse sin ninguna intención ética seria. Muchas veces sirvió para camuflar un espíritu inmundo»); de Branko Bokun («Imitación es la actividad de un ser incompleto que busca completarse: la imitación total produce placer orgásmico»); y finalmente, del hipocondríaco, del austriaco, del inexplicable Kurt Gödel.

Universos circulares

La importancia de Gödel en la saga de los Connor radica en que fue él quien derivó una nueva solución cosmológica a las ecuaciones de la Relatividad General. Esa solución predice, entre otras cosas, el viaje en el tiempo.

Stephen Hawking, en el prólogo a *Un ejemplo de un nuevo tipo de solución cosmológica a las ecuaciones de campo de la teoría gravitacional de Einstein* (Kurt Gödel, *Collected Works*, Vol. II, Oxford University, 1989), afirma que «Gödel mostró que era posible obtener soluciones a las ecuaciones de campo einstenianas en las que las galaxias rotaran con respecto al marco de referencia local».

En el primero de sus dos ensayos sobre gravitación (fechado en Linden Lane, Princeton, en 1949, ¡cuando Belkis Cuza Malé tenía siete años!), el Universo Gödel no se expande, sino que permanece idéntico a sí mismo en cualquier punto del espaciotiempo. (Si Léon Bloy llamó a Cristóbal Colón «el revelador del globo» –*le révélateur du globe*–, entonces Kurt Gödel sería una especie de *dégonfleur des globes*, o desinflador de globos). Stephen Hawking resume: «Esta era la primera solución con la curiosa propiedad de que en ella era posible el viaje al pasado. Lo cual arrojaba paradojas del tipo '¿Qué pasa si regresas y matas a tu padre cuando todavía era un niño?'» De más está decir que esa paradoja no sólo es el trauma de la sociopatología cotidiana del cubano, sino la idea recurrente en cada nueva entrega de *Terminator*.

I'LL BE BACK

Un par de anuncios comerciales que aparecen regados por *Terminator Salvation* confirman que las noticias de la muerte del capitalismo habían sido groseramente exageradas.

En la escena de la batalla del *7-Eleven*, puede verse el familiar letrero del *Big Gulp* («*product placement*»: ¿quién va a pagar por esto?), y más adelante, a un humanoide que teclea en una computadora *Vaio*. La radio rebelde transmite las arengas de Connor, y los viejos transistores *Realistic* siguen recibiendo en la misma frecuencia de siempre.

Si el capitalismo y sus marcas lograron sobrevivir el invierno nuclear, es que, indudablemente, tienen el aguante de una cucaracha. John Connor está en lo cierto cuando dice que, como todas las máquinas, «ésta también debe tener un interruptor», sólo que, cada vez que creímos haberlo desenchufado (¡*Hasta la vista, baby!*), el capitalismo volvió a encenderse (*I'll be back!*) con más fuerza.

Hoy el Sistema aspira a confundirse con la Naturaleza –a los estoicos, que pretendían lo mismo, Nietzsche los acusó de hacer «fraude con las palabras»– y, en la más espectacular de sus metamorfosis, se vuelve absolutamente artificial, virtual y, al mismo tiempo, natural, ecológico, orgánico. Es decir: se vuelve «consciente», como conscientes han de ser los *apparátchiki* de cualquier contrarrevolución.

Un futuro de pesadilla

Pero, ¿será verdad que un hijo puede viajar al pasado a matar al padre? De ser así, As Ventura se encuentra listo, presto, *ready for action*. Quizás exteriormente parezca un matón; pero por dentro, sufre… En las tardes de lluvia se da cabezazos contra la pared, abre troneras en el estuco de su oficinita, mira el espantoso bulevar Beacon y siente en los tuétanos la salación de un aire impregnado con los vapores del pantano. Entonces pasa un carro con la doctora Montalbán al volante –la impenitente bonchista, la «novia de Manzanita»–, que, al reconocerlo, saca la mano y crispa el índice, como si apretara un gatillo: ahora se explica por qué nunca lo invitaron a comparar notas en ninguna universidad.

Le tomará diez años de patear bibliotecas antes de acertar «la Salida». Por lo pronto, entiende dos cosas: que la nave espacial que lo llevará a su destino debe alcanzar $1/\sqrt{2}$ de la velocidad de la luz, y que la noción popular de un universo que se repite es falsa. Viajando siempre, como si dijéramos, hacia el Oeste, sabe que un día llegará a mirarse la espalda. Quizás para su nonagésimo cumpleaños. Tal vez antes…

Igual que John Connor, que el robot Marcus Wright, que Arnoldo Schwarzenegger y que la doctora Serena Kogan, e incluso, que el Miles Monroe de Woody Allen en *Sleeper*, As Ventura espera aterrizar en un pretérito previsible. Cree que su tarea será simple y terriblemente cansina: rematar lo que dejó trunco, ahorrarle al futuro otra pesadilla. No se trata de un crimen político, ni de un dilema ético, si no de una antigua paradoja petrificada en un formalismo. Como los clones de Escher, que ascienden y trascienden escaleras desconcertadas, Ventura no parece tomárselo a pecho: en su fuero interno, se sabe un trabajador científico.

EL SEGUNDO TRUEQUE

La Teoría de la Relatividad niega la instantaneidad del espacio: de ahí la imposibilidad de representar el viaje en el tiempo cinematográficamente. Marcus Wright, en *Terminator 4*, o el capitán Kirk de la serie *Star Trek*, viajan en una extensión universal pre-relativista. Tal es la razón de que el padre pubescente (Kyle Resse), se encuentre con un hijo hecho y derecho (John Connor). Bien mirada, una película es una sucesión de «espacios instantáneos» que corta transversalmente el continuo temporal, lo que equivale a decir que el cine y su dinámica están comprometidos con los principios de la Física clásica. Cada recuadro representa «el estado del mundo en ese instante», y el proyeccionista vendría a ser el dios que maquina la concatenación.

Nada de esto podrá ocurrir en el UG, el Universo Gödel, único modelo en que el viaje al pasado es cosmológicamente permisible. Siguiendo esa pauta, las trayectorias de las líneas del universo regresarían sobre sí mismas en una curva temporal cerrada. Milič Čapek arguye que «para un viajero que circule en ese tipo de universo, el tiempo dejaría de existir, ya que sus sucesivas fases coexistirían simultáneamente, es decir, no serían simultáneas en lo absoluto». A lo que Palle Yourgrau añade: «En el Universo Gödel usted no necesita de efectos especiales para captar el *look* futurista. Simplemente, mire a su alrededor...»

Ventura mira. El hecho de no poder cambiar el pasado terminó por amansarlo. Piensa en lo mucho que le hubiese gustado retorcerle el pescuezo a Alicia Alonso en el 58, pero en ese momento el bibliotecario pone el dedo sobre un pasaje oscuro: «...el universo es un *Lago de los cisnes* cuya coreografía demanda que los bailarines permanezcan eternamente inmóviles...» Ya ni sabría explicarle su dilema a *Terminator* –sin contar con que tampoco lo entendería–, aunque parece aliviado. Ahora comprende. Que nazcan revolucionarios no significa que existan las revoluciones.

LA VIDA DE LOS OTROS: EL MEDIODÍA DEL FAUNO

La noche de los Oscares es ocasión de fiestas privadas en las que los angelinos se juntan para ver por televisión un evento local que es también la ceremonia más importante del planeta, el espectáculo donde se decide el curso de la política imperial para el año entrante: nuestros idus de marzo. A mí me divierte mirar las caras de los nominados en el momento en que se abre el sobre. Este año el galardón a la mueca mejor disimulada se lo llevó, sin dudas, el director Guillermo del Toro: durante una milésima de segundo su rostro se trocó de una manera tan leve que debimos rebobinar para captarlo.

El laberinto del fauno es —estética, política y filosóficamente— justo lo contrario de *La vida de los otros*, la cinta del alemán Florian Henckel von Donnersmarck, ganadora del Oscar a la mejor película extranjera. En *El laberinto*, Guillermo del Toro reescribe la historia de la Guerra Civil española en clave disneyesca. Los *maquis* y las brigadas comunistas que implantaron un crudelísimo soviet, son transfigurados —gracias a la magia de los efectos especiales— en druidas de un bosque encantado, espíritus de la Naturaleza que, a la manera de Al Gore, tal vez perdieron unas elecciones pero ganaron la batalla —la de ideas, por supuesto.

Por su parte, el personaje franquista del capitán Vidal, incurre en la secuencia de tortura mejor orquestada en toda la historia del séptimo arte. El mensaje de esta escena terrorífica es ambiguo: ¿Guantánamo? ¿Abu Ghraib? Tras el largo exilio de los anarquistas ibéricos en tierras americanas, su atrocidades nos llegan sublimizadas, acaso mexicanizadas, por un método narrativo similar al realismo mágico. La Historia absolvió a los republicanos metafórica y metafísicamente, y los nacionalistas ya no podrán impugnar el veredicto de la fantasía.

A esa variante azteca de lo real maravilloso que, como un fantasma, recorre últimamente los cines del mundo, Florian Henckel von Donnersmarck opone su variante clínica de realismo socialista: en su filme sale a relucir la cara oculta de aquella luna de Valencia. He aquí lo que hubiese sido la España republicana: en vez de un único desdichado poeta muerto, la persecución perpetua y sistemática de toda la *intelligentsia*.

La vida de los otros, que transcurre en el año terrible de 1984, es el augurio de lo que nos espera bajo un futuro –y acaso inevitable– régimen socialista. Es también el recordatorio de que, por perogrullesco que parezca, fueron unos *demócratas* quienes fundaron una República *Democrática* Alemana y una variante del fascismo resistente a la crítica y la deconstrucción –provistos de un reparto de auténticos teutones, fríos, calculadores, y tan civilizados como los nazis. (Si esto pasó en Leipzig, me pregunto, ¿por qué no podría repetirse en Cincinnati?). El Terror socialista, a pesar de las advertencias de quienes lo sobrevivieron, sigue siendo la utopía de los progresistas, lo mismo europeos, bolivarianos, coreanos que norteamericanos.

Si sustituyéramos a los gángsteres por comunistas, el argumento de *La vida de los otros* no sería muy distinto del guión de *Infiltrados* (*The Departed*): Georg Dreyman es un dramaturgo de éxito, «nuestro autor no-subversivo más leído afuera», según lo describe el teniente coronel Anton Grubitz, a cuyas órdenes espía el incorruptible capitán Gerd Wiesler, quien, además, enseña técnicas de interrogación a los cuadros que ingresan a las filas de la policía secreta.

En la nomenclatura de la Stasi, el dramaturgo Dreyman es considerado un Tipo 4 de intelectual: el «histérico antropocéntrico». Durante el estreno de su última obra, cae bajo el ojo clínico y ascético de Wiesler que, mirándolo a través de binoculares, descubre en él trazas evidentes de decadencia bajo la facha del «artista sensato». Para Wiesler –que es el artista frustrado– la verdadera función no ocurre en escena, sino en el palco, donde un autor se revela como espectador de sí mismo.

Entra Bruno Hempf, el ministro de Cultura, que viene al teatro a admirar a la bella Christa-Maria Sieland (la Isolda del Tristán no-subversivo). Hempf encarga a Grubitz una falsa investigación, que le permita eliminar al rival y quedarse con la actriz. Para el ministro, que sigue a Stalin en cuestiones estéticas, un artista es sólo un «ingeniero de almas», y su materialismo mecanicista explica el instinto básico de la lucha de clases: lo que está en juego, a fin de cuentas, es la *posesión*, ya sea de almas o de cuerpos. La expropiación totalitaria es una función de la territorialidad animal, así como la penetración ideológica lo es de la sexual.

El capitán Wiesler, cumpliendo órdenes que vienen de arriba, siembra de micrófonos el apartamento del dramaturgo; escucha, primero azorado y luego extasiado, la vida de los otros. Es un mirahuecos con el poder de decidir la trama, el nudo y el desenlace. Anotando los malos pasos de sus actores se hace escritor. Sigue cada escena y cada acto desde un puesto de escucha en el ático; dibuja con tiza el plano de las habitaciones que se abren bajo sus pies. Es un demiurgo, y el techo de los sospechosos es su solio.

La película vacila a veces entre *Dogville* de Von Trier y el *Show de Truman*, de Peter Weir: Wiesler se vuelve el Klamm de un Castillo auscultado; o el Erich Honecker del chiste que un policía osa contar frente a sus superiores: Honecker, como la esfinge de Edipo, propone las tres clásicas preguntas al sol de la mañana, al del mediodía y al del atardecer. Sólo el sol que agoniza no le responde, porque, como un vulgar opositor, ha escapado a Occidente.

Occidente es la tentación. Un informe secreto sobre las tasas de suicidio en Alemania Oriental para la revista *Spiegel* reúne a los disidentes en el apartamento de Dreyman. Para entonces, Wiesler ha sucumbido al embrujo de su propia narrativa y, con tal de salvarla, la alarga, hace pasar por real la ficción de sus enemigos: reporta a la Stasi la escritura de un drama por el 40 aniversario de la R.D.A. que encubre el artículo crítico; luego deja escapar al poeta Paul Hauser en el Mercedes Benz de un tío que lo introduce de contrabando en Berlín occidental. Estos despistes hacen creer a los prisioneros de conciencia que son libres, que nadie los vigila, y la celda del dramaturgo, como la de Segismundo, pasa por territorio emancipado.

A partir de ese instante la labor de la fiana es asunto mecanográfico. La actriz delata a la máquina; la máquina aplasta a la actriz; el espía termina dedicado a la penetración epistolaria. Toda república brechtiana debe culminar necesariamente en el absurdo, y Gorbachov aparece aquí como *deus ex machina*.

Mientras tanto, en las raíces de España, el sapo negro del comunismo duerme el sueño de la razón, a la espera de que otros *demócratas* vengan a despertarlo para fundar una república democrática: *El laberinto del fauno* nos muestra el nivel subconsciente, arquetípico, de un sistema fallido que, en la *La vida de los otros,* se revela en toda su espantosa cotidianeidad. Florian Henckel von Donnersmarck ha captado en su filme lo que Arthur Koestler llamó las «sombras del mediodía», y desmitificado, con certero realismo, la patraña revisionista de lo real maravilloso.

PM: POST MORTEM

I. DAY FOR NIGHT

Suele repetirse que *PM*, el corto de Orlando Jiménez Leal y Sabá Cabrera Infante, es una «peliculita», aunque nadie pueda explicar por qué este pequeño filme, y no otro, desató una crisis política en la Cuba revolucionaria, a escasos meses de la invasión de Bahía de Cochinos. Hace tres años se cumplieron cinco décadas de ambos eventos.

La pregunta sobre *PM* produce respuestas que buscan la exoneración: se opina que el corto no significó nada, y se lo declara inocente, acaso naíf. Julian Schnabel no entendía cómo semejante pequeñez pudo haber tenido tan graves consecuencias. El mismo Jiménez Leal ha dicho que «si no la hubieran censurado, esa película estaría más que olvidada».

Que una película de 14 minutos tenga un impacto duradero, que provoque una ruptura, nos obliga a preguntarnos si es casualidad que fuera este y no otro el detonante de la represión intelectual. De respondernos positivamente, el protagonismo recaería en el «capricho» del dictador, y la inocencia de *PM* no haría más que magnificar la voluntad creadora del castrismo. Si *PM* no significa nada, si no amerita la respuesta brutal de la dictadura, entonces fue Fidel Castro quien creó *PM*. Lo creó porque le convenía, porque necesitaba un chivo expiatorio, etc.

Abundan las descripciones de Castro como demiurgo, a partir del discurso de clausura de los encuentros en la Biblioteca Nacional. La frase lapidaria, «Dentro de la Revolución, todo; contra la Revolución, nada», brinda la oportunidad de representarlo como un dios Creador que, en el principio, separa la tarde de la mañana y decreta el día.

Luz y sombra, blanco y negro, *day for night*: PM.

2. Risa en la oscuridad

Desde el momento en que *PM* plasma la decadencia en el celuloide, la Revolución rodea el filme y lo cerca con sus mecanismos de defensa, cae en su trampa, lo envuelve, lo fagocita y termina por incorporarlo a su torrente político.

«Palabras a los intelectuales» es la reacción a la presencia de un cuerpo extraño que fuerza la entrada y pasa a formar parte del proceso histórico. Ese organelo contiene todo el vicio de la época que se intentó destruir. Aislado y acordonado, es el rezago de un tiempo primordial. Y es así como cuarenta años más tarde reaparece parasitariamente en el cuerpo del largometraje *Antes que anochezca*, de Julian Schnabel.

De la manera más insólita, *PM* arriba a Hollywood. Ya puede bajar del caballo, moverse libremente, ha llegado el momento de su *close-up*. Con *PM* viajan la República y su vicio, la belleza agónica del batistato, la sentina de los bares del puerto, la Cuba que reía y que volverá a reír.

3. Saco, corbatas, baratijas

El vestuario en *PM* delata una época de igualitarismo, y ahora sabemos que el cubano nunca vistió andrajos. *PM* es el remanente de un tiempo de tiendas por departamentos dentro de una economía del buen vestir específicamente batistiana: la elegancia «al-alcance-de-todos» (y aunque no fuese así, las bellas imágenes se prestan a tal confusión). Los hombres llevan saco y corbata, las cabezas van cubiertas con sombreros. Las joyas modestas relucen bajo las lámparas del bar: relojes, cadenas, dijes, medallitas. *PM* revela también los aspectos insignificantes en que la nación será humillada.

4. Pasado perfecto

PM es el pasado perpendicular, el pasado perfecto donde queda grabado un viejo orden que morirá en el próximo encuadre: *The End*.

Esta es la última vez que aparece el pueblo en la representación nacional; estamos ante la estela del Antiguo Régimen con su peculiar división del trabajo, desde el lanchero, el barman y el bracero hasta el músico, el borracho y la cocinera.

Velázquez captó la embriaguez en las caras de unos labriegos que reciben a Baco. En una misma escena convergen el párpado caído, la boca entreabierta y la irradiación de lo sobrenatural. Igualmente, en *PM* coinciden la gentuza del puerto y la dimensión órfica de lo cubano. He aquí, sin consignas ni partidismos, el triunfo del proletariado.

5. Palabras *de* los intelectuales

Lo importante no son las palabras «a» los intelectuales, sino, como ya se ha dicho, las palabras «de» los intelectuales. En esto ellos tuvieron éxito: en confundirnos y en hacernos leer lo que les convenía. Se ha ido estableciendo una regla y una jerarquía narrativa donde las palabras de Fidel trascienden y son equiparadas –nada menos– que a un discurso de Benito Mussolini en La Scala de Milán. De esa manera, y en ese orden jerárquico, quedan palabreados los intelectuales.

Recordemos que Fidel acude al llamado de la Biblioteca, que es sacado de sus preocupaciones («entre invasiones, amenazas de invasiones, movilizaciones y problemas de todos los tipos», protesta) y obligado a ocuparse de un enredo de plumíferos. Es increíble verlo dedicar tres viernes de junio de 1961 al asunto, cuando sabemos que prepara una conflagración mundial: la Crisis de los Cohetes.

Si aceptáramos los tardíos arrepentimientos y descartáramos la culpa, todavía los intelectuales serían responsables de (por lo menos) una tergiversación histórica: la artimaña de su «enfrentamiento al Poder». El pecado original del intelectual cubano es haberse declarado inocente.

Rafael Rojas fue el primero en notar que el famoso dicho virgiliano, «Tengo miedo», no pasa de ser una leyenda: «Por más de cuatro décadas los escritores y artistas cubanos han sido gobernados desde una doctrina inefable y precaria, contenida en el famoso discurso de Fidel Castro...», escribe Rojas en su artículo «Confesión de timidez». Y dos párrafos más abajo: «Durante cuatro décadas se ha difundido la versión de que Virgilio Piñera tuvo el valor de confesar que tenía miedo».

Cuatro décadas de «doctrina inefable y precaria», por un lado, y de «versión» y «leyenda» por el otro: tal ha sido la situación de los escritores y artistas cubanos. Se introduce una versión del miedo que no ocurre en el original, y se descuida una clave que sí entra en el discurso virgiliano: *Miami*.

6. CASTRISMO INDÉXICO

El miedo de Virgilio se plasmó en un estilo: «...yo por eso lo digo, sencillamente, y no creo que nadie me pueda acusar de contrarrevolucionario y de cosa por el estilo, porque estoy aquí, y no estoy en Miami ni cosa por el estilo». Virgilio es el creador de un cohete del arsenal ideológico castrista: ese «porque-estoy-aquí», que se esgrime por vez primera en la Biblioteca, llegó a establecerse como principio de selección y *apartheid*. El hecho de que se manifestara en una forma inédita –que Lisandro Otero define como «peculiar estilo coloquial»– ha impedido valorar la importancia de su aportación al castrismo indéxico.

Efectivamente, en 1961 existe un espacio –el Exilio– al que Virgilio teme aún más que a la Revolución (allí había caído su hermano Humberto, el filósofo, en 1960). La Revolución establece una ley de exclusión e introduce, en el «estilo coloquial», una palabra mala: *Miami*. La insistencia en la falsa alarma escamoteó la verdadera revolución semántica.

7. MIEDO ESCÉNICO

Los asistentes a las sesiones de la Biblioteca se confiaron demasiado de la memoria y repitieron la anécdota del miedo, que parecía auténtica y que se prestaba, como todo lo virgiliano, a propalarse fácilmente. Sólo tras la intervención de los investigadores, con los documentos en la mano, apareció el retrato completo.

El «tímido hombrecito de pelo pajizo, de tímidos modales, sospechoso ya por su aspecto de marica militante» (Guillermo Cabrera Infante), una «figura físicamente débil, empuñando la honda de David» (Matías Montes Huidobro), «flaco, desgarbado, con su vocecita irónica» (Carlos Franqui), musita unas palabras confusas, que, sin embargo, logran rivalizar con el aplastante *dictum* castrista. El breve intercambio con Fidel en la Biblioteca es el primer acto de una comedia de errores que sirve al autor para introducir a un nuevo personaje.

Ese personaje ambiguo «coquetea» con el poder, como ha señalado exactamente Rafael Rojas, que descubre, tal vez sin proponérselo, una relación erótica entre el dictador y el poeta: «el diálogo coqueto de Piñera con Castro… revela un universo de negociaciones», escribe Rojas. Piñera toma la palabra y seduce al demagogo. Su malestar, su temor, es homoerótico, se vuelve regateo y termina resolviéndose en masoquismo («coqueto» viene de *coq*, el miembro viril). Piñera aprovecha el resquicio que ofrece el espacioso teatro de la Biblioteca Nacional para producir su drama. Fidel Castro, bajo la dirección de Virgilio, es llevado de la nariz hacia el terreno del arte.

8. La librería como bustrófedon

Por su parte, Guillermo Cabrera Infante incurre en la imagen más viciada del prontuario político cubano: «Las reuniones tuvieron lugar durante tres semanas consecutivas, y se celebraron en el espacioso teatro de la Biblioteca Nacional, un verdadero palacio del libro construido por Batista (que no leía)», escribe en «Mordidas del caimán barbudo», un artículo del libro *Mea Cuba*, de 1992.

Nótese que el-que-no-leía construye el «palacio del libro» (la librería como bustrófedon): La Habana de los garitos le está dedicada; la Biblioteca, en cambio, quedará para siempre ligada al nombre de Fidel

Castro. Compárese lo anterior con esta viñeta, de las *Memorias* de Orestes Ferrara:

> Al entrar en los salones de la residencia personal de Batista me enfrenté a una biblioteca que por el número de libros que contenía y el valor intelectual de los mismos me pareció excelente. Me detuve un rato oyendo la voz sonora del presidente: «¿Cómo está, doctor?» Y antes de que yo contestara él añadió: «A propósito, tengo algunos de sus libros y deseo que me los dedique». Me sentí algo sorprendido y turbado, ya que sólo ahora venía a comprender que no había valorizado los pasos dados en el campo de la cultura por este antiguo campesino de Banes, hoy hombre de Estado con seguro juicio, orador facilísimo en español y en inglés, escritor claro y preciso, y poseedor de una de las mejores bibliotecas privadas que yo haya visto en Cuba o fuera de ella.

9. PINCELADAS COMPROMETEDORAS

Consideremos ahora el caso de Guillermo Cabrera Infante y *Tres tristes tigres*. En la introducción a la edición crítica de Cátedra (2010), Nivia Montenegro y Enrico Mario Santí han definido un importante aspecto de la estructura de esa obra. «El proyecto atravesó varias etapas y versiones», comienzan diciendo los editores. «En 1964 una versión primitiva, titulada *Vista del amanecer en el trópico* [...] gana el Premio Joan Petit-Biblioteca Breve de novela». Esa primera versión, explican Montenegro y Santí, «consistía en el contrapunto entre dos series: la divertida vida nocturna de habaneros en 1958... y las violentas viñetas de la revolución urbana». La censura franquista interviene, y señala dos problemas fundamentales, uno de tipo moral y otro de tipo político: «1. Continuas alusiones y descripciones eróticas que llegan con bastante frecuencia a lo pornográfico. 2. Pinceladas de la lucha revolucionaria castrista contra el régimen de Batista [sic]».

De julio a octubre de 1965 Cabrera Infante regresa a Cuba «para enterrar a su madre», y Santí concluye que es «durante esa visita de cuatro meses... cuando comienza a reescribir *Vista...*, en un intento que coincide en el tiempo con los últimos días de la censura franquista». De vuelta a Europa, Guillermo Cabrera Infante continúa las revisiones y, en mayo de 1966, vuelve a someter la novela a la consideración de los censores. Para entonces las «pinceladas de la lucha revolucionaria» han desaparecido.

En carta al censor español, Cabrera Infante concede que «las viñetas intersticias y finales han desaparecido, dejando su lugar a una solución lírica en vez de épica, personal en lugar de colectiva, trascendente más que histórica... El libro antiguo era una muestra un tanto fácil de literatura "comprometida" –compromiso con un tiempo, con una causa y con unos hombres, todos pasajeros».

En marzo de 1967 sale a la luz la versión censurada y reescrita de *Vista del amanecer en el trópico* bajo el nuevo título de *Tres tristes tigres*, primera y única obra de colaboración entre los censores franquistas y una estrella del *boom* latinoamericano.

10. FOLIOSCOPIO

En diversas ocasiones, Orlando Jiménez Leal ha relatado el proceso de concepción de *PM* y los pormenores del escándalo que culminó en la asamblea de la Biblioteca Nacional. En entrevistas con cineastas y estudiosos del cine cubano, el director se revela como un importante memorialista. Sus reminiscencias son miniproducciones, o posibles guiones, que documentan los pasajes más arduos de la génesis revolucionaria.

A manera de ejemplo, cuelgo aquí un «corto», escrito y dirigido por Jiménez Leal, producido por Fausto Canel, con la actuación estelar de Santiago Álvarez:

La última vez que lo vi fue cuando vino a confiscar, representando al ICAIC, el noticiero *Cineperiódico*. En ese momento los dueños se habían marchado de Cuba... Quedábamos apenas unos pocos empleados... El ambiente era de total desolación... Recuerdo que saltó de su auto como un *cowboy* (con su pistola a la cintura), rodeado de una escolta de milicianos armados. De alguna manera resbaló al saltar y cayó en el suelo de una manera estrepitosa. Sin inmutarse, se ajustó la pistolita, miró a ambos lados, y dijo una frase que se hizo después muy popular entre nosotros: «¡Ey, no se mueva nadie!».

Acabamos de presenciar un *western*, y el último episodio de *Cineperiódico*. El camarógrafo da vuelta a la cámara y la apunta al joven Instituto Cubano de Arte e Industria Cinematográficos. A falta de otro medio que documentara estos eventos, aparece un cinecito oral donde pasan las «peliculitas» secretas de la Revolución triunfante.

Hay zonas completas que se escamotearon de la vista pública; no existen fotogramas de la caza de contrarrevolucionarios, ni de los fusilamientos, ni de las expulsiones, ni de los altercados, ni de las expropiaciones. El cine cubano volverá a ser libro, *este* libro, un folioscopio de escenas hojeadas rápidamente.

11. The making of

Es entonces que el director del noticiero... me pide que salga a la calle y le traiga mi visión de cómo se preparaba La Habana para la invasión. Al día siguiente le traje un reportaje de cuatro minutos donde hacía una acción paralela entre la gente divirtiéndose en los bares y los milicianos preparándose, instalando las armas, limpiando los cañones en el malecón, etc.

La acción paralela de juerguistas y milicianos coincide, punto por punto, con la estructura original de *Vista del amanecer en el trópico* antes de pasar la censura franquista y convertirse en *Tres tristes tigres*. También en *PM* las pinceladas revolucionarias desaparecen, aunque por otro método, diametralmente opuesto: el corte se realiza «en cámara», a priori.

Los «making of» de *Tres tristes tigres* y de *PM* guardan una relación simbiótica: «Entonces tomé ese reportaje y se lo enseñé a Sabá

Cabrera y le propuse hacer un corto, quitándole toda la parte bélica para que no fuese un filme político, ni conflictivo, sino un pequeño poema a la noche».

Tal vez por eso Emir Rodríguez Monegal opinaba que *Tres tristes tigres* era «*PM* por otros medios». Hay un efecto de doblaje, una especie de simetría que incluye, para rematar, al «otro» Cabrera Infante. Parecería que nuestra historia intelectual –como el guión de *El último año en Marienbad*– se repitiera dos veces: la novela es un documental, y el documental, con su saga de intrigas, traiciones, exilios, censuras e inolvidables monólogos, terminó convirtiéndose en la pequeña gran novela de la Revolución.

12. EL QUART D'HEURE DE JIMÉNEZ LEAL

Antonio José Ponte compara el trayecto de Regla al muelle de Luz a un viaje a Citera. Pero *PM* mismo es Citera, un oasis de sentido, la prueba de que no todo estaba perdido, una isla de solaz en medio de una gran extensión de Terror.

Hacia *PM* vuelven la mirada los jóvenes artistas para encontrarse con un cineasta de 19 años y su Bolex de 16 mm. La dictadura necesitó cinco décadas para completarse, pero en su apremio juvenil al gran director le sobró un minuto del famoso *quart d'heure*. He aquí una nueva medida del tiempo: los catorce minutos de Jiménez Leal.

Nota bibliográfica

En su forma original, los trabajos que integran este volumen aparecieron en las siguientes publicaciones:

«Culo», en *Penúltimos Días*, octubre 1, 2006.

«Fidel en coma, exilio catatónico», en *Cubaencuentro*, octubre 8, 2006.

«Apoteosis del rey Rata», en *Penúltimos Días*, octubre 3, 2006.

«Posada Carriles, o la batalla del cuerpo», en *Diario de Cuba*, abril 12, 2011.

«Fidel, el desaparecido», en *Letras Libres* 64 [edición España].

«Miami: devolución creativa», en *Letras Libres* 101 [edición España].

«El móvil de Chago», en *Revista Encuentro de la cultura cubana* 34/35, otoño / invierno 2004-2005.

«Con la fe de las armas», en *Cubaencuentro*, mayo 23, 2003.

«Miami: factoría de Castro», en *Cubaencuentro*, abril 6, 2004.

«En defensa de la aplanadora», en *Cubaencuentro*, octubre 28, 2009.

«La segunda venida», en *Diario de Cuba*, marzo 27, 2012.

«Contra Mandela», en *Diario de Cuba*, enero 8, 2014.

«¡Todos al acto de repudio!», en *Cubaencuentro*, noviembre 24, 2009.

«Los usos del castrismo», en *Cubaencuentro*, abril 15, 2008.

«Por un puñado de castros», en *Cubaencuentro*, junio 26, 2007.

«Batista explicado a los niños», en *El Nuevo Herald*, julio 6, 2001.

«Nuevas aportaciones al estudio del batistato», en *Diario de Cuba*, marzo 21, 2012.

«Veinticinco y una tesis sobre el Moncada», en *Diario de Cuba*, julio 25, 2013.

«Borradores», en *Penúltimos Días*, diciembre 26, 2008.

«Herejes del absoluto», en *Penúltimos Días*, octubre 8, 2007.

«Ciudadano Caín», en *Cubaencuentro*, febrero 24, 2006.

«Cobra, o la gaya ciencia», en *Cubaencuentro*, noviembre 14, 2001.

«Pablito, el samaritano», en *Letras Libres* 111 [edición México].

«Reinaldo, el apóstol», en *Cubaencuentro*, marzo 26, 2001.

«*Regreso a Ítaca*: inventando Historia», en *N.D.D.V*, mayo 8, 2015.

«Tania Bruguera: ¿arte o basura?», en *Diario de Cuba*, enero 13, 2015.

«El extraño caso del poeta Pedro Jesús Campos», en *Diario de Cuba*, agosto 28, 2013.

«Santí, con acento», en *Diario de Cuba*, marzo 24, 2010.

«Allende en Ariza: reminiscencias de un 14 de octubre de 1974», en *Diario de Cuba*, octubre 14, 2014.

«Pedro Álvarez en el País de las Maravillas», en *Encuentro de la cultura cubana* 41 / 42, verano / otoño 2006.

«Kcho Degas», en *Cubaencuentro*, febrero 2, 2004.

«El Castro de Kcho», en *N.D.D.V.*, junio 1, 2014.

«Gustavo Pérez Monzón: un rayo de gris», en *Fundación Cisneros-Fontanals / Museo Nacional de Bellas Artes*, catálogo de la muestra «Tramas», La Habana, mayo 2015.

«La penitencia de la memoria», en *Encuentro de la cultura cubana* 50, otoño 2008.

«*Unfinished Spaces*: apocalipsis con escuelas», en *Diario de Cuba*, julio 16, 2011.

«*Una noche*: sudar, singar, partir», en *N.D.D.V.*, septiembre 17, 2013 .

«Sobre héroes y escombros», en *Letras Libres* 152 [edición México].

«Filosofía del T-che», en *Cubaencuentro*, octubre 9, 2007.

«*Che*: ida y vuelta a la revolución», en *Cubaencuentro*, enero 9, 2009.

«*Terminator 4*: Apocalipsis *forever*», en *Cubaencuentro*, junio 5, 2009.

«*La vida de los otros*: el mediodía del fauno», en *Penúltimos Días*, marzo 31, 2007.

«*PM*: post mortem», en Orlando Jiménez Leal & Manuel Zayas (eds.): *El caso PM. Cine, poder y censura*. Madrid: Colibrí, 2012.

PUBLICACIONES EN LÍNEA:

Cubaencuentro: <http://www.cubaencuentro.com>

Diario de Cuba: <http://www.diariodecuba.com>

Penúltimos Días: <http://www.penultimosdias.com>

Printed in April 2019
by Rotomail Italia S.p.A., Vignate (MI) - Italy